读史有学问

全集

迟双明/编著

中国电影出版社

图书在版编目（CIP）数据

读史有学问全集 / 迟双明编著 . — 北京：中国电影出版社，2007. 6
ISBN 978-7-106-02779-7

Ⅰ. 读… Ⅱ. 迟… Ⅲ. 中国—历史—通俗读物 Ⅳ. K209

中国版本图书馆 CIP 数据核字（2007）第 076986 号

责任编辑：张宁　纵华跃
责任印制：卢晓波

读史有学问全集
迟双明　编著

出版发行　中国电影出版社（北京北三环东路 22 号）邮编 100013
电话：64296657（总编室）　64216278（发行部）　64296742（邮购部）
经　　销　新华书店
印　　刷　三河市华晨印务有限公司
版　　次　2007 年 7 月第 1 版　　2021 年 9 月第 2 次印刷
规　　格　开本 / 710 × 1000 毫米　1/16
印张 / 17.5　插页 / 0　字数 / 300 千字
印　　数　1-5000 册

书　　号　ISBN 978-7-106-02779-7
定　　价　48.00 元

前　言

目前，社会上兴起了一股历史热，随着央视“百家讲坛”栏目中讲历史的内容影响的逐渐扩大，越来越多的读者开始喜欢历史，关注历史，学习历史。确实，以中国历史来说，几千年的文化沉淀中，有无往不胜的领导策略，有你来我往的竞争心法，有饱含智慧的人生经验，有高屋建瓴的处世之道。所以说，历史里有读得完的知识，但有研究不完的学问。

今天我们重温历史，就是要从中读出那些仍深具现实意义的学问。本书从以下六个方面对历史进行了解读：

一、认识智者用智的学问

在中国历史上曾出现过不少以多智而闻名的智者，他们立于自己所处那个时代的风口潮头，运筹帷幄，点石成兵。重温他们用智的故事，认识其用智的学问，对我们看待历史、把握今天仍有积极的意义。

二、探求用权与治事的学问

有权力的人不一定做事，做事的人不一定做成事；反过来，想做事、会做事的人不一样能够拥有权力。在中国历史上，围绕用权与治事，发生过太多让人深思、令人警醒的故事。今天我们读史，就是要读出这些故事里所蕴藏的学问。

三、研究创新求治的学问

中国历史上的改革者本就不多，而能得善终的就更少了，这说明改革的难度、阻力之大。但时代的进步是靠创新来推动的，历史上的每一次政治上的创新，不管成败与否，都在客观上推动了社会的发展。同时，在古人创新求治的努力中，我们更看到了一股蓬勃的进取精神。

四、考察帝王统驭的学问

帝王的宝座是决策天下的焦点，是打开天下兴亡之谜的钥匙，是为所欲为的理由，也是藏污纳垢的发源地。帝王们身处其位不管其才能高低、德性如何，保住皇位都是其面临的一大课题，由此而来的帝王统驭的学问也颇为高深，值得今天的人们仔细玩味。

五、反思进退方圆的学问

进与退、方与圆是中国历史上一个永恒的命题。因为对进退、方圆的认识不足或把握不到位，导致了许许多多令人扼腕的历史悲剧，尤其是在特定历史条件下当退时求进，当圆时求方令多少英雄竞折腰，反思这样一个命题，会大大增长我们做人做事的学问。

六、看待书生之勇与武夫之智的学问

书生手无缚鸡之力，如果就此认为书生软弱可欺那就错了。在中国历史上，既有傲气、又有傲骨，紧要关头能顶得上、立得住的书生不乏其人。武夫的责任是冲锋陷阵，如果就此认为其头脑简单那就错了。在中国历史上，精通兵法、善于以智取胜的将领屡见不鲜。对照书生之勇与武夫之智，你会觉得既有意义又有意思。

读史不能追风逐热地随大流，人云亦云，而应深入历史表象的背后，进行独立的挖掘和思考。这样，你才能“读有所得”，读出属于自己的学问。

目 录

第一编

认识智者用智的学问

在中国历史上曾出现过不少以足智多谋而闻名的智者，他们立于自己所处那个时代的风口潮头，运筹帷幄，点石成兵。重温他们用智的往事，认识其用智的学问，对我们看待历史、把握今天仍有积极的意义。

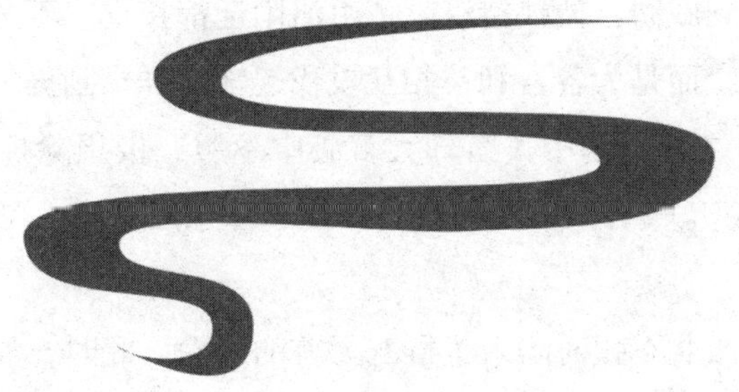

1. 以谋成事保身的贾诩

○ 一次错误的追随

贾诩是一位真正的智者，一方面表现在他对形势的正确判断，另一方面则表现他一旦发现自己的错误，便毫不犹豫地改正。正是由于能及时地改正错误，才避免了在错误的道路上走得更远。

东汉末年，黄巾大起义爆发，东汉政权岌岌可危。作为功名心很强的封建士大夫，贾诩认为匡危济难，建功立业的时机已经到来，便投身军中，在董卓的女婿、中郎将牛辅手下任讨虏校尉。

东汉初平元年（公元190年），袁绍、刘表、孙坚等各路军阀为了争权夺地，便以讨伐董卓为名纷纷起兵，他们共推渤海太守袁绍为盟主，从北、东、西三面包围洛阳。董卓受到威胁，便挟持汉献帝由洛阳迁都长安。不久，暂时联盟的讨伐大军没有进逼长安，而是为各自利益相互攻伐起来。群雄割据争霸的战幕就此拉开。董卓虽拥有关中之地，朝中大臣却大多心中不服，极想除掉他，初平三年（公元192年），司徒王允联络董卓的部将吕布终于诛杀了董卓。随后，中郎将牛辅也死于军中骚乱。

董卓一死，西北军顿时陷入了群龙无首的局面。此时，如果王允安抚有方，关中地区很快就会安定下来。但王允心胸狭隘，缺乏远见，对董卓的部下采取了镇压政策。校尉李傕、郭汜、张济等人派使者去长安请求赦免，竟被王允断然拒绝。一时间，军中人心惶惶，谣言四起，纷传朝廷要杀尽所有凉州籍将士。李傕等人乃一帮武夫，见此局面束手无策，又不愿坐以待毙。一次，他们召开军中会议，密谋解散军队，由大家各自从小路偷偷逃回凉州。贾诩得知，大呼不可。他说：“既然朝廷已下令要杀尽我们凉州人，如果大家单独逃跑，在路途上即使是一个小小的亭长也能把我们捆绑起来，到那时，各位的生命就保不住了。与其如此，倒不如率领部众向西前进，沿途收拢逃散的士兵，然后再攻打长安。如果侥幸成功了，我们就可以奉天子征讨四方，建功立业。即使不成，再逃回家乡也不晚。”

经贾诩指点迷津，各将顿时豁然开朗。按照贾诩的计谋，李傕等人立刻集结部队向西开拔，一路收罗亡散士兵。行至长安城下时，人数已达10余万人。李傕等率军与吕布在长安城下大战8日，最后赶跑了吕布，攻破了长安，王允被杀，汉献帝落入了李傕、郭汜等人手中，贾诩因献奇谋被任命为左冯翊将军。但贾诩并不高兴，因为李傕等人在长安纵兵抢劫，大肆杀戮，都城吏民死者狼藉。这场变故与贾诩当初的设想大相径庭，使他心内愧疚不安。他发觉，追随李傕是自己的一次严重失误。因此，当李傕等人因其有首谋之功要为他封侯时，贾诩断然回拒。他说：“当初，我出此计谋是为了活命而已，何功之有！”李傕等人又让贾诩担任尚书仆射。贾诩再次婉拒，他说：“尚书仆射乃是朝廷百官的师长，应让天下人所敬仰者来担任。我贾诩素无名望，难以服人，怎能担任此职呢？如果我贪图荣耀和私利，是对不起国家的。”李傕等人无奈，只好拜他为尚书，掌管选官事宜。贾诩便借机大量选拔贤能之人担任朝廷官员，保护李傕等人看不惯的大臣，并对李傕等人的胡作非为多加指责，使这些人既感到离不开他，又害怕他。

兴平元年（公元194年），贾诩因母亲去世，便离职回家守孝，朝廷授给他光禄大夫的荣衔。次年，贾诩母孝未完，京中李傕与郭汜为争夺权力相互火并，长安一带陷于战火之中。李傕令贾诩为宣义将军，助其争权。贾诩无奈，只得出山。他向李傕、郭汜晓以利害，希望其停止争斗，使长安免于浩劫，但没有成功。李傕为打败郭汜，征召羌人数千，以宫中财物相笼络，并许诺赏赐宫女。羌人军纪败坏，数次到宫门前索要宫女，汉献帝非常害怕。贾诩便暗请羌人首领吃喝一顿，并许诺给他们封爵重赏，让他们离开长安。结果，羌人一哄而去，李傕却还蒙在鼓里。

这时，朝臣张济之侄张绣对贾诩说：“这里不是久留之地，先生怎么不快走啊？”贾诩忧虑地说：“现国家有难，我怎能离开呢？”他认为李傕等人得志，是因为自己当初所献计谋造成的，现在局势发展到这一步，他有责任尽量减少这些人的危害，试图挽回。

李傕又来向贾诩问计，想把汉献帝及大臣们劫持到军中。贾诩连忙劝阻说：“不可。胁迫天子是大不敬的行为。”但李傕不听，劫持皇帝为人质，烧毁宫殿城门，大肆抢掠。郭汜则劫持公卿大臣。双方继续交战。不久，李傕军中发生哗变，一些将士保护汉献帝逃了出去，终于摆脱了李傕的控制。

历经李傕、郭汜之乱，长安由繁华的都市变成了一片废墟。面对此景，贾诩痛心疾首。因为，他当初迫于无奈定计起兵攻长安在先，而后发生的种种变乱他又无力去制止，他感到自己难逃助纣为虐的骂名。他痛恨李傕、郭汜等罪恶之徒，所以在献帝出逃后，他将自己的官印和绶带弃掉，偷偷携家属出了长安。

在中国的历史上，有很多人因为愚忠，追随错了首领而身败名裂。贾诩在帮助李傕等人攻占长安后，看到他们的倒行逆施，清楚地认识到自己追随失误。于是，在借机挽回的同时，首先，借母亲去世，离职守孝，希望借此离开李傕集团；失败后，因李傕劫持汉献帝进一步认清了其罪恶本质。于是，丢弃官印和绶带，带家属离开长安。

可以看出，贾诩为了不再继续“助纣为虐”而离开李傕。能够见形势无法挽回就暗中离开，以达到及时脱身的目的，能审时度势，作出理智选择也是一种智慧，一种并非人人皆有的智慧。

○ 用巧计以弱胜强

由于实力弱小，在军阀混乱的时候难以独存。贾诩在投奔张绣后就帮助他先出一项重要决策：选择没有作为、比较安全的刘表结为外援。不久，面对实力强大的曹军，贾诩以出色的计谋为张绣取得一个又一个胜利。

离开李傕后，贾诩先投奔了自己的同乡宁辑将军段煨。但因遭到忌妒便投奔旧识张绣。

在张绣处，贾诩得以大展才略，而张绣也对他放心任用，言听计从。只是张绣实力弱小，在群雄割据的夹缝中很是被动。贾诩劝张绣联合荆州牧刘表，结为外援。张绣同意了，即委派贾诩亲赴荆州说服刘表。在荆州，刘表待之以客礼，对贾诩的主张也很赞同。一番交谈之后，贾诩认为刘表是一个庸才，和平时期可以位列三公，而值此战乱之际，刘表缺少权变，遇大事疑而不决，不是一个有作为的人。不过，与这种人联合，倒是一个很安全的对策，不怕被他吃掉。

就在贾诩刚到南阳不久，张绣就面临着一次生死考验。建安二年（公元197年）正月，雄霸之气十足的曹操率15万大军向张绣逼来，大有踏平南阳之势。曹操，沛国谯（安徽亳县）人。父曹嵩官至东汉太尉。曹操在汉桓帝时入仕为官，为人机警有权谋。黄巾起义爆发时，曹操被任命为骑都尉镇压起义，因功迁升为济南相，后为东郡太守。董卓专权后，他招兵买马参加了征讨董卓的行动。初平三年（公元192年），曹操被地方官拥为兖州牧，镇压青州黄巾军，势力日壮。建安元年（公元196年），汉献帝自李傕军中逃出后，辗转到达洛阳。曹操便乘机迎献帝至许昌（今河南许昌东），取得了挟天子以令诸侯的政治优势，随后便四处征讨诸侯，势力弱小的张绣成为其首先攻伐的对象。

贾诩见张绣兵不过万，的确不是曹操的对手，便劝张绣暂时投降曹操，以避其锋芒，待机东山再起。张绣从之，派贾诩至曹操营寨通好言和。曹操见贾诩应对如流，非常喜欢他，欲用为谋士。贾诩说："我以前跟随李傕，得罪了天下的人；今从张绣，言听计从，我怎么能背弃他呢？"说完便告辞而去。次日，贾诩引张绣至曹操处，表示降服之意。随后，曹操即领兵入宛城屯扎，并将部分军队分屯城外，寨栅相连10余里。

曹操初到宛城，竟强令张绣爱妻前往曹营侍寝。对此，张绣咬牙切齿，愤恨不已。几天后的一个晚上，张绣依贾诩之计率兵偷袭曹操营帐。曹操猝不及防，慌忙上马出奔，右臂中箭，坐骑也被射死。正在危险万分之际，曹操的长子曹昂纵马赶来，跳下坐骑，扶曹操上马，曹操才得以逃脱。这一仗，曹操损兵折将无数，其长子曹昂、侄儿曹安民及得力猛将典韦都死于乱军之中。曹操遭此败绩，损兵折将，无可奈何，只好率军退回许昌。

建安三年（公元198年）三月，曹操为报此仇，率军再攻张绣与刘表的联军，沿途势如破竹，直抵南阳城下。张绣退守城内，闭门坚守。曹军围城攻打，以土填其城壕，在城边做梯凳，并架起云梯攻城。曹操还亲自骑马绕南阳城窥望南阳的守备情况，寻找其破绽，而后传令军士在城西门角上堆积薪柴，会集诸将在那里指指点点。

曹操的举动没有逃过贾诩的眼睛，他略一思忖，便知道了曹操的鬼把戏，便对张绣说："曹操见我城东南角的砖土颜色有新有旧，设置的鹿角多半损坏，想从那里攻城。但为麻痹我们，故意让士兵在西门角堆积柴草，诈为声势，欲哄我撤兵守西北，他好乘黑夜从东南角破城。"张绣问："怎么办呢？"贾诩献计说："这很容易对付。明日可令精壮兵士埋伏于东南一带，却让城中百姓扮作军士，虚守西北。夜间任曹兵从东南角爬城，然后一声炮响，伏兵齐出，曹兵必败无疑。"张绣便依计而行。这时，曹操听说张绣把士兵都撤到城西北防守，呐喊守城，东南面却很空虚，便自以为得计。到了夜间，曹兵从城东南面爬过城壕，砍开鹿角，进入城中。不料一声呐喊，伏兵四出，曹兵被杀得大败，退出城外，败走数10里，折兵5万余人，丢失辎重无数。

此战之后，双方相持又两个月之久，曹军士气低落，无所建树，又闻冀州的袁绍要突袭许昌，无计可施，只好撤退。一天早晨，张绣、刘表闻知曹军北撤，便集结大军追赶。贾诩劝阻道："现在不能追击，如若追击必败无疑。"张绣不听，说："现在不追，不是坐失良机吗？"张、刘联军万余人向曹兵追去，约行10余里，赶上曹军后队。曹兵早有提防，奋力接战，把张绣、刘表两军打得大败而还。张绣垂头丧气地领着残兵败将回来，见到贾诩，很是羞愧，谁知贾诩急迫地对他说："赶快再去追击。"张绣大惑不解："今已败，干吗又追？"贾诩肯定地说："现在追去，必定大获全胜。"张绣便半信半疑地收拢残军，再去追赶，曹兵竟不堪一击，沿途丢弃辎重无数。

张绣收兵回城，不解地问贾诩："我先用精兵去追击撤退的曹兵，您说一定会败；这次我以残兵去追击取胜的曹兵，您又说一定会胜。而其结果都不出先生所料。这是什么原因呢？"贾诩笑着说："道理其实很简单。将军虽善用兵，但不是曹操的对手。曹兵虽退，但曹操料到你会去追，必定亲率重兵断后，故追之必败。将军既败之后，曹操便轻兵前进，把辎重留给后面的疲弱之兵，也不防备，这时去追，当然会获胜。"张绣听了，不由得对贾诩佩服得五体投地。

这是中国历史上一个典型的智取胜的例子，由此可以看出，所谓智谋，就是对对方心机的洞悉，就是早谋一点早动一步的先见之明。

○ 顺应时势的英明决策

贾诩从形势的发展客观分析，认为张绣作为一个小集团，与其日后被别人消灭，不如趁早归附大诸侯，从而顺应时势作出了归附曹操的决策。

应该说，张绣和贾诩都是了不起的人物。人贵自知，他们深知自己没有登高一喊、八方呼应的魄力，也没有一匡天下的雄略，而仅仅是必须依附于"皮"的"毛"。于是审时度势，认定与袁绍相比，曹操是一个有雄才大略的人。

结果，张绣归降曹操后，曹操不计前仇，任命他为扬武将军。贾诩也因为出色的才华为曹操赏识重用，从而使自己的聪明才智获得了施展的舞台。

曹操虽然在讨伐张绣时败在贾诩手下，但在别的战场上却接连获胜。随着吕布、李傕等势力的消灭，建安四年（公元199年），曹操与另一强大军阀袁绍之间的战争已是一触即发。处于夹缝中的张绣成为双方拉拢的对象。

为了战胜曹操，割据冀、并、青、幽四州之地的袁绍特派使者到穰城（今河南邓县）与张绣订盟，以拉拢他出兵对付曹操。此时的张绣自知要独闯天下，凭他的力量是不行的，便思忖投靠某个大诸侯，撤掉自己独立的旗号。他见兵强马壮、声名远播的袁绍都来拉拢他，觉得面子不小，就想归附袁绍。贾诩也接到了袁绍的亲笔信，表示很看重他，希望他促成此事。但贾诩反对张绣归附袁绍。在招待袁绍使者的宴会上，贾诩怕张绣急忙表态，便公然对袁绍使者说："请你回去告诉袁绍，他连兄弟（指袁术）尚且不能相容，还能容天下豪杰吗？"张绣听了这话，不免心中忐忑不安，怕袁绍怪罪。

席散，张绣问贾诩道："既然先生认为不应当归附袁绍，那么该归附谁呢？"贾诩胸有成竹地说："不如归顺曹操。"张绣听了，不解地说，"袁绍与曹操相比，势力强大得多。更何况我们接连与曹操打仗，已结下怨仇，怎么能归顺他呢？"贾诩分析说："这正是归顺他的原因。曹操挟天子以令诸侯，占了有利的地位，这是其一；袁绍强大，我们这点人马去归顺他，他不会怎么看重，而曹操人马少，正需要扩充，他得到我们，必定会很高兴，这是其二；曹操是一个具有雄才大略的人，纵与他有怨仇，他也不会计较，借以向天下人表明他宽容大度、品德高尚，这是其三。有了这三个原因，将军就不必再迟疑了！"张绣听了他的分析，觉得很有道理，便听从他的意见，率领士卒归附了曹操。

张绣归降曹操后，曹操不计前仇，任命他为扬武将军，还与张绣结为儿女亲家，以表示对他的亲近。同时，曹操更为得到贾诩而高兴万分，他拉着贾诩的手说："为我创造这个机会取信于天下，这是你的功劳啊！"他早就想得到贾诩，这次总算是如愿以偿。曹操上表奏请献帝任命贾诩为执金吾，封爵都亭侯，很快又迁升其为冀州牧。只是当时冀州尚在袁绍辖下，贾诩便留在曹操幕下担任军事参谋。

有人认为，人的命运是上天注定的，但是，看了贾诩的故事你会认识到人的命运是自己一招一招谋算出来，一步一步走出来的。正因为对天下的人和事有着清醒的认识和准确的判断，贾诩才做出了正确的选择。这就是历史教给我们的学问。

○ 复杂环境中闪转腾挪的智者

曹魏内部派系林立，斗争不断，尤其是在争夺曹操的继承者问题上矛盾尖锐。贾诩清楚地知道，自己不是曹操的亲信旧属，在重大问题上不便多言。何况立嗣既是人家的家务、又关系着国家的命运和自己的政治前程，一旦判断错误，可能遭到政治上的打击。

建安二十一年（公元216年），年已过六旬的曹操领有冀州、魏郡等10个州郡，占有了北方半壁江山。曹操自封魏王，一切政令都出自曹操的魏王府。魏王与皇帝已只是名义上的差别。不过，曹操不想在他的手里夺过皇位，而是为他的后代取代汉室创造万无一失的条件。他说："若天命在我曹家，我愿做周文王。"但是，他该选择谁来做"周武王"呢？曹操一时举棋不定。

曹操生有25个儿子，长子曹昂死于宛城之战，次子曹丕成为曹操实际上的长子，按封建社会嫡长子继承制，继承权非他莫属。而且曹丕能文能武，决非庸才。但其第三子曹植同样是一个文武双全、胸有大志的人，并在才思敏捷方面远胜曹丕。他为了能取得父亲的继承权，凭着自己的才华，吸引了一大批忠实的支持者，他们都是当时闻名于世的文人学士。这些人常在曹操面前为曹植大唱赞歌，称他为当世奇才，是曹操理想的继任人选。曹操也很欣赏曹植的才干，但他亲眼看到袁绍、刘表都因选嗣不慎而引起内讧断送了霸业时，认为自己对此要慎重对待。

贾诩在这场继承权之争中，是倾向曹丕的，他认为曹丕有乃父之风，而曹植不过是一个饱学之士，未必能治理好国家。况且天下未定，如违反惯常继承顺序，势必引起内争，刚安定下来的北方又会受到战火的威胁。但贾诩不是曹操的亲信旧属，在这一重大问题上不便多言。一天，曹操在犹豫不决之中，想听听贾诩的高见。贾诩面对曹操的提问，故意默然不答，双眉紧皱，做出一副深思熟虑的模样。曹操性急地说："我与先生说话，先生却不作答，究竟是为什么呢？"贾诩连忙谢罪，回答说："我正在思考一个问题，所以没有马上回答您的问题。"曹操便问："先生在想什么呢？"贾诩机警地说："我在想袁绍父子和刘表父子。"曹操听了，禁不住抚须一笑。他明白贾诩的善意规劝。

曹丕终于在建安二十二年（公元217年）被确立为魏王太子，但他仍担心说不定哪天父亲会改变主意。为了巩固其地位，他特地向多谋的贾诩请教。贾诩没有大说曹丕的好话，而是从曹丕如何扬长避短、提高自己的才德这一方面诱导他。贾诩说："希望你能提高品德，扩展气魄，躬修学业，日夜孜孜不倦，不违背做儿子的规矩，做到这些就可以了。"曹丕听取了他的意见，自此便刻苦磨炼自己，地位日渐巩固。曹操也就不再有疑虑了。

晚年的曹操，为了能确保曹丕取得皇权，他对朝中臣僚已少了一些宽宏大度，多了一些疑忌之心，并不惜找借口杀掉他不放心的人。贾诩深知伴君如伴虎的道理，也洞悉曹操的内心。他是一个有足够的智力保护自己的明白人。尽管他为曹操立下大功，又在立嗣问题上发挥了重要作用，但他明知自己不是曹操的亲信旧属，而且曹操对策谋深远的他不会毫无疑忌之心。所以，在此后追随曹操的日子里，贾诩为人处世非常谨慎，收敛锋芒，下朝便闭门自守，从不与他人交往。儿女婚嫁，他都回避高门大族，而是与一些普通人家联姻。这使贾诩在凶险的政治斗争中得以自存。对此，天下的人都认为他是一个真正有智慧、有计谋的人。

失意时不气馁，积极寻求生存、发展之道；得意时不张扬，谨慎内敛保全自己，这不都是人生的大智慧吗？

2. 屡献奇策的才俊郭嘉

○ 慧眼识人，改投雄主

在历史上，常有这样一种现象：许多杰出的人才在原先的阵营里并没有什么出众的地方，而归属另一个主人后却大放异彩，功勋卓越。郭嘉就是其中之一。

在投奔袁绍未获重用后，郭嘉分析了原因，认识到袁绍好名而不知用人的本质，抛弃了种种幻想，毅然离开了他。在经荀彧推荐认识了曹操后，通过长谈，彼此之间相互了解。认识到曹操是一个能做大事的雄主，便毅然投奔，获得重用。

在混乱的年代，君臣之间是相互选择的。郭嘉的际遇正应了一句熟语：大将投明主，鹊雀登高枝。知人善用则是每一个成就大事业的“明主”所必备的素质。而“高枝”并不一定是很高的职务，主要指适合施展才干的平台，因为人才只有在使用中才能发挥他的价值。

在东汉末年军阀混战的年代，年轻的郭嘉为了施展自己的政治抱负，投奔了当时雄居北方，实力雄厚的袁绍，企图在乱世凭借自己的才华建功立业。

然而，由于年轻，加上郭嘉的名气并不是很大，袁绍并没有立刻重用他。同所有被冷落的能人智士一样，郭嘉因此而郁郁不得志。经过多方观察，终于认识到袁绍只想仿效周公的礼贤下士，却不很知道使用人才的道理。思虑多端而缺乏要领，喜欢谋划而没有决断，和他一起共同拯救国家危难，建立称王称霸的大业是很难的。

于是，郭嘉便离开了袁绍，去寻觅自己理想的雄主。

在此之前，郭嘉的同乡，颍川郡人戏志才是一个善于筹划的人才。在曹操的手下做事，很被看重。戏志才死后，曹操叹息不已，从此对来自汝州、颍川等地的人才特别看重。一直在寻找适合自己大业的杰出人才。

经荀彧的推荐，郭嘉见到了曹操。两人一起共谈天下事，彼此之间均相见恨晚。郭嘉的才华给曹操留下了深刻的印象。为了成就大业，曹操给郭嘉予以重用，任命他为司空军祭酒。

从此，寻觅到雄主的郭嘉便辅佐曹操，为其平定北方立下了汗马功劳。

○ 急攻吕布，远瞻孙策

天下无敌的吕布，十分自负。由于接连战败，信心遭到沉重打击，锐气已失。郭嘉深知，武勇的吕布如果获得喘息的机会，假以时日还会成为曹操的劲敌。他适时地劝谏曹操克服士兵疲劳、进攻受挫的种种困难，发扬连续作战的勇气，一举打败吕布消除祸患。而对孙策则指出其个性轻率，结怨多而不善防身的缺点，料到迟早会因此遭到灾祸。

以上两者，都是从对手的性格出发做出的决策。成功率非常小。

曹操借为父报仇打徐州太守陶谦，双方僵持不下。吕布乘机偷袭占领了曹操的根据地。丧失根基的曹操急忙回军攻打吕布，将吕布围困在下邳。

下邳城坚，难以攻陷。而连续作战又导致士兵疲惫，进退两难的曹操想收兵。但郭嘉却认为此时是攻打吕布的良机，应趁有勇无谋的吕布三次连败，锐气还未恢复一举攻下。之后又引沂水、泗水以水破城，并活捉了吕布。帮助曹操消除了争雄北方的一大对手。

当曹操与袁绍在官渡对峙之时，军队主力都集中在北方前线。后方许都空虚，给了南方已占据江东地区的孙策袭击的好机会。曹操面临两强齐攻，两线作战的危险。为了安抚众人，郭嘉指出："孙策刚刚占领江东不久，他所打败的都是一些英雄豪杰，是一个能让别人为他效力的人。但由于性格轻率所以不善于防备。虽然兵多将广，但结仇怨太多，处境很危险，一旦有刺客伏击便有可能身亡。”

孙策的结局不幸被郭嘉言中，在江边围猎时被仇人许贡的门客所刺杀。而曹操因此才能够集中己方力量与袁绍在官渡进行决战。

未见其景而揣知其情，以此为依据做出了正确的决策，郭嘉之智实在非一般人所及。

○ 隔岸观火，平定二袁

平定冀州之战虽然不如官渡之战那样出名，但其中郭嘉所做出的决策却令后人瞩目。

他看出了袁绍因未确立继承人，导致袁谭与袁尚兄弟争权，彼此不服，双方矛盾重重，只是在曹操的军事压力下才没有激化。于是及时劝谏曹操停止进攻，隔岸观火，让二袁因利益的冲突彼此火拼。最后，当二袁互相攻伐，双方均损失严重后适时出击，以较小的代价一举平定冀州。

外敌当前，内部矛盾会获得及时缓和；但并没有得到根本的化解；于是当外部压力减弱时，内部矛盾就会上升为主要矛盾，并激化。在这场斗争中，郭嘉正是准确地把握了这一矛盾的转化规律，巧妙利用敌人内部矛盾而取得胜利。

官渡之战后不久，袁绍忧郁而死。由于袁绍没有明确立定继承人，导致袁谭、袁尚两人各自纠集了一批人独成派系，袁氏集团从此分裂。

所谓事在人为，一个决策者的思维方法、行事规律，往往在很大程度上受制于他固有的性格弱点。但这种以人料事的办法，对于能集思广益乃至实施领导的对手，则恐怕曹操借官渡之战的胜利接连又几次打击袁军，许多人都想借此机会一举平定北方。而郭嘉认为：袁谭与袁尚兄弟彼此不服，争权夺利。若此时进攻则他们会团结一致，互相扶助。若暂缓打击，向南做出征讨刘表的假象，二袁就有可能互相争斗。等变局形成后再攻击他们就可一举成功。

听了郭嘉的建议后，曹操向南面进军，军队开到西平县，袁谭、袁尚果然开始争夺冀州。袁谭被打败后逃到平原县并投降曹操。曹操假意答应借此平定邺县，后来又攻占南皮，消灭叛变的袁谭势力，平定了冀州。郭嘉因功被封为洧阳亭侯。

袁尚在被曹操打败后，逃到北方乌丸人的地区。此时，刘备在刘表的支持下准备袭击许都。众人均认为袁氏已不足为虑，纷纷劝曹操回师南征。

这时，郭嘉力排众议，认为，乌丸地处偏远，所以会不加防备，如果乘此机会突然发动攻击，则可以轻易消灭敌人。而且，以前袁绍对这个地区的汉人、乌丸人都有影响。袁氏兄弟也没有彻底消灭。在北方，新占领的地区老百姓还没有完全归附。此时南征刘表就等于给了袁氏兄弟喘息机会，日后加上乌丸人则后果严重。而刘表与刘备互不信任，不足为虑。

由于郭嘉的劝谏，曹操出师远征乌丸。在此过程中，郭嘉强调兵贵神速，让士兵轻装疾行，直接攻击乌丸单于，结果大败乌丸军，消除了北方的隐患。

我们知道，曹操对郭嘉极为推崇和依赖，赤壁之战失利后，他还发出了“假如奉孝在”的感慨。易中天先生在《品三国》中也把郭嘉与诸葛亮相提并论。一个智谋胜过一旅之师，郭嘉之智确实并非浪得虚名。

3. 智圣先师诸葛亮

○ 未出茅庐而知三分天下

诸葛亮在那样一个通讯缓慢的时代，身处那样一个偏僻的环境，却能对天下形势了然于胸，并于纷乱的局面理清思路，看清未来，实在是了不起。

刘备是一位胸有大志的人。虽然一直不得志，但仍不停寻访人才。经司马徽和徐庶等人的推荐，他不惜在军务繁忙中带关羽、张飞二将躬身三顾茅庐，欲请诸葛亮出山辅佐他共谋大业。前两次登门求教皆不得见，刘备并未因此而放弃求贤之诚意，又第三次再度登门。刘备对还未谋面的诸葛亮如此谦恭，致使身居山野的诸葛亮十分感动。为此，刘备第三次前往隆中拜谒诸葛亮时，诸葛亮真诚地以礼相待，向刘备说出了自己的思考，这就是诸葛亮著名的“隆中对”。诸葛亮虽隐匿山野，然而他未出茅庐却尽知天下。他对刘备进言：“自董卓以来，豪杰并起，地盘跨州连郡的不可胜数。曹操和袁绍相比，名声低，人马少，结果他反而打败了袁绍，以弱胜强，其原因并非苍天使然，而在于人的智谋。今曹操拥有百万人马，挟天子以令诸侯，这是很难与他争锋的。孙权占据了江东，已经历了三代，地势险固，民心归附，且有一批贤将才士为他效劳，因此只能与他联合而不能去图谋攻取。而荆州之地，北依汉水、沔水，南达南海，东连吴会，西通巴蜀，堪称用武之地，但它的主人难以守住，这大概是上天特意留给将军的，将军是否有意接纳呢？另外，荆州西面的益州，地势险要，沃野千里，是一个天府之国，昔日汉高祖刘邦正凭借此地而成就了帝业。然而，益州牧刘璋懦弱无能，在他北面占据汉中的还有一个张鲁，民殷国富，但不知爱惜，因此有才智的人都渴望有一个贤明的主子。将军既然是皇帝之后裔，且信义又闻于四海，能广交天下英雄豪杰，思贤若渴，如果能占有荆、益二州，固守险要，西边与诸戎和好，南面安抚夷越等各民族，对外与孙权结为友好邻邦，对内则修明政治，等待时机。一旦时机一到，就可命一上将统率荆州军队北上夺取宛城，汉室可兴了。”诸葛亮一席话就如黑暗中一道闪电，照亮了混乱复杂的天下政局，使刘备茅塞顿开，眼前呈现出一幅三分天下的蓝图。于是，刘备喜出望外，拜诸葛亮为军师，上马同回军中。

《隆中对》是诸葛亮初出茅庐时对时局作精辟分析的杰作，体现了他洞若观火、善于驾驭天下大事的能力和才干。诸葛亮以一言兴邦，刘备思贤若渴，采纳了他的计谋，并从此以诸葛亮为辅佐，踏上了建立蜀国、三分天下的征途。

○ 以法治国的能相

“武侯治蜀”是诸葛亮政治生涯的重要组成部分。面对新建的政权和复杂的当地形势。诸葛亮坚持以法治蜀的方针。他励行法治，执法严明，整顿了益州长期混乱、松弛的社会秩序，而且面对各方面的反对，坚持自己的做法。最终使益州地区社会风气好转。

这一切产生了良好的效果：首先，社会的稳定给新建的刘备政权带来声誉，使得人民相信这个政权。其次，安定团结的环境为以后发展、建设益州打下良好的基础。实际上，对于情况复杂的益州地区，要想发展，法治是唯一的途径。

治乱从严，宽严相济是古今认同的治国原则。但严到什么程度，宽到什么范围，在当时恐怕虽言法治而仍实为人治。以至于武侯事必躬亲，不劳累成疾才怪。

益州乃中国西南部地区，地域虽广，但山高谷深，交通不便，从春秋战国至秦汉以来，这个地区在经济上较之中原地区来说，一直要落后一些，尤其在它的南部，居住着大量的少数民族，跟中原的联系很少，其经济也就更不发达了。因此，治理益州，发展经济，成为诸葛亮巩固刘备取得新政权的首要任务。在这方面，诸葛亮充分发挥出了他的治国安邦之才。作为刘备的军师，刘备的所有治国之策实际上皆出自诸葛亮，刘备对诸葛亮非常尊重，可以说是言听计从，从不乱予否定。故此，诸葛亮对刘备也就忠心辅佐，至死报答刘备的信任和知遇之恩。夺取益州后，诸葛亮励行法治，帮助刘备整顿长期以来益州地区混乱、松弛的社会秩序。诸葛亮执法严明，赏罚分明，“无恶不惩，无善不显”，在他的治理下，益州社会秩序明显好转。史书上记载说，经诸葛亮的治理经营，益州之地变成了一块“吏不容奸，人怀自厉，道不拾遗，强不凌弱”的好地方，整个社会“风化肃然”。对此，诸葛亮曾遭到一些人的反对，如曾帮刘备夺取了益州的刘璋旧部法正即对法治不满，他对诸葛亮说：“从汉高祖入关，也不过约法三章而已，刘公刚占益州，对百姓没有什么恩德；再说，你们都是外来人，按关系来讲，也应把政令放得宽一些，使大家安心。”法正提到刘邦当年推翻秦后把秦王朝的一切政令全废了，只宣布了三条法令：杀人者死，伤人者刑，盗窃者抵罪。刘邦的“约法三章”在秦王朝多年暴政后的确是对老百姓的一种解放，那么，这种历史的经验是否只能毫无改变地搬用呢？对此，诸葛亮分析得十分透彻，对法正晓之以理。他说：“当年秦王朝无道，用严酷法令压迫广大人民，老百姓怨声载道，那么刘邦的约法三章当然正得其时。然而现在情况恰好相反，刘璋治益，一直法令松弛，致使很多豪强放纵不法，因此严肃法纪，整顿秩序，这才是现在治国所需要的。彼时的放松和此时的从严，皆实际需要使然。”诸葛亮鉴古而通今，治国有法，安邦有道，以此可见一斑。

○ 以攻为守的北伐大业

即使诸葛亮不北伐，魏国也会出兵攻蜀。与其因战争造成蜀地破坏倒不如把战争引到魏国去。而且，单纯的防守，蜀国的发展始终不及魏国，双方的差距只会因时间的推移而拉大。但蜀汉毕竟国小力弱，特殊的地理位置，使当时的蜀汉政权如同一只关在笼中的猛虎，曹魏固然难以入笼打虎，而虎也难以出笼侵魏。若中原乱、或可一逞，若中原稳定，则毫无机会，所以孔明六出祁山自知是不可为而为之，一则以守为攻，再则主要是为了报答先帝刘备。

诸葛亮尽人事的百般努力虽然没有取得成功，但为历史留下了万古云霄一羽毛的完美人格，也留下了出师未捷身先死，长使英雄泪满襟的千古遗憾。

诸葛亮抓住孙吴政权两次向曹魏用兵之机，决定挥师北伐，以完成先帝刘备之遗志，了却他自己的平生宏愿。在用兵前，诸葛亮非常慎重地向皇帝刘禅上了一道奏章，申述出兵中原之大义，此奏章即著名的《出师表》。奏本道："臣本是一介平民，在南阳耕田种地，只想在乱世中保全性命，未曾想在天下显身扬名。先帝不以为臣卑贱，反而降低身份，三顾草庐之中，询问天下大事，臣非常感激，于是答应为先帝奔走效劳。后来正赶上荆州大败，臣受任于败军之际，奉命于危难之间，迄今已二十一年了。先帝知道臣小心谨慎，所以在临终之时把国家大事托付给臣。从接受遗命以来，臣日夜都在忧叹，唯恐辜负了先帝的愿望，有损于先帝的知人之明。所以，臣在五月里渡过泸水，深入不毛之地，平定了南方。现在南方已经安定，国家兵甲已足，应动员三军，北伐中原，这是臣对先帝的报答，也是效忠陛下应尽的责任。"诸葛亮的一番陈词，慷慨而情深，大义而忠烈，既为报知遇之恩，也是尽为臣之责。随即诸葛亮又下了一道讨伐曹魏的宣言，进一步使北伐中原的行动出师有名，得到全国人民的支持。一切准备就绪，诸葛亮亲统20万步骑兵向北进发。大军抵达陕西与四川交界的阳平关（今陕西勉县西北）后，诸葛亮决定不直接从陕南出兵攻取咸阳等地，而是迂回用兵，先取陇右，以形成对曹军西线的威势，再从西向东全线出击。当诸葛亮的军队西出祁山、突然进至陇右地区时，驻陇魏军毫无防范，纷纷溃败投降。诸葛亮很快就占领了南安（今甘肃陇西东南）、天水（今甘肃西北）和安定（今甘肃镇原东南）数郡，从南至北，清除了陇右的魏军，并派兵进驻街亭（今甘肃秦安东北），以扼守陇西至关中的咽喉要道。这时魏国开国皇帝曹丕已病死，太子曹睿即位。他闻知蜀军已出兵陇西，亲率大军坐镇，派大将张郃领5万军队赴西线迎敌，两军在街亭相遇。这就是历史上论述最多、民间故事中传说最广的街亭之战。此战因诸葛亮虽看到了街亭的重要性，但却没有亲临守御，而是派了名不副实的马谡为主将。而马谡死搬兵法，刚愎自用，公然违抗诸葛亮的军事部署，把军营扎在山上而导致全线溃败。街亭失守，蜀军失去了进攻和防守的滩头阵地，最后全军被迫从陇西撤兵汉中，第一次北伐宣告失败。诸葛亮对错用将领而导致北伐失败非常痛心，挥泪斩了马谡。马谡为诸葛亮好友马良之弟，好论军计，深得诸葛亮赏识。刘备临终前曾告诫过诸葛亮说："马谡言过其实，不可大用。"在这一点上，诸葛亮却没有体会到刘备语中之意，一直对马谡很器重，直至街亭兵败，诸葛亮悔之晚矣。他亲自上疏刘禅，请求皇帝给他降三级处分，以示他用人不当之过。刘禅无奈，勉强同意了诸葛亮的请求，把他降为右将军，代理丞相之职。街亭兵败，是"诸葛一生唯谨慎"中少有的一次不谨慎，也不能不说是诸葛亮统帅生涯中的一个遗憾。

同年冬，诸葛亮在休整了几个月后，又率军进行第二次北伐，但终因粮草不济，又不得不退兵。公元228年，诸葛亮率军进行第三次北伐，占领了原魏国据守的武都（今甘肃成县西北）、阳平（今甘肃文县）二郡，并将其正式划入蜀汉的版图。此次虽没打到关中，却也取得了局部的胜利。建兴九年，即公元231年，诸葛亮又组织了第四次北伐。这次，他充分汲取了前几次军事行动的教训，把粮草运输当做首要任务进行认真组织，委派曾一同受刘备遗诏辅政的大臣李严负责督运军粮，并根据山地运粮困难的特点，专门设计了一种被称为“木牛”的运粮独轮车。这次北伐，诸葛亮遇到了一个劲敌——曹魏方面的统帅、曾受遗诏辅政的司马懿。此人深知兵法，且有谋略，稳而不躁，善于思考。他曾镇守荆州以御东吴，因关中统帅曹真患病，他就被曹睿调往长安代替曹真，统帅张郃、费曜、戴凌、郭淮四员大将在西线抵抗蜀军。两军在陇西相遇，诸葛亮采取避实就虚的战术，先避开敌方之主力，攻击驻守上邦（今甘肃天水）之魏军，从而大获全胜，使守卫上邦的费曜、戴凌逃回城中，不敢再战。当司马懿得知诸葛亮攻上邦，即率主力从祁山前去救援，但他深知诸葛亮厉害，兵至而不战，只在险要地方下寨据守，不出战。诸葛亮每日派将挑战，高声叫骂，故意羞辱司马懿，以此激将他率军出战，但老谋深算的司马懿仍按兵不动，置之不理。于是，胆识过人的诸葛亮又改用诱敌之计，佯装退兵，司马懿见蜀军退走，派人打听虚实后就率军尾随而进，仍不急不躁，决不主动与蜀军正面交锋。司马懿的举动遭到了他手下部将们的戏弄和嘲笑，加上诸葛亮又经常派部下士兵向魏军挑战，甚至辱骂，这使魏军将士怒气冲天，不堪忍受。他们多次请战，但主帅司马懿就是不允许。于是他们议论开了：“还未交战就不敢出战，将军畏敌如虎，难道就不怕天下人讥笑？”这些议论日益增多，司马懿终于稳不住了，于是决定与诸葛亮决战。诸葛亮等的就是司马懿的急躁，早已布下伏兵，只等司马懿往里钻。这一仗把曹魏军队杀得大败，使司马懿再也不敢与诸葛亮交战了。此后，两军相持近6个月之久，诸葛亮又因粮草供应不济，只得再次退兵。司马懿以为这下该可出击蜀军了，就派大将张郃率兵追杀，谁知追到木门谷（今甘肃天水西南）又中了诸葛亮的埋伏，张郃竟死于乱军之中，魏军追兵反而成了溃军。诸葛亮撤回汉中后，严厉惩治了督运军粮不力的老将李严，并决定暂缓北伐，休整内政，鼓励农商，发展生产，让国力重新恢复起来，以便作好充分准备，再次北伐。

公元234年，即建兴十二年，已50多岁的诸葛亮决定再次率军北伐。由于3年的准备，他已将大量的粮草囤积在斜谷口，以备军用。另外，他还进一步研制出一种运粮的四轮小车，叫“流马”，以供在山地运粮之用。在进行了充分准备之后，他亲率10万大军从陕南出发，这一次他不再西出陇地，而是直插陕西渭水南岸的五丈原（今陕西岐山南）。这次魏军统帅仍是司马懿，当两军在渭水边对峙扎营后，司马懿故伎重演，坚壁据守，就是不出战，而诸葛亮却希望早早决战，不宜久拖。为此，诸葛亮使尽所有的手段，甚至派人送了一套妇人服饰给司马懿，嘲笑他像妇人一样胆小。但司马懿已吃过诸葛亮的亏，即使受辱，也忍住不战。为掩人耳目，他还假说决战需奏准皇上，使众人不敢再非议他。司马懿采取拖延战术，的确抓住了诸葛亮的致命弱点。由于战争旷日持久，加之诸葛亮办事谨慎认真，所有军政大事，事无巨细，凡事必躬亲，这使他日夜操劳，身体渐渐虚弱，很快就因操劳过度而病倒了。诸葛亮深知自己的病情难以好转，于是，一面上奏朝廷，向刘禅报告了自己的病情，并对日后国家许多军机大事一一作了交代；另一方面，他又周密部署了他死后蜀军的退兵之策。当这一切料理停当，诸葛亮就在这北伐前线的军旅病榻上，怀着对北伐未竟事业的伤感和遗憾，怀着对先帝的无限追忆，怀着对亲自创立的蜀汉政权的隐隐忧思而匆匆离开了人世，享年仅54岁。

《三国演义》中以“六出祁山”对诸葛亮的北伐做了文学性的描述，北伐虽然最终没能成功，诸葛亮的“人算”最终没能算过“天命”，但他靠一己之力维持了一个王朝，这种大智与大勇不能不令后人肃然起敬。

4. 以智成事的曹魏权臣司马懿

○ 随机应变，速平孟达

司马懿也是三国时期一个智者的典型。

为了维护曹魏政权的安危，司马懿在获悉孟达即将造反的消息后，先设计麻痹孟达拖延起事的时间。在其起兵后，打破先上奏魏帝后出兵讨伐的传统，不待诏令，直接领兵攻击孟达，在他尚未完成防御准备前，出其不意一举将其击败，避免了乱事的扩大，为全力迎击诸葛亮的北伐大军争取了时间。

太和元年（公元227年）六月，魏文帝曹丕下诏使司马懿屯兵于宛，加都督荆、豫二州诸军事。

当初，蜀将孟达因未援助关羽怕刘备怪罪降魏，魏给他的待遇很优厚。司马懿以为孟达言行狡诈，看风使舵，不可信任，向魏明帝恳切进谏，魏明帝不听，让孟达领新城太守，封侯，假节。孟达于是联结吴蜀，利用魏对他的信任，暗地图谋中原。

蜀丞相诸葛亮厌恶孟达反复无常，又忧虑他危害蜀国。孟达与魏兴太守申仪有怨仇，诸葛亮欲加深他们之间的怨仇，派郭模诈降魏，去拜访申仪，故意泄露孟达欲叛魏的计划。孟达听说自己的谋划泄露，准备起兵。司马懿恐孟达迅速发兵，写信告诉他说："将军昔日抛弃刘备，托身于我国，国家将疆场重任委托给你，并将伐蜀的事也托付给将军，至诚之心可谓如天上白日。蜀人不论愚智，对将军莫不痛恨。诸葛亮欲破坏你和魏的关系，只苦于没有办法。郭模所说的并非小事，诸葛亮怎能忽视此事而让郭模泄露，此中道理是容易明白的。"孟达得信大喜，谋魏之事犹豫未决。司马懿即暗地进军讨伐。诸将认为孟达与吴蜀互有冲突，应先观望而后动手。司马懿说："孟达无信义，现在正是他们互相猜疑的时候，应当在他未做出决定的时候消灭他。"于是快速进军，一日行二日路程，八天便到了上庸城下。吴蜀各遣其将向西城安桥和木阑塞进军以救孟达，司马懿分派诸将阻截吴蜀军。

初，孟达给诸葛亮写信说："宛离洛阳八百里，离我处一千二百里，听到我起事的消息，当上表给天子，来回路程，须一个月时间，那时我的城池已经修整牢固，诸军都做好了准备。我处在深山险道之中，司马公必不会亲自来，其部下诸将来，我不会有忧患的。"及魏兵到，孟达又告诸葛亮说："我起事八日，而魏兵已至城下，多么神速啊！"上庸城三面河水阻隔，孟达在城外立木栅以巩固城防。司马懿渡水破坏了木栅，直抵城下。分八路攻城，攻了十六日，孟达外甥邓贤、部将李辅等开门出降。司马懿斩孟达，首级传至京师。俘获万余人，整顿军队回到宛。又鼓励农桑，禁止浪费，南方百姓都喜悦而归附。

○ 假痴不癫，乘机发难

在与曹爽夺权力的斗争中，司马懿以退为进，装病麻痹曹爽，先免除了自己的灾祸。司马懿若不是装病将死，很可能被曹爽杀死。在骗过曹爽之后，司马懿在有利时机举兵发难一举成功。

景初二年，司马懿讨灭了割据辽东数十年的公孙氏，军政声望成为曹魏朝臣之首。其时，朝廷中拉帮结伙，党同伐异之风又起，以曹真之子曹爽为首的曹氏集团和以司马懿为首的司马氏集团初步形成，彼此明争暗斗，势同水火。明帝诏令禁止，亦无补于事。司马懿经常和其长子司马师策划于密室，积极罗致党羽。明帝心腹、典掌机要的中书监刘放、中书令孙资均为其笼络。

明帝酒色过度，身体虚弱，景初二年一病不起。其子曹芳年仅7岁，选择何人辅政，煞费苦心。明帝颇知人，对司马懿疑虑甚重，瞩目于燕王曹宇。刘放和孙资同曹宇嫌隙极深，借单独召见之机，抬出文帝严禁藩王辅政的诏令，排斥曹宇，力荐懦弱无能的曹爽（曹操的侄孙）和司马懿。亲王既不能辅政，曹氏宗室又无杰出人才，明帝无奈，任曹爽为大将军，假节钺、都督中外诸军事，录尚书事。顾忌曹爽懦弱，特意任命以办事干练著称的孙礼为曹爽的助手，但对司马懿依然迟疑不决。此时，司马懿已从辽东回到汲县（今属河南），得讯后乘追锋车，以一夜400里的速度赶回洛阳，闯入宫中，对明帝力表忠心，终于夺得了和曹爽共同辅政的权力。

正始元年，明帝死，葬高平陵（洛阳城南90余里）。曹芳继位。曹爽布置兄弟及亲信何晏、丁谧、毕轨、李胜等掌握禁军、机要、官吏任免、治安等要害部门，尊司马懿为太傅。但这些人大都是贵胄子弟，纨绔公子，醉心权势财货而无应变之能，热衷吹枯嘘生的玄学或高谈阔论而无治政之才，彼此间也不断钩心斗角。有的被时人呼做狗，有的被看做行尸走肉之徒。这帮人连两个普通藩王争夺封地的一般案件也处理不了，一拖就是八年。孙礼认为查一下初封时的地图便可迎刃而解，得罪了曹爽，判刑五年，保释在外。孙礼怨愤难平，找司马懿诉苦，被司马懿笼络。正始五年，曹爽为提高声望，兴师10万伐蜀，兵败而归。改用合并郡县，裁撤官吏的办法立威，侵犯了官吏的权益，使之大都倒向司马懿一边。

司马懿外示退让，暗中着着布置、标榜名教，积蓄力量。司马师豢养3000余敢死之士，散于民间，严防曹氏集团察觉。正始八年，司马懿故伎重演，声称旧病复发，卧床不起，拒绝过问朝政。次年，李胜外任荆州刺史，借辞行之名前往刺探虚实。司马懿佯装神智昏迷，气若游丝，水浆难进。李胜回报，司马懿将不久人世。曹爽等戒虑全消，肆情纵欲，为所欲为。正始十年正月，曹爽带领全部亲信拥簇曹芳祭祀明帝。司马懿立刻借曹芳生母郭太后之名发动兵变，占据武器库，关闭洛阳城门。司马师陈兵阙下，切断宫室与外界的联系。司马懿亲屯洛水浮桥，堵住曹爽归路。随后又强令郭太后罢免曹爽，同时上章曹芳，列数曹爽罪状。大司农桓范夺门而出，建议曹爽挟持曹芳，退屯许昌，讨伐司马懿。遭到曹爽拒绝。司马懿遣曹爽亲信尹大目游说曹爽："只要交出兵权身家性命概不过问。"又拉出素以刚正见称的大臣蒋济等做担保人，以洛水为誓，确保曹爽身家性命的安全。曹爽相信司马懿的誓言，甘做富家翁，拱手交出兵权。司马懿兵权在握，软禁曹爽，严密监视其一举一动。不久，则借口曹爽阴谋反逆，族灭曹爽及其党羽。

5. 半部论语治天下的赵普

○ 精心策划，兵变陈桥

可以说，没有赵普的精心策划，赵匡胤不会如此顺利地发动陈桥兵变，当上皇帝。

作为亲信，掌书记的赵普是赵匡胤凭军权发动陈桥兵变的策划人。

首先，赵普派人散布谣言，捏造契丹和北汉联合入侵后周的谎报。为赵匡胤率大军离京制造良机。使得赵匡胤既军权在手又摆脱逼宫的嫌疑；其次，当大军进驻陈桥驿后，利用天象煽动士兵，从士兵自身的利益出发鼓动他们"立检点为天子"。最后，赵普以"长保富贵"为由，要将领们听从指挥，并派人通知在京城的石守信等大将策应，与将士们一起将假装不知的赵匡胤龙袍加身。

公元959年，周世宗柴荣病逝，其年仅7岁的幼子柴宗训继位为帝，是为恭帝。赵匡胤当时任殿前都点检，领宋州归德军节度使，掌握兵权。在此期间，他还把一些重要将领拉拢到身边，以盟誓结义的古老方式，与石守信、王审琦等禁军将领结义为兄弟。后周"主少国疑"的局面，也正好为赵匡胤废周自代提供了极好的机会。在他的授意下，时任掌书记的赵普等人精心策划，紧锣密鼓地做好了兵变的准备。

后周显德七年（公元960年），赵普等派人散布谣言，说北汉和契丹会师南下，派兵进犯。后周宰相范质、王溥等仓促之中不辨真伪，急派赵匡胤率兵从大梁（今河南开封）出发，北上防御。大军行至开封东北40里的陈桥驿时便驻足不进。军中有一通晓星象之人名叫苗训，他指点门官楚昭辅等人观察天象，见“日下复有一日，黑光摩荡者久之”，似乎两个太阳正在搏斗。古时候，人们认为太阳是皇帝的象征，另外出现一个太阳，就预示要出一个新的皇帝。谣言遂因此不胫而走。当晚五更，军士们聚集于陈桥驿前，议论纷纷。赵匡胤的亲信煽动兵士们说：“现在周帝幼小，不能亲政，我辈冒死为国家抵御外敌，又有谁知道！不如先立点检为天子，然后再北征也不晚。”这时，一直在幕后策划的赵普、赵光义等走出来假言规劝将士们不要这样做。他们名为劝阻，实为激将。果然群情汹汹。赵普等见已时机成熟，就派人连夜赶回大梁通知城内的守将石守信、王审琦等人，让他们在京城统军策应。黎明时分，北征的将士们披甲执刃，团团围住赵匡胤的军帐。此时，赵匡胤正悠闲地卧于帐中饮酒，佯作不知。赵普与赵光义推门而入禀告外面的情况，赵匡胤这才慢慢起身出来。将士们一见便高呼：“诸军无主，愿策太尉为天子！”赵匡胤未及开口，就有人把象征着皇权的黄袍裹在他身上，高呼万岁。参加兵变的士兵们不等他分辩，就簇拥他上马。赵匡胤手揽缰绳对众将士说：“我有号令，尔能从乎？”众将士纷纷表示愿听号令。赵匡胤就说：“太后、主上，吾皆北面事之，汝辈不得惊犯；大臣皆我比肩，不得侵凌；朝廷府库、士庶之家，不得侵掠。用令有重赏，违即孥戮汝。”众将闻言，俱下马跪拜，整肃军队进入大梁。

赵匡胤进城后，令军士们各归营帐。片刻之后，手下将领簇拥宰相范质等而来。赵匡胤一见即痛哭流涕，假惺惺地说：“（我）违负天地，令至于此！”但没等范质等开口说话，一个名叫罗彦环的将领即手按利剑对范质等人厉声喝道：“我辈无主，今日须得天子。”范质等人面面相觑，无计可施，只好“降阶列拜”，承认赵匡胤为皇帝。

陈桥兵变异常顺利，全赖赵普等人谋划之功。从散布北汉与契丹进犯的谣言，到观天象、唆使军士拥立赵匡胤为帝，而后里应外合、兵不血刃进入大梁都城，整个兵变过程安排得丝丝入扣、细致入微，甚至连加身之黄袍和禅代诏书都已事先做好准备。赵匡胤对将士们的约法三章，也是赵普等人谋划兵变的既定策略，有利于稳定局势，巩固统治，也有利于日后北宋的统一事业。陈桥兵变，系由赵匡胤指使、赵普等人精心策划，一手导演而成。这其中，赵普运筹帷幄，居功至伟。赵匡胤如愿以偿登上皇帝宝座，晋封拥戴他的有功之臣，忘不了给赵普加官晋爵：“以佐命功，授右谏议大夫，充枢密直学士。”

○ 战略定策，一统中原

赵普根据形势，为了一统中原提出：“先南后北，先易后难，各个击破”的战略方针。

战略正确是迈向成功的良好途径。面对北方强大的辽国，与其先攻强敌，不如“先取西川，次及荆、广、江南，则国富饶”，然后再北攻辽国。这样不仅统一了南方还壮大了北宋的经济实力，使日后能与辽国持久的作战。

北宋王朝建立后，迅速平定了后周残余势力的反抗，使宋成为北至燕山，南达淮河，东临大海，西过黄河的大国。

内乱虽平，但中原分裂局面依然如故。在北宋的南边和西边，南唐、吴越、南汉、后蜀、南平等一些割据小朝廷各霸一方；在北边，契丹、北汉窥视中原。此外，还有不少地方豪强势力拥兵自立。如何扫灭群雄、一统中原？宋太祖赵匡胤对此事一直萦记于心，寝食不安，其心腹智囊赵普也同样在考虑，酿策腹中……过去，宋太祖每遇难以决断之事，便亲到赵普宅第与之商议。因太祖到他家过于频繁，赵普每次下朝回家后都不敢更换便装，以便随时侍候。有一天夜里，天上下起了大雪，赵普猜测宋太祖可能不会来了。哪料到忽闻叩门之声，“普亟出，帝立风雪中，普惶惶迎拜”。这次宋太祖雪夜来访，还邀约了其弟赵光义，要与赵普一起商议征讨南北各国、统一中原的大计。赵普赶紧嘱咐夫人置酒迎驾，不一会儿，夫人端上热气腾腾的菜肴。君臣三人围坐在炭炉前，一边饮酒，一边吃着烤肉。赵普的夫人给他们斟酒，宋太祖也以大嫂相称，君臣亲密无间。宋太祖在席间说明了来意，叹息着说：“吾夜不能寐，一榻之外，皆他人家也，故来见卿。卧榻之侧，岂容他人鼾睡！”胸有宏图大略的宋太祖当然不能高枕无忧。他进而提出了“计下太原”的方针。太原为北汉的国都，背后有契丹人的支持，显然是一个硬钉子。宋太祖提出这个方案后，三个人都一言不发，静静地饮酒。赵光义催着赵普发表意见。赵普对此早已深思熟虑、成竹在胸。他仔细分析了形势后，提出了“先南后北、先易后难、各个击破”的战略方针，指出，太原正当西北两面，如果攻下太原，则大宋将独力支撑局面，抵挡西北两面的劲敌——契丹和北汉。而南方诸国都较为弱小，容易征讨，并且南方还比较富裕，平定南方后可以大大增强自身的实力。到那时，再挥师北上，“则弹丸黑子之地，将安逃乎？”赵普言下之意，若按此计办，攻取太原、削平北汉将易如反掌。宋太祖原来没有想到这一点，听了赵普的一番对局势的精妙分析和据此提出的战略方针，甚为嘉许，便笑着掩饰说：“吾意正如此，特试卿尔。”

这天雪夜定策后，北宋即着手对付南方诸国。建隆三年（公元962年），割据湖南的武平节度使周行逢病死，由其子周保权袭位。当时驻扎衡阳的大将张文表起了取而代之之心，起兵反叛。周保权一面派兵抵抗，一面向北宋求援。于是北宋制定了以救援周保权、讨伐张文表为名，借道荆南，一举削平荆南和湖南两股地方势力的征讨方案。次年，北宋依计出兵，仅用了三个多月的时间，就先后灭掉了荆南、湖南两个割据政权。

乾德二年（公元964年），后蜀派人与北汉勾结，企图夹击北宋。不料派出的信使却将此信献给了宋太祖。这样，北宋西讨便师出有名。经两个月的征讨，就灭掉了后蜀。

开宝三年（公元970年），北宋以“救此一方民”的名义派兵越过五岭，讨伐南汉。很快，南汉灭亡。此后又向南唐大举进攻，开宝八年，宋军攻进金陵城，南唐国主李煜被迫投降，南唐灭亡。

北宋的南征，有如摧枯拉朽，未费多大气力就基本结束了延续几十年的分裂局面，使中原和南方地区在较短的时间内实现了统一。这是宋太祖与赵普等人制定的“先南后北、先易后难、各个击破”战略方针取得的巨大成功。若无“先南后北”之策，中原的统一将要延长若干年，且后来形势的发展尚不可知。赵普在北宋鼎定中原的战争中表现出了杰出的战略家眼光，非常人所及，功不可没。平南后雄心万丈的宋太祖为使汉唐旧疆的北汉划入大宋版图，曾在灭蜀后两次出兵讨伐北汉，均因契丹的出兵增援而无功而返。

赵普在宋太祖两伐北汉失利后，即主张罢息干戈，对契丹暂时采取守势，全力治理国内，等候时机，再图北汉。有一天，宋太祖召见赵普，拿出幽州地图给他看。赵普心知其意又在北伐，便佯作仔细观看，并大加赞叹，说此图肯定是大将曹翰所作。宋太祖就问他何出此言。赵普回答说：“方今将帅才谋，无出于翰（曹翰）。此图非翰，他人不可为也。翰往，必得幽州。然既取幽州，陛下遣何人代翰？”宋太祖听后默然无语，打消了北伐的念头。雍熙三年（公元986年）春，宋太宗又一次发动北征，却屡遭败绩，骑虎难下。赵普先后两次上书，要求“罢将士伐燕之师”，并劝宋太宗“端拱穆清，啬神和志，自可远继九皇，俯观五帝。岂必穷边极武，与契丹较胜负哉”？

历史上曾有赵普半部《论语》治天下的传说，不论传说虚实与否，赵普以其高超的政治智慧为大宋朝的建立和巩固立下汗马功劳却是不争的事实。

6. 能料事未能料人的刘伯温

○ 议废明王，理清大计

至正十九年（1359年），朱元璋统帅的一支红巾军，先后占领了诸暨、衢州和处州，随后又次第拔除了东南一带元军的一些孤立据点，元朝在浙东的军事力量已被清扫，浙东地区大部获得平定。雄心勃勃的朱元璋，极力搜求各地知识分子、知名人士，希望他们出来辅助自己的事业，帮自己扩充地盘，稳定社会秩序。刘基，字伯温，在浙东很有名望，自然被列入邀请之列。但朱元璋几次派人礼请他出山，他都是好言推托。当胡大海攻下处州，再次厚币礼聘时，刘基仍是婉言谢绝，不肯依附。后来，处州总制孙炎写了一封几千字的长信，反复申明利害，讲明对他们不算旧账，只要他肯出山，不但可以保全身家性命，还可做官办事，一齐治理天下。与此同时，刘基的亲朋好友也写信催促，劝他应聘。

在严峻的形势面前，至正二十年（1360）三月，刘基终于决定去应天府（今南京），观察朱元璋对自己的真实态度。

刘基到应天不久，就受到朱元璋的接见。朱元璋用上宾之礼接待了他，又命有司修礼贤馆让他住进去。刘基见朱元璋诚心诚意，自认为遇到了明主，马上呈上时务18策，内析内外形势，详陈灭元兴邦、扫除僭乱的大计方针。朱元璋听后大喜过望，当即把他留在身边参与机密谋划，尊称他为“老先生”、“汉之张良”。

刘基长期以来的愿望终于实现，他的政治军事才干也得以施展。于是他运筹帷幄，出谋划策，帮助朱元璋征东平西，走南闯北，逐鹿中原，干出了一番震天动地的事业，成了朱元璋智囊中的中心人物和忠心耿耿的谋士。

1361年正月，朱元璋在金陵中书省设座，遥拜小明王，刘基独傲立不拜。朱元璋问其故，刘基说："韩林儿虽是韩山童（红巾军重要首领）之子，但自身并无建树，只是一个牧童罢了，且他姓韩不姓赵，却诡称宋裔。宋亡已久，人心不归，何必要假借前代年号？大丈夫要成就一番事业，必须摆脱别人的牵制。如果继续尊他的名号，将无以自立。"朱元璋当时未作什么表示，但他已深受刘基的影响。后来因救韩林儿而差点被陈友谅趁虚打入，才越加相信刘基的话。最后，朱元璋干脆杀了韩林儿，自树一帜。

元末，农民起义军群雄并起，虽各怀异志，但在表面上，都以侍奉起义先驱韩山童之子韩林儿（即小明王）为号。朱元璋在羽翼未丰之期，接受韩林儿的封爵，奉其为主，其目的是为了不招人眼，从而把元兵的矛头都指向了韩林儿、陈友谅等人。他这样做，确实为自己赢得了发展的时间。但随着形势的推移变化，朱元璋已具备了夺取天下的实力后，再尊奉韩林儿，显然只会束缚手脚，对自己有害而无利。

作为一个政治家，刘基虽然也知道朱元璋尊奉小明王乃虚伪之举，此时他已敏锐地认识到，现在已是踢开小明王的时候了。因此，他果断地先于他人向朱元璋挑明此事，让朱元璋尽快决断。

当然，朱元璋也早有此意，只不过因各种原因引而未发。此时，他自然很乐意地接受了这一建议。这样，朱元璋在群雄之中，率先摆脱了小明王的牵制，完成了独立。这对他彻底成就大业，具有很重要的意义。

○ 仁政严法，稳定国势

至正二十八年（1368年），朱元璋称帝正式建立明朝，改元洪武，定都南京。李善长、徐达由相国改任左右丞相，刘基被任命为御史中丞兼太史令。在朱元璋登基大典上，太史令刘基代替大明皇帝宣读祝文；在册封勋臣时，刘基奉册宝宣布皇帝命令。

经过几十年群雄角逐的战乱，生民涂炭，国家凋敝，百姓困顿，急需休养生息。为了迅速安抚民众，朱元璋又向刘基询问为政治平之道。刘基说："霜雪之后，必有阳春。如今国威已经树立，宜渐渐济之以宽大。因为生民之道，在于仁爱，在于以仁心行仁政。宋元以来，法制名存实亡，宽纵日久。现今应当首先整顿纪纲，颁示法典，然后仁政才可付诸实施。”他帮助朱元璋审理开释了一批积年未决的冤案，给这些人平反昭雪。一次，太祖由于晚上作了一个梦而要借梦杀人，刘基问明原因后说：“刑，威令也，其法止于杀，而生人之道存焉。皇上晚上的那个梦，是国家将得士得众的征兆，应该停刑以待。”刘基借说梦而制止太祖滥杀无辜。但也真巧，三日后，海宁宣布归降朱元璋。太祖闻讯后大喜，认为刘基的招数真灵验。从此以后，朱元璋将重大囚犯都交由刘基审理，刘基尽量从宽处理，以笼络、安定民心。

另一方面，他请求振肃法纪，立法定制，既制止纵罪，又严禁乱捕滥杀。朱元璋下令实施他的提议。很快，刘基拟定明律令，成了明朝后来立法的基本依据。洪武三十年所颁布的《大明律》就是在它的基础上修订完善的。

洪武元年（1368年）夏历四月，在北伐中原获得占领山东、河南的胜利之后，朱元璋由应天（南京）去汴梁（开封），大会北伐诸将，研究战局和部署攻下元大都的步骤，留刘基和李善长做南京留守。刘基这时的官职是御史中丞，负责纠劾各级官吏中的非法违禁行为。刘基认为宋、元两朝末期，由于纲纪不严以致丢失天下，因此，要求各御史官对违禁行为，要仔细查处，不管犯禁的人权势多大、官职多高。那些宿卫朝廷的宦侍近臣如果犯法，他总是先报告皇太子然后绳之以法。他的严格执法令众臣属谨小慎微。恰在这时，李善长的亲信、中书省都事李彬犯法当斩，李善长出面为他求情通融，刘基铁面无私，冒着风险，没有理睬李善长的说情。由于事关重大，刘基按照正常规定向朱元璋做了书面报告，等批准后马上就把李彬杀了。但是，这件事却带来了李善长的嫉恨。李善长原是朱元璋举事不久收用的幕府书记，元璋称吴时的左相国，称帝后的左丞相，在朝廷中一直位列第一。杀李彬后，李善长蓄意报复。后来，刘基终于架不住李善长的百般陷害，主动告老还乡。

如果说刘基因于严格执法而得罪左丞相李善长是“失策”的话，那么他这种“失”，也是为国势稳定和黎民得利之“大得”而“失”的。为大得而不计小失，正是一种大智的表现。刘基的这种行为，是值得赞赏和肯定的。

○ 固辞相位，归隐青田

李善长在明朝开国之后，因其功劳被任为左丞相，封韩国公，位居群臣之首。

但随着权势的日重，李善长渐渐大权独揽，大有架空朱元璋之势。

朱元璋深恶李善长之专权，意欲废其相位，询问刘基相位人选。刘基对朱元璋说："善长是对建国有大功的元勋，德高望重，深得众将爱戴，他能调和诸将，故不宜更换。"

朱元璋说："他几次要谋害你，你为何还替他说话？我看还是你来当丞相吧。"

刘基知道在李善长的淮西集团当权的状况下，他是站不住脚的，所以，连连辞谢说："换顶梁柱须要用大木，如用捆起的若干细木代替，要不了多久，就会被房子压垮的。"

朱元璋又问杨宪、汪广洋和胡惟庸等人如何？虽然刘基与杨宪交情很好，却没有因此说好话。他评论说："杨宪虽有相才，但器量不够，当宰相者要'持心如水，以义理为权衡'，万万不可意气用事。"至于汪广洋，刘基说他心胸褊狭怕比杨宪还厉害。他评论胡惟庸，说胡若为相，好比驾车，他非但驾不好车，甚至会弄坏辕木。

品来论去，朱元璋最后说只好由刘基任相了。但刘基却一再说明自己的缺点，说他疾恶如仇、性格偏激、脾气急躁，受不惯繁文缛节，深恐辜负了皇上的恩典。并说目前这几个人，实在没有很合适的丞相人选，但天下之大，何患无才，只要下工夫寻找，就一定能找到合适的人选。

朱元璋最终还是觉得刘基过于苛求，求全责备，没有听从他的劝告，任用了杨宪、汪广洋、胡帷庸为相，结果正如刘基所料，都出了问题。

洪武三年（1370年），刘基任弘文馆学士，历史上弘文馆是藏有众多文献图书的地方，弘文馆学士掌管校正图籍，教授皇家贵族子集经史。在朱元璋给刘基的诰命中，朱元璋回顾刘基建国前的业绩时说："朕亲临浙右之初，你等响应朕之正义之举，及至朕归京师，你等即亲来辅佐。当此之时，括苍（处州）之民尚未完全归顺，及至先生一至，浙东形势便彻底平定下来。"言之下意，希望刘基在弘文馆中进一步发挥政治影响。

同年十一月，统一中国北方之后，朱元璋论功行赏，大封功臣。刘基被封为诚意伯，授开国翊运守正文臣、资政大夫、上护军。

但此时，由于刘基在严格执法中杀掉了李善长的亲信李彬后，在朝中颇受李善长一派势力的排挤。他自感在朝中无法自在立足，并且也感到自己也很难再有什么大的作为了，遂再次向朱元璋上告退书，决意归隐家乡青田。

刘基回到家乡，每天除游山玩水，谈情说性，吟诗作文，抒发感受外，还喜欢与乡人饮酒弈棋，评品字画，与儿童谈天说地，嬉笑玩耍，完全忘记了自己的身份，把自己放在普通百姓的位置。享受着逍遥出世，超然物外，摒除世间荣辱，超脱尘世的情致。

有时，他与樵夫渔父聊天，谈论山中的趣事，水中的雅兴。有时他又与野老桑农一同散步，大谈养生之道。但从来不讲自己以前的功名与战绩，也不喜欢别人提及。如果有人想阿谀几句，肯定要遭到他的冷遇，甚至被拒之门外。因此，认识他的人都不呼其职位名，不认识他的人还以为他不过是一位不闻世事的普通隐士。

青田县令早已仰慕刘基的才学，听说他回乡了，多次求见，刘基或干脆不见他，或婉言谢绝，对县令提供的种种照顾也不接受。

刘基与达官贵人断绝往来，自甘淡泊，在乡间平静地过了一段自由自在的隐士生活。

刘基的归隐显示他的非凡睿智。在其后，朱元璋遍杀功臣，以庆功为名，在庆功楼上火烧大臣，另外，在胡惟庸案、蓝玉案中也大开杀戒，大小功臣被戮者不计其数。这证明了他防患于未然的先见之明。虽然刘基也在后来被胡惟庸毒死，但毕竟是死于无法预料的小人的卑鄙伎俩中，而并没蹈于那种“兔死狗烹”的命运。

7. 一言兴邦的范文程

○ 独谒军门，投效后金

范文程作为一名深受中国传统封建文化熏陶的知识分子，作为一名汉人，没有去参加明王朝科举反而投效刚刚兴起、规模不大的后金政权，在当时很多人看来是不可理喻的，但事实却证明他所选择的是一个新兴的力量。在当时没有人知道关外的后金政权会成为日后统治中国两百多年的清王朝，对新兴势力的崛起并不是每一个人眼光都能看出它的未来。

公元1618年，努尔哈赤公开与明朝决裂，其斗争锋芒直接指向朱明王朝。是年四月，努尔哈赤召集部下，以“七大恨”为口实向明朝发起进攻，兵占抚顺、东州、马根丹三城及台堡500余处，所到之处纵兵掳掠。在抚顺之役中，努尔哈赤遣兵4000人拆抚顺城，将所得人畜30万散给众军，并将其降民编为一千户。是役，明军大溃，朝野震惊不已。

这一年，范文程年仅21岁。当努尔哈赤攻陷抚顺之际，血气方刚的范文程“仗剑谒军门”，自愿投效后金政权。努尔哈赤见范文程身材健硕、气宇不凡，心中大喜，随即询问其家世，范文程如实说出。听完范文程的陈述，努尔哈赤又问及天下军国大事，范文程对答如流，深得赞许。努尔哈赤当即收留范文程，并告诫手下人：“此名臣子孙也，其善遇之。”范文程从此追随努尔哈赤左右，参加了攻打辽阳、三岔、西平、广宁诸战役。

乍看起来，范文程毅然归清似乎不可理喻。仔细推敲，却是时势使然，合乎情理。范文程生在东北，长在东北，对努尔哈赤的崛起有亲身感受。范文程才智过人，熟读经史，对明衰清兴的态势不可能毫无察觉，史籍说他“熟于当世之务”，即可佐证。新兴的后金所显示的锐气与勇武，无不撩拨着范文程敏感的心弦，暗合着他建功立业的夙愿。与此同时，对明朝政治前途的惘然心态也笼罩着范文程。他不会忘记，曾祖父范鏓刚直不阿，因与奸臣严嵩相忤，愤然辞去兵部尚书一职。父亲终身未仕，显然是对明朝中后期政坛昏暗、宦官专权的一种无言的抗争。当然，范文程归清并不是没有矛盾，作为接受儒学熏染的士子，科举及第在引诱着他，华夷之别横哽在他的心中；并不是没有顾忌，作为名门之后，归顺后金可能招致汉人的辱骂并因之玷污家门。但是，在生与死、理智与情感的较量中，在历史潮流与个人名节的抗争中，范文程审时度势，做出了主动归清的抉择。这是命运的抉择，也是理性的抉择。

天命十一年（公元1626年），一代枭杰努尔哈赤去世，皇太极继承后金汗位，将次年改称天聪元年。天聪三年（公元1629年）四月，皇太极建立文馆，范文程入值其中。他追随皇太极征战四方，入蓟门，克遵化，招服潘家口等五城。在大安战役和遵化保卫战中，范文程勇敢杀敌，论功授三等轻车都尉世职。在刀光剑影中，年轻的范文程得到了战火淬砺，铸就了刚毅沉稳、勇往直前的性格，使他能够日后在戎马倥偬的岁月里从容指点江山、运筹大计。

○ **千载良朵，躬佐开国**

纵观范文程一生的功名事业，最具历史意义的，当推他积极劝导清廷帝王抓住千载难逢的时机，挥师入关，定鼎北京。

范文程抓住了李自成进北京后政局失控的时机，用汉民族改朝换代的传统，将后金政权以烧杀掠劫为目的的兴兵之举，上升到入主中原的战略目标。

顺治元年三月，李自成兵占北京，崇祯自缢，明朝灭亡。但是，这一重要消息并未马上传到关外。四月初，清廷决定派遣摄政王多尔衮率军伐明。多尔衮本人对这次出征的战略意图并不清楚，清廷上下甚至对清兵是否入关也众说纷纭。在此举棋不定之际，多尔衮首先想到了正在盖州汤泉养病的范文程，他立召范文程火速赶到沈阳，商议进兵大计。

四月初四，范文程上书多尔衮，竭力敦促清兵挥麾入关。他在书中慷慨陈词，认为明朝国势已是江河日下，明朝气数已尽。中原百姓正在水深火热之中，期盼新的君主降临，以求太平盛世。如果此时犹豫未决，清兵徘徊于关外，那么中原之土地、人民必将为他人所有。这种形势，正所谓秦失其鹿、楚汉逐之，是建功立业、大展宏图的绝妙时机，“窃唯承丕业以垂休万祀者此时，失机会而贻悔将来者亦此时”。范文程特别强调，以往清兵入关伐明，主要是为了掠夺，烧杀掳劫，然后撤回关外老巢。这次军事行动肩负重大使命，旨在问鼎中原、一统天下。如果一如从前，则将失信于天下，彼以为我无大志，纵来归附，未必抚恤，因怀携贰。所以，上至将帅，下至兵卒，必须“申严纪律，秋毫勿犯，复宣谕以昔日不守内地之由，及今进取中原之意”。为此，范文程约法三章，“官仍其职，民复其业，录厥贤能，恤厥无告”，使清军树立起文明之师、威武之师的形象。

范文程的决策性大计很快得到了多尔衮和清廷的首肯。四月初九，多尔衮率领大军直扑山海关，范文程抱病随行。四月十三日，清军前锋渡过辽河，明山海关总兵吴三桂投书乞降，并告知李自成攻陷北京、崇祯自缢的消息。范文程告诫多尔衮，当务之急必须借助吴三桂的力量打败李自成，否则定鼎北京无望。同时重申“兵以义动”，指出：“好生者天之德也，兵者圣人不得已而用之。自古未有嗜杀而得天下者。国家欲统一区夏，非安定百姓不可。”范文程一席肺腑之言，使多尔衮连声叫好，他传令部下，务必申严纪律，妄杀者当罪。

四月二十二日，多尔衮与吴三桂在山海关联手大败李自成军，然后马不停蹄，向北京方向掩杀而去。在进军途中，范文程草拟文告，声称“义兵之来，为尔等复君父仇，所诛者唯闯贼。师律素严，必不汝害”。清廷也借重范文程的声望，所有文檄皆署范文程官阶姓名，四处张贴，以收民心。

清军进入北京之后，百废待兴。“畿甸甫平，挞伐四出，文武甲兵，事无巨细，咸公综理之，案牍填委，昼夜立阙下，并观兼听，剖决如流”，充分显示出范文程全面的治国才干和清廷对他的器用。为了迅速稳定局势，范文程襄助多尔衮颁布了一系列得力措施：礼葬明崇祯皇帝，发丧三日；严禁清兵抢劫，对市棍地痞将所掠宫中财物列市叫卖予以取缔，禁止平民百姓以“搜捕逆贼”为名相互讦告；明官员照旧录用；废除明朝三饷加派，田赋悉照万历年间则例征收等等。范文程恪尽职守，夙兴夜寐，精明干练，为清廷安邦定国立下了卓越功劳。

○ 力行汉化，满汉合流

在中国历史上，有许多个少数民族入主中原所建立的政权。但这些相对落后的民族在以动力征服拥有悠久文化传统的汉民族时，也被博大精深的华夏文化所征服，最终与汉民族融为一体。饱读诗书的范文程是十分清楚这一点的。所以，为了巩固清王朝对全国的有效统治，缓和民族矛盾，使人口和文化均占劣势的满族能够长久的占据统治地位，范文程力主满汉合流，实行汉化。在他建议下，清廷不仅大量招降前明旧吏，还沿用中国自古的传统开科取士，取得了汉族地主阶级和广大知识分子对满族政权的好感。满汉合流在当时确是一个合乎时务的明智策略。

如何对待在人口和文化上拥有绝对优势的汉民族，是清廷面临的棘手但却无法回避的重大政治问题。当时，廷议甚多，莫衷一是。身为汉人的范文程力主满汉合流，实行汉化政策，从教育到政体各方面全面学习、吸纳汉文化的优长，显示出一位开国政治家的远见卓识。

招降明朝官员是范文程满汉合流策略的重要方面。早在天聪五年（公元1631年）进行的大凌河战役中，范文程就在招降明将方面崭露头角。天聪七八年间，皇太极委派范文程处理明降将孔有德、耿仲明、尚可喜等人受降事宜。崇德七年，明蓟辽总督洪承畴在松山战败被俘，范文程奉命劝降，获得成功。

清兵攻占北京之后，范文程建议清廷照旧录用明朝各衙门官吏，使他们在京内同、六部、都察院等衙门部以原官同满官一体办事。这一举措既可以在新旧交替的战争环境中维持国家机器的正常运转，又可以笼络、安抚一大批故明官员，使其效忠清廷。当时，故明尚书倪元璐的家属上书范文程，要求扶丧南归。范文程“立遣骑持令箭送至张湾，于是殉难诸臣之丧，多次第南归”。范文程以礼相待的宽柔行为，赢得了汉族地主阶级的普遍好感。

在如何选拔国家官员的问题上，范文程上书清廷，提出了四项标准，即“不论满汉，不拘资格，不计亲疏，取正直才守之人”，得到清廷赞同。范文程特别重视开科取士，争取汉族知识分子对清王朝的支持。在清军进发北京途中，范文程就提出了“恤其士夫，拯厥黎庶”的主张。顺治二年十月，全国大局已定。范文程又上书清廷，指出“治天下在得民心，士为秀民，士心得则民心得矣”请求复开科举，扩大清廷政权基础。清廷采纳了范文程的建议，命他多次充任会试主考官。当时，清朝新建即开科取士，受到了汉民族广大知识分子的欢迎。

人们都称，满汉合流的政策实乃合乎时务的明智之举。意味深长的是，范文程戏称自己是“大明骨，大清肉”，现身说法，形象地勾勒出一幅满汉合流的生动形象。

○ 政坛宿将，持盈以中

在中国历史上，诸多的开国功臣要么因为君王猜忌惨遭杀戮，要么为避锋芒，归隐田居，即便受到重用的，大多数也仅在开国君主在位期间。像范文程这样历任四朝，屡经权力倾轧而能自保的政坛宿将却不多见。我们仔细观察他的人生经历便不难发现：首先，作为一个汉人，范文程了解“非我族类，其心必异”的传统，他知道无论何时，都无法进入清朝的统治阶层。面对内部你死我活的权力倾轧，谁输谁赢都与他的利益无关，于是以一种淡漠的态度冷眼旁观。这种守本分、避免与主子正面冲突，保持不即不离的政治策略使他一次又一次地躲过政治风波，成为历任四朝的不倒翁。

在清初政坛上，与外部血肉横飞的军事征战相伴随的是内部你死我活的权力倾轧，两者都同样让人惊心动魄！范文程以一个汉族投靠者跻身于其间，如果稍有不慎，就会断送自己的政治前途，甚至招致杀身之祸。然而，禀赋素强、沈毅多大略的范文程，却平安地历经了四代清王朝，并青云直上，官至宰辅，显示出他在险象环生的权力斗争中机敏过人的政治智慧和稳健老辣的从政经验。

崇德八年（公元1643年）八月，皇太极猝然离世后，立刻引发了一场争夺帝位的残酷斗争。王公大臣们分裂为拥立多尔衮和拥立豪格的两大阵营。妥协、平衡的结果是：以皇太极6岁的皇子福临继位，以亲王多尔衮、济尔哈朗辅政，宫廷争斗暂告平息。在这场宫闱内部的权力厮杀中，46岁的范文程明智地采取冷眼旁观的回避态度。他深深明白，无论是幼主福临还是摄政王多尔衮、正蓝旗旗主贝勒豪格取胜，都必须借重自己的政治才干。福临继位以后，确如他所料，丝毫没有动摇他在决策层的中坚地位。

当然，矛盾有时也难以回避。在进军山海关以及定鼎北京的过程中，声望日隆的范文程与贪恋权柄的多尔衮在政治谋略和军事进止上难免会产生一点摩擦。顺治二年（公元1645年）八月，给事中许作梅等人弹劾多尔衮的宠臣冯铨，多尔衮恼羞成怒，一气之下革除了许作梅等人的官职。范文程虽然对许作梅等人深表同情，对多尔衮过分依赖冯铨等阉党多有不满，却避免与多尔衮发生正面冲突。直至多尔衮去世后两年，范文程才向亲政的福临进《睿王时劾冯铨罢官诸臣疏》，要求为许作梅等人平反。福临接受了他的奏议，谕吏部重新起用许作梅等人。

尽管范文程有意避开多尔衮的锋芒，但仍然不能化解多尔衮对范文程的羁系之心。顺治三年二月，多尔衮以范文程身体多病、不宜过劳为由，开始削夺范文程的权力。同年八月，甘肃巡抚黄图安呈请终养，范文程请求郑亲王济尔哈朗予以批准。多尔衮闻讯大怒，认为范文程应该先来请示自己，遂将其下法司论罪。此后，范文程仍襄助多尔衮处理军国大事，却处处小心翼翼，时常称病家居。顺治五年，多尔衮革去济尔哈朗亲王爵位，幽毙肃亲王豪格。在此前后，多尔衮命范文程与大学士刚林、祁充格删改太祖实录。范文程深知此事关乎身家性命，便托词养病，以避祸端。果然不出范文程所料，多尔衮死后被暴尸示众，刚林等人因篡改太祖实录罪被杀。范文程因涉嫌此事被革职留任，但由于他并非多尔衮党羽，不久便官复原职，得到福临的宠信，授以议政大臣的显赫职位。凭借丰富的政治经验，范文程又一次躲过了政治风波，没有成为清廷权力祭坛上的牺牲品。

顺治十一年（公元1654年）一月，58岁的范文程称病乞休，正式告别政坛。历任四朝的他，精明干练，成为历史上有名的政坛宿将。

第二编

探求用权与治事的学问

有权力的人不一定做事，做事的人不一定做成事；反过来，想做事、会做事的人不一样能够拥有权力。在中国历史上，围绕用权与治事，发生过太多让人深思、令人警醒的故事。今天我们读史，就是要读出这些故事里所蕴藏的学问。

1. “第一名相”的强国之策

○ 以发展经济为强国之本

由国家干预经济，以经济收入（如盐铁专卖）代替赋税，来调节社会财富分配和调整社会阶级关系，达到发展经济增加国力的目的。这在今天来看没什么，但在2500多年前，不失为一划时代的创举，其促进经济的成效也是显著的。

正是由于管仲所推行的一系列利国利民的改革措施，有效地调整了国家的经济结构，加强了政府的管理机制，开辟了商品市场经济，发展工商业（官营为主）的道路，充分利用了齐国的天时、地利，在较短的时间内，使齐国的经济得到迅猛的发展。齐国因此积累了大量的财富，成为当时中原最发达的国家，为齐桓公的霸业提供了雄厚的经济实力，使齐国国势由中衰而变为强盛。其具有革新意义的经济改革政策对后世也产生了深远影响。

管仲任相后，深受齐桓公重用，得以大展其才。

齐桓公向管仲请教治国之策。管仲答道：要使国家强盛，首先要发展经济，只有发展生产，才能富民足食，使人民“仓廪实而知礼节，衣食足而知荣辱”。而礼、义、廉、耻是维护国家的根本原则，这些原则若被破坏了，国家就要灭亡。只有发展经济，弘扬这些基本原则，国家的法纪制度才能够建立起来，国家的力量就会强大。齐桓公听了点头应允，放手让他在国内进行大刀阔斧的经济改革。

西周时代的手工业和商业，基本上是由官府经营，工匠、商人多为官府的奴隶，因此，这种工商业由官府占有的制度被叫做“工商食官”。至春秋时期，随着封建制度萌芽的日益增长，私营工商业也相应兴起，出现了独立的手工业者和独立的商人。在一段时间内，与“工商食官”的制度发生着种种的矛盾与不适应，在这种情况下，管仲在致力于发展工商业的同时，对于工商业管理实施了一系列改革措施。管仲对工商业的改革重点是加强对流通过程的控制，而生产过程中则不强调官营，尽可能利用私人力量。在当时的工商业中，盐铁是获利之大项，所以，当齐桓公向管仲提出“财用不足若何”这一问题时，管仲坚定地回答：“唯官山海可耳。”

所谓“官山海”，其核心内容就是实行盐铁专卖。在自然经济占统治地位的古代社会，盐、铁是人们生产、生活所必需而又不能随地生产、非依赖市场供应不可的特殊商品。但盐铁这两项山泽产品，自西周末以来，一直实行着私人经营、国家收税的方式，其中大部分收益被私人得取，官府收入不多。而管仲所实行的“官山海”、盐铁专卖政策，并不是把盐铁的生产经营完全收归官府，而是放给私人生产，官府控制流通环节，通过商业活动国家取得厚利。具体说来，就是由国人来从事盐铁生产，依照传统的山海自然资源属于国有的原则，官府向生产者征收一笔租税，并统一收购、统一销售，即专卖他们的盐铁产品，供应市场需要。其中有一部分也可作为官府内部的消费之用。这样做，既可以充分调动人们的生产积极性，却又在官府的控制中。为了尽收盐铁之利，“利出一孔”，管仲还下令设立专门的盐官、铁官执掌煮盐、冶铁之业。具体负责盐铁的收购、运输和销售。

盐铁专卖政策，是管仲审时度势而创立的一项前所未有的国家经济政策，就当时的情况来说，专卖制度的积极作用是很大的。首先，它为国家增加了财政收入，政府不必另筹税源而国用足。仅经营食盐一项，政府就可获取一倍或两倍于人头税的收入。《管子·海王》中说道：食盐专卖收入“非籍之诸君君子，而有二国之籍”。而在经营铁器方面，官府要向冶铁者和制造铁器者两个环节征税（一为实物税，一为货币税），坐收盈利，十分合算。管仲的以盐铁专卖为主体的“官山海”的收入，基本上都是通过交换方式得来的商业利润，而不是从生产活动中获得的，即国家是通过流通领域、通过买卖方式取得专买利润的，实际上仍是一种隐蔽的税，因取之于无形，故能做到“取人不怨”，人们容易接受，如管子曾建议：“令针之重加一也，三十针一人之籍；刀之重加六，五六三十，五刀一人之籍也；耜铁之重加七，三耜铁一人之籍也。其余轻重皆准此而行。”意思是按重量多少分别加价（加在销售价上），以代征税。如一根针上加一钱、一把剪刀上加六钱、一个铁耜上加七钱，就相当于收一个人一个月三十钱的人头税。这样，国家形式上没有征税，但实际上通过买卖方式，已将这笔“税”在人们不察觉的情况下拿到手了。可以说，这是当时增加政府财政收入的一项最好的办法。

管仲的盐铁专卖政策，不仅为国家增加了财政收入，而且还激发了人们制盐、制铁的热情，促进了民间盐、铁生产，保障了人民生活和生产上的需要。管仲将盐铁生产放给民营，官府只是征收一笔不重的租税而已，这无疑会大大提高生产经营者的积极性。如在制盐方面，《管子·戒第》中曾对煮盐业兴旺的情景有一句生动的描述："草封泽，盐者之归之也，譬如市人。"就是说山泽开放的时候，煮盐的人纷至沓来，人多得如同赶集一般。这样海盐被大量地生产出来，不仅满足了本国人民的生活需要，而且还大量出口，销往其他诸侯国。齐国的铁器生产由于管仲实行民制而非官营的政策也得到很快的发展，致使铁铸农具的使用日益普及，使本来地"多泻卤"（盐碱地）的齐国，一举而变为"膏壤千里"的农业富国。

作为"官山海"政策的延伸，管仲还大力发展同其他诸侯国的境外贸易。为了推动渔盐业及其他货物交流的发展，管仲采取了比国内贸易自由得多的开放政策，而且在方法和策略上有许多新的创造。在市场管理方面，管仲提出了"关市讥而不征"的原则，即政府对市场只是稽查管理而不征税。他特许商人对鱼盐等商品自由出口并减免税收，而且给予自境外来齐贸易的商人种种便利和优待，以促使内外交流更趋于活跃。这种宽松自由的商业贸易政策，大大开拓了齐国商品外贸的渠道，同时也使天下"诸侯称广焉"。管仲的这种境外贸易政策，表面上看对人施惠甚溥，实际上是借助别人之手来推销本国用不完的商品，并且这免出口税的鱼盐已经被额外加价，所以齐国在贸易中获得的利益更大。

为了使齐国在对外贸易中处于有利的位置，管仲根据不同情况采取了相应的商品价格政策。在一般情况下，他主张"天下高则高，天下下则下"，也就是说国内价格需与诸侯国价格水平相适应，对于鼓励输入的商品物资，管仲采取了"天下下我高，天下轻我重"的办法，即提高价格的方法，使这些商品在本国的销售价格高于诸侯国，如粮食，"彼诸侯之谷十，使吾国谷二十，则诸侯谷归吾矣"。这样可以充分吸取别国所产而为本国所需的物资。对于齐国内奖励出口、但不能垄断市场的商品，管仲则采取与上相反的方法："天下高而我下"，使这些商品的外销价格低于诸侯国同类商品的价格，以对外倾销，与他国竞争。但是，对于齐国所特产、可以独步天下的商品，如鱼、盐等，管仲是不肯下其价的，而是唯我独高、独重了。

为了有效地控制经济的发展和商品流通，管仲还提出了著名的"轻重"理论和货币政策。《汉书·食货志》说："管仲相桓公，通轻重之权。"所谓"轻重"，简单说来，就是商品价格的贱与贵，或者是货币购买力的高和低。由“通轻重之权”，就是指由国家来干预或经营商业，掌握货币，通过商品与货币的交互收放，来平衡物价，调剂供求，“轻重聚敛以时”。管子的这种“轻重”理论，在实践中表现为根据物价的涨落，国家适时地吞吐物资，以平衡价格，防止私商囤积居奇，哄抬物价，影响人民生活。管仲主张在物多而贱时，即物“轻”时，进行收购；物稀而贵时，即物“重”时，进行抛售。这里的物，主要是指粮食。“五谷食米，民之司命也。”所以管仲采取了粮食价格由国家掌握控制的政策。在丰收年份，粮食增产，投入市场的数量增加，供过于求，价格就要降低。针对这一点，管仲所采取的措施，就是适当提高国家的购粮价格，以鼓励粮食生产。相反，在荒歉年份，粮食减产，上市量减少，价格就会猛增，对此，管仲所采取的措施就是由国家规定售粮价格，即低于市场价格，并以平价来供给廪食的平民，把过高的粮价平抑下来。管仲的这种轻重聚散的经济管理方法，较前人是一个巨大的跃进和创新，对后世也产生了很大的影响，开创了一个管理市场的良好先例。

管仲还规定了国家铸造和管理货币的政策。《管子·国蓄》中记载管仲的话说：“人君铸钱立币，民庶之通施。”“黄金刀币，民之通施也。故善者执其通施。”其意为货币的铸造权应归属国家，并由官府控制好这个流通手段，不能分散在私人手中。为此，他专门设置“轻重九府”，“九府”即九种掌管财币之官，负责货币的铸造及流通、调剂物价等。

因各项措施均适合当时的实际情况，从此，齐国收入渐渐增多，日积月累，逐渐富裕强大起来。

○ 尊王攘夷，号令诸侯

在管仲的锐意改革下，齐国国力迅速增强，成为春秋前期的第一大国。称霸的基础已经奠定。

在争霸策略上，管仲为齐桓公定下“尊王攘夷”之策。所谓“尊王”就是尊崇东周王室的权威。春秋前期，虽然周天子已经不能再像过去那样号令诸侯了，但名义上毕竟还是天下的共主和宗法上的大宗，影响还很大。齐国如想称霸诸侯，就必须打出维护周天子的威信和地位的招牌，才能去号召和联合诸侯。所谓“攘夷”，即驱逐夷、狄等少数民族的势力。

当时，周王室衰微，各诸侯国为争夺土地和人口，连年混战，相互兼并。北方和西方的戎狄趁机南下东进，南方的蛮族也试图北上，中原各诸侯国受到严重威胁。“尊王攘夷”，即尊奉周王室为天下共主，以抵御戎狄南蛮侵扰中原。

齐桓公对管仲的这个策略大加赞赏，认为是上上之策。这时，正值宋国发生内乱。宋闵公因戏弄大将，被南宫万所杀。万立闵公的堂弟子游为国君。闵公的弟弟公子御说逃亡国外，后来宋人里应外合，杀了子游，让公子御说即位，他就是宋桓公。

管仲献计道：“宋国新遭南宫万之乱，宋君地位未定。齐国可派使臣朝觐天子，请天子下达旨意，大会诸侯，立定宋君。”

恰巧此时，被冷落在洛阳一隅的周厘王即位。齐桓公及时遣使朝贺。齐国带头尊重周朝王室，承认他的天子地位，这让周厘王非常高兴，自然对齐的要求满口答应，他下诏召集诸侯以承认宋国新君，而直接承办者是齐桓公。

齐桓公约了宋、鲁、陈、蔡、卫、郑、曹、邾等国于公元前681年3月初一日到北杏开会（北杏在齐国西部，今山东东阿县附近）。但齐国此时威望尚浅，实际到北杏开会的只有齐、宋、陈、蔡、邾五国，鲁国根本不理齐桓公这一套。五国的君主订了一个盟约，规定今后要互相帮助，安定王室，抵御外族。但北杏之会还没有结束，宋国国君因不愿受齐桓公的领导，偷偷地先跑回国去了。

齐桓公欲伐宋，管仲认为，伐鲁有其更重要的战略意义。于是，齐桓公以责问其不参加盟会为借口，亲率大军，直奔鲁国，很快就打下了鲁国边境的遂城。

鲁庄公害怕了，忙使人去齐国讲和。齐桓公答应退兵，同时约请鲁庄公到齐国柯地（在今山东省东阿县）会盟。正当两国国君在柯地歃血立盟之时，鲁庄公的随行人员、大将曹沫手持利剑，抢上前去，一把抓住齐桓公的衣袖，举起宝剑，厉声问道：“齐国屡次欺负鲁国，抢走我国的汶阳之地；如果你们真心结盟，就应当先还我汶阳之地。”管仲挺身而出，说：“齐国可以和鲁国以汶水为界！”齐桓公性命危在旦夕，也表态同意，曹沫这才收起宝剑。两国国君歃血之后，齐桓公又与曹沫歃血。

事后，齐国众臣义愤填膺，要求齐桓公继续攻打鲁国，消灭鲁庄公，杀死曹沫。齐桓公也对柯地受辱很气恼，有心发兵。管仲极力劝谏，“做霸主首先要讲求信义，我们既然答应了人家，就要履行诺言，否则会因小失大。”

管仲的话提醒了齐桓公，他立即按约定，将汶阳之地交给了鲁国。这个消息一传出，很多诸侯都称赞起齐桓公来。宋国国君觉得不应该在北杏之会早退，派使臣到齐桓公那里认错，并带了一份礼物给周王，齐桓公就同意宋国加入盟约。这样，宋、鲁、陈、蔡、卫、曹、邾七国加入了以齐桓公为首的联盟。齐桓公逐渐成为中原各国实际上的盟主了。

联盟成立以后，齐国开始领导同盟国打击夷狄。燕国国都在蓟（今北京市），势力达到今辽宁省南部一带，是东周的最北方，经常受戎、狄族的侵扰。管仲认为，北方戎狄是中原大患，齐国如果能够将其治服，将会极大提高在诸侯中的威望。于是，齐桓公亲率大军北征，和燕军密切配合，打败了山戎。山戎的残余部队向东北方向逃去。齐桓公带军队追击，攻破令支国，缴获了大量马匹器杖和牛、羊、帐幕之类，救出了被掳的燕国子女。接着，齐桓公又一鼓作气，率大军翻山越岭，攻占孤竹国。管仲劝桓公将所占两国全部给予燕国，桓公采纳了他的意见。燕庄公对齐桓公非常感激。桓公率军撤离时，燕庄公送齐桓公一直送到国界边都没停下，直到进入齐国国境50多里，按西周诸侯相送不出境的规定，桓公又将这50里燕君所至之地送给燕国。燕国这次增加了方圆550里的土地，开始成为北方的大国。

桓公率大军回归至济水，鲁庄公在济水边设宴迎贺，桓公将缴获北戎之物的一半赠送给鲁国，鲁庄公非常感激。

后来，齐国又帮邢国、卫国等小国重建家园。

齐国这一系列救助危亡诸侯国又不贪求土地的行为，使各诸侯国心悦诚服，既畏惧齐国的威势，又感服齐国的德行。齐国从此威名益振，渤海沿岸的一些部族小国纷纷服从了齐国的统治。

2. 晏婴力倡廉政躬行不怠

○ 奉行以民为本的为政原则

晏婴是我国历史上杰出的政治家，同时也是备受后人推崇的清官。晏婴清明的主要表现之一，就是在相齐期间做出了许多恤民厚民的政治决策，而从这些决策出炉、实施的过程中，可以清晰地看出作为一个清官政治决策的为难之处。

在《左传》和《晏子春秋》中，都详细记载着晏婴“以民为本”的思想。他多次强调：“以民为本”、“先民而后身”。鉴于此，他数十年如一日，一直以恤贫厚民、敢谏尽职而名显诸侯。

晏婴相齐之初，当年齐桓公称霸的业绩早成历史，整个国势相当衰弱，北边的燕国，西边的晋国和南边的楚国，都经常犯其边境。在国内，官家垄断着大部分山林、土地、渔盐，贵族们“宫室日更，淫乐不违”，“肆夺于市”，人民生活在水深火热之中。在此情况下，晏婴充分利用自己特殊的身份地位，机智地抓住每一个可能的机会，尽最大努力去为民请愿。

有一次，乐不思政的景公问晏婴，自己能否像先祖齐桓公那样称霸诸侯？晏婴脱口而出：“桓公之时，特别注重选贤任能，以鲍叔、管仲为左膀右臂。可您呢？不但左倡右优，而且前面有进谗言的，后面有拍马屁的，这哪能成呢！”真可谓“一石激起千层浪”，这些话在景公内心深处引起了强烈震动。

景公为兴建亭台而役使大批民工，虽值秋收季节也不让他们回去。民工们心急如焚，但都敢怒不敢言，只能暗暗叫苦。晏婴对此曾专门进谏，无奈景公执迷不悟，仍然一意孤行。接着，还为了亭台的开工而举办了一个大型饮宴，并令晏婴陪侍。晏婴待酒过三巡，忧心更甚，遂即席起舞，同时唱道：

岁已暮矣，而禾不获，忽忽矣若之何？

岁已寒矣，而役不罢，惙惙矣如之何？

唱着唱着，禁不住泪流满面，一些忠臣义士也一个个随之掉下了热泪。酒酣耳热的齐景公见此情景，才震惊、醒悟，下令停止了亭台工程。

又有一次，齐景公病了。他以为这是上天对他的惩罚，要大臣大举祈祷。晏婴又引经据典，劝他将祈祷上苍改为实行德政，去禁、毁关和薄敛减赋。也巧，景公恩准了他的奏请不久，大病竟然奇迹般地好了。从此，他对晏婴更加信任，而晏婴对他的劝谏，也更多、更及时、更直率。

有一年，阴雨连绵，齐国都城附近百姓的房子倒塌了许多，无数人无家可归，缺吃少穿，眼巴巴期待着朝廷救济。而齐景公却对此视而不见，听而不闻，依旧饮酒作乐，甚至派人到处去找能歌善舞的人陪酒助兴。晏婴得知后，先将自己家中的器具、粮食分给灾民，然后去见齐景公，说：“现在雨水成灾，百姓饥寒交迫，而您却日夜享乐不去救灾。您的马吃着国家粮仓里的粮食，您的狗吃着一般人家经年舍不得吃的肉，您的宫女们天天都在大吃大喝，而您的百姓却在啼饥号寒。如此下去，百姓们就不愿意再拥戴您这样的国君了！”齐景公一听，连忙派人去了解灾情，发放救济物品。

此后不久，晏婴陪伴齐景公外出，见他对田野路边一具具冻饿而死的尸体表现出漠不关心的样子，又说：“当年，桓公看见饥饿的人便给粮食，看见有病的人便给钱看病，而您却对百姓冻饿而死不痛惜。如此下去，百姓就会离心离德，去拥戴别人做齐国的君主了！”齐景公这才连连认错，并下令掩埋死尸，发放粮食，减免赋税徭役。

○ 清廉俭约从己做起

为官以清，时时处处要和不正之风斗争，但创造清正廉明的政治环境，要想做到理直气壮制止歪风邪气，揭露他人的越轨行为，首先自己得树立一个良好的形象，晏婴在这方面做得非常到位。晏婴知道，创建清正廉明的政治环境，不是说说就可以，也不是制度建立和颁布了就万事大吉，决策者的以身作则起着十分关键的作用。晏婴一系列拒赏守贫的决策表面看来似乎有些不近人情，实际上其深意在于在全国的官吏和百姓面前做出一种姿态：官，就是要这么当。所以，晏婴从己做起的清廉俭约的做法既是保持操守的个人化的决策，更是关系到国家大政方针和政治风气的重大政治决策。

晏婴的做法对于一个身居高位的政治家来说是最难做到的，而无疑也是最有效的。

在史书中，有多处提及晏婴“食不足”、“食肉不足”、“衣食弊薄”、“乘弊车驽马”、“布衣栈车而朝”。还说他每日的正餐，吃的是糙米饭，只有一荤一素两个菜。一天，齐景公的使者到他家正赶上他要吃饭，就把饭分了一份给使者吃，结果两个人都没吃饱。他穿的是粗布衣，即使祭祀祖先也不过将衣服和帽子洗干净穿上而已；一件狐皮大衣，也只是在出使他国或参加盛典时穿，并且一直穿了30多年。平时上朝，总是乘坐一辆劣马拉的破旧车子，有时甚至走着去。至于住的，照景公的话说，是“宅近市，湫隘嚣尘，不可以居”。

齐景公见晏婴如此清苦，便派人送给他许多钱财。前两次都被他全部退还。第三次他收了下来，将它们转赠给了贫穷的亲友和灾民。之后，他生怕景公再次恩赐，便如实向景公说明了情况，还说：“作为一个大臣，将国君的恩赐用于百姓身上，是以臣代君治理百姓，忠臣是不应该干的；不用在百姓身上而收藏起来，那臣下就变成了一个装东西的箱子，仁者是不会干的；上对不起国君，下对不起百姓，只干守财奴的事，聪明的官吏是不会干的。所以，请您千万不要再赏赐臣下了。”景公不解，问：“想当年，管仲不也接受了桓公封赏的500个村庄吗？”晏婴便说出了“圣人千虑，必有一失；愚人千虑，必有一得”的话，并“再拜而不敢受命”。

然而，景公总觉得晏婴乘坐的车子与其身份太不相称，所以仍坚持送他一辆由几匹良马驾的好车。晏婴再三谢绝，并坦诚地表示：“您让我管理全国的官吏，我深感责任重大。平时，我怕他们奢侈浪费和行为不轨，一直要求他们节衣缩食，以减轻百姓负担。我若乘坐好车，百官们便会上行下效，奢侈之风就会弥漫四方。假如真的到了那个时候，恐怕就无法禁止了。”

接着，齐景公又利用晏婴出使他国之际，“毁其邻以益其宅”，为他新建了一处相国府。但晏婴回京之后，马上从相府搬回了原来低矮狭小的住处，同时将相国府加以改造，分配给了原来住在那儿的人。

后来，景公还决定将富庶的平阳（今山东平阳东北）和棠邑（今山东聊城北）赏赐给晏婴。晏婴表示感激却不肯接受。他说：“以往，由于您热衷修建亭台楼阁，致使百姓筋疲力尽；由于您迷恋声色犬马，致使百姓贫困不堪；由于您动不动就对邻国兴兵打仗，致使百姓性命难保。直到现在，百姓们仍在怨恨朝廷和官府。因此，我不敢接受您的赏赐。”景公默默点头，但又问：“难道您就不想富贵吗？”晏婴答道：“我以为，当臣下的首先要为君主，然后再为自己；先为国，再为家。至于富贵，人人所盼，我怎能例外呢！”景公说：“那么，我应赏赐您什么呢？”晏婴随即表示：“如果您能下令减免渔盐商人的税收，对农民实行‘十一税’，再减轻各类刑罚，这将是我想得到的最大赏赐，我也将永远感激不尽！”景公十分高兴，当即答应了他的全部要求。

晏婴到了晚年，不仅不再接受任何新的赏赐，还向齐景公提出将原来赐他的封地退回去。景公认为：在齐国历史上从未有臣老辞邑的先例，坚决不同意。但二人推来让去，最终还是晏婴说服了他，将封地全部退还，自己仅留下了一辆劣马驾着的破车。

晏婴临终之前，还谆谆告诫家人：丧事要从俭，绝不许厚葬。

3. 霍光有权而不滥权

○ 坚持原则就不怕人捣乱

权力是一把双刃剑，既可伤人，也能害己。霍光作为顾命大臣之首拥有至高无上的权力，但他没有滥用权力。尽管他也曾以高压手段坚决打击了向他挑战的对手，因为坚持原则，他并没有因此受到过多的非议。从这一点上来讲，作为一个权臣，霍光是成功的。

汉武帝遗诏让霍光、金日磾和上官桀共同辅佐幼主，不久，金日磾病死，由霍光和上官桀共同辅政。霍光和上官桀之间有着姻亲关系，霍光的大女儿是上官桀儿子上官安的妻子，彼此原本亲密无间，霍光有事或出宫休假期间，上官桀就入宫代替他处理政事。

但过了不久，两人的关系就逐渐紧张起来。上官安有个女儿，年方5岁，与昭帝年龄相当。上官安贪图禄位，请求霍光把他的女儿送进宫去，许配给昭帝为皇后。霍光认为外孙女年龄太小，没有同意。上官桀父子又通过昭帝姐姐鄂邑长公主，把上官安的女儿收入后宫，几个月后，就被立为皇后。不久，皇后的父亲上官安就被封为骠骑将军、桑乐侯。

上官桀父子位高权增之后，对长公主十分感激。公主私生活不严肃，与河间的丁外人私通。上官桀、上官安想为丁外人求封爵，希望依照国家关于列侯娶公主的成例把外人封为列侯。霍光不同意。他们又为丁外人求取光禄大夫的官职，霍光又不同意。因此长公主对霍光大为怨恨，而上官桀屡次为丁外人求官爵而不得，也很惭愧，心里想，从先帝（指汉武帝）时开始，自己已经是九卿了，官位在霍光之上，现在自己与霍光都是辅弼重臣，皇后是自己的亲生孙女，霍光只不过是外祖父，他反而一人专制朝廷政事！从此，他们也很怨恨霍光，企图与之争夺权力。

此时，自以为年长又未得立为帝的燕王刘旦，亦常怀怨恨之心。御史大夫桑弘羊创始酒、盐、铁专卖官营制度为国家兴利，居功自傲，想为他的子弟求官不得，也怨恨霍光。于是，上官桀父子便同长公主、桑弘羊串通一气，并勾结燕王刘旦，策划发动政变，先除掉霍光，然后废黜昭帝，立燕王旦为帝。燕王答应事成后封上官桀父子为王。上官安则图谋事成后杀燕王而立其父。他们各怀鬼胎，却还是为共同的预谋走到了一起。

元凤元年（公元前80年）八月，上官桀等人让一个冒充是燕王使者的人向朝廷上书，以燕王的名义攻击霍光“专权自恣”，并列举了他的三大罪状：其一，霍光到长安东郊去主持郎官和羽林军的大规模军事演习时，路途中他像皇帝出行时那样的威严，吃饭时让皇帝御膳房为他提前准备饮食。其二，霍光赏罚不公，苏武出使匈奴，被拘留达20年而不投降，回国以后只是被任用为典属国，而大将军长史杨敞没有任何功劳，却当上了搜粟都尉。其三，霍光擅自调动、增加大将军幕府的校尉，而不报告朝廷。并称燕王怀疑霍光别有企图，表示愿意交出燕王封爵，入宫值宿保护皇帝，防止奸臣作乱。这份奏章是乘霍光休假之机呈送给皇帝的。上官桀打算，从宫里把这件事下交给主管官吏查办，桑弘羊负责和各大臣共同胁迫霍光退职。但是燕王书信上奏以后，昭帝并没有向下转发查处。

第二天早上，霍光知道了上书这件事，留在殿前西阁的画室里不肯进殿。昭帝问：“大将军在哪儿？”左将军上官桀说：“因为燕王告发他的罪行，所以不敢进来。”昭帝下诏叫霍光进殿。霍光进殿后，取下头上的冠帽，叩头谢罪。昭帝说：“将军请戴上冠帽吧！朕知道信是假的。将军没有罪。”霍光很惊讶地问道：“陛下怎么知道的呢？”昭帝说：“将军去检阅郎官是近日的事。调校尉以来还不到10天，燕王远在数千里以外，怎么来得及知道呢？况且将军您一定要反，也不会在乎多一个或少一个校尉吧！”这时昭帝才14岁，却能如此识别贤愚，明辨是非，着实使在场的尚书及其身边的人都感到惊奇不已。这时，那上书的人果然已逃之夭夭了。皇帝命人追捕，上官桀等人害怕机密泄露，于是对昭帝说：“小事不值得穷追不舍。”昭帝坚决不同意。不得已，上官桀派人把上书的人杀了，然后制造假证，说他是畏罪自杀，这件事才算告一段落。

后来，上官桀及其党羽又在昭帝面前攻击、诬陷霍光。昭帝发怒说：“大将军是忠臣，先帝委托他来辅佐朕，敢有诽谤他的，要治罪！”从此以后，上官桀再也不敢再说什么了。

上官桀等人见上告的计谋不行，于是密谋叫长公主设酒席请霍光，暗伏兵士，杀掉霍光，乘势废掉昭帝，迎立燕王为天子。长公主家舍人的父亲稻田使者燕仓得知这个密谋，立即告诉他的上司大司农杨敞，杨敞畏事不敢揭发，于是告诉了杜延年，杜延年立即将此密谋报告给霍光。霍光震惊不已，当即采取断然行动。这年九月，上官桀父子、桑弘羊、丁外人等都以谋反罪被处死，并诛灭了他们的宗族。长公主、燕王旦都自杀而死。在这次激烈而残酷的权力争夺战中，霍光取得了绝对的胜利，从而也奠定了他更为坚实的政治基础，为日后推行他的政策和主张提供了有效的保障。

○ 大是大非面前敢于担起责任

霍光有胆。废立皇帝事关重大，如果处理不好，一不小心就是造反，就是谋逆，结局只能是自己身首异处。霍光有识。在统了一群臣的意见后，和他们一起去谒见太后，取得太后的支持，在太后的名义下进行废帝另立的活动，最终顺利地把不称职的昌邑王废掉，这样做稳定了国内的政治形势，保障了社会经济的继续发展，出现了“吏称其职，民安其业”的汉宣帝中兴局面。

西汉元平元年（公元前74年），昭帝病逝，没有儿子，武帝的6个儿子中独有广陵王刘胥在世，群臣讨论该立谁为皇帝时，都有意立广陵王。广陵王本来就是因为行为放纵、不合正道，才不被武帝选用的，所以霍光听了大家的议论后犹豫不决。这时有个郎官上书说：“周太王废黜太伯而立王季，周文王舍弃伯邑考而立武王，都是只看合适才立。即使是废黜长子而立少子也是可以的。广陵王不能继承帝位。”此话正合霍光的心意，霍光把郎官的上书拿给丞相杨敞等人看，于是把这个郎官提拔为九江太守。当天，霍光奉皇太后诏令，派遣行大鸿胪事的少府乐成、宗正德、光禄大夫吉、中郎将利汉去迎接昌邑王刘贺。

刘贺是汉武帝的孙子，是哀王的儿子。到长安后，即位为皇帝，但是他行为放纵，淫乱不堪，举动无节，政事失当。霍光见昌邑王荒淫无道，非常担忧，于是单独询问大司农田延年，这事该怎么办。田延年说：“将军是国家的柱石，既然知道这个人确实不行，为什么不向太后说明，另选贤明的加以拥立呢？”霍光很是疑惑地说：“现在想这么办，在古代有先例吗？”田延年说：“伊尹做殷朝的相，废黜太甲来安定宗庙社稷，后世称颂他的忠诚。将军您如果能够办好这件事，也就是汉朝的伊尹啊！”霍光深以为然，又给田延年加官给事中。让他可以进宫议事，紧接着就与车骑将军张安世合谋，召集公卿大夫在未央宫共同议事。

会上，霍光说道："昌邑王行为昏庸淫乱，恐怕会给国家带来危险，怎么办？"群臣全都大惊失色，谁也不敢发言，只是随声应付，不置可否而已。这时田延年离开坐席走上前，按着剑慷慨陈词道："先帝把年幼的太子托付给将军，又把天下托付给将军，是因为将军忠诚、贤明，能保刘氏子孙的平安。现如今臣民扰乱不安，国家行将崩溃。而且汉朝历代相传，谥号里都有孝字，意思就是要长保天下太平，让祖先能享受子孙的祭祀啊！如果让汉家断绝了祭祀，等将军死了，他又拿什么脸面到地下去见先帝呢！"接着他又带着威胁的口吻说："今天的讨论，不能有一会儿的耽搁。群臣中有谁赞成得晚一些，就请让我杀了他！"霍光谢罪说："九卿对我的责备是正确的。天下人心浮动，议论纷纷，我应当受到责备。"于是参加会议的都叩头说："百姓的命运都在将军一个人了，我们都只听将军的安排。"

会议当即停止，霍光立即率群臣一起去谒见太后，并向太后详细禀告了会议的情况，并认为昌邑王荒淫迷惑，失掉了帝王礼仪，扰乱了汉家制度，不能继承帝位。皇太后对昌邑王的行为也很不满，现在霍光等人有意废黜昌邑王，她没有任何异议，当下表示同意和支持。

不久，昌邑王就被遣送回昌邑，成为一个普通的人。仅仅只有27天，他就从位极天尊的皇帝宝座上跌落，成为一个湮没无闻的平民百姓。

昌邑王被废后，霍光与车骑将军张安世商议迎立新君，并在掖庭中会集丞相以下官员讨论确立人选。当时武帝的子孙中，齐王早死，没有儿子；广陵王刘胥已经在以前决定不用了；燕王刘旦由于谋反而自杀，他的子孙不在考虑范围之内，近亲唯有戾太子的孙子已在民间，叫刘询，民间都称赞他好。这时，光禄大夫丙吉上书说，皇曾孙已有十八九岁了，而且通经术，为人节俭，慈仁爱人，请求霍光拥立他。田延年也认为皇曾孙德行美好，力劝霍光、张安世拥立。霍光采纳了他们的意见。在这年九月，霍光会同公卿大臣上奏太后立皇曾孙为帝，皇太后下诏同意了。

霍光于是派宗王刘德到皇曾孙的家乡去，让皇曾孙梳洗干净，然后给他皇宫里的衣服。太仆驾车来迎接曾孙，到宗正府举行斋戒，进未央宫谒见皇太后，被封为阳武侯。过了不久，霍光捧上皇帝的玺绶，皇曾孙在拜谒高祖庙后正式继位，是为汉宣帝。

宣帝即位后不久，即下诏褒扬霍光"安宗庙"之功，命令把河北东武阳1.7

万户加封给霍光，连同以前封的共为2万户。另外，前后赏赐计黄金7千斤，钱6千万，杂色绸缎3万匹，奴婢170人，马两千匹，最好的住宅一所。

4. 敢于任事的能臣张敞

○ 自清赴艰，安定一方

古代官场，无不以固权自保为念。张敞却毛遂自荐，主动承担起别人避之唯恐不及的职责，成败姑且不论，这种谋国任事的精神实属难能。综合来看，张敞的这一决策有其得亦有其失。一方面，一个难以治理、甚至成为国家之患的地方，有人主动站出来慷慨赴任，并以有效的措施治事止乱，实在是国家之幸，百姓之幸；而且对倡导为国分忧、积极主动的政治风气是大有裨益的。但另一方面，封建时代官场险恶，事情稍有不谐就可能身败名裂，从这一意义上说，张敞这种不留后路的做法无疑是一次变数极大的政治冒险。至于因这一决策及实际结果的成功使他长期受到汉宣帝的赏识，那只能是张敞的幸运了。

渤海、胶东盗贼并起，张敞上书请求去治理它，说："臣听说忠孝之道，辞官回家就尽心侍奉父母，到朝廷做官就尽力效忠国君。小国中等的国君尚有奋不顾身的臣子，何况是英明的天子呢？现在陛下心神贯注在太平中，精心操劳政事，昼夜勤勉不倦。群臣应当各自尽力献身。山阳郡有九万三千户人家，五十万以上人口，到现在为止未捕到的盗贼还有七十七人，另外考核别的政事也如此。臣敞愚笨，才能低下，既无辅佐思虑的机会，又长久地处于闲郡，自身安逸快乐而忘记了国家大事，这不是忠孝一类的节操。我听说胶东、渤海两郡年成屡年无收，盗贼并起，以至攻官府，劫取囚徒，搜索市朝，强夺列侯。官吏又无法度，为非作歹的人不能禁止。我不敢吝惜身躯逃避死亡，希望皇上明诏我到这个地方，愿尽力打击那些凶恶残酷的家伙，慰问抚恤那些势孤力弱的人。"奏书呈上去，天子就召张敞，封张敞为胶东相，赐黄金30斤。张敞辞别天子到任，又请求治理问题严重的郡县用重赏重罚。鼓励好人，禁止邪恶，吏卒追捕盗贼有功效的，希望能暂时用三辅吏卒的待遇，天子准许了他的请求。

张敞来到胶东，公开设置悬赏捉拿盗贼，开创令群盗互相捕杀抵罪的办法，吏卒追捕盗贼有功的，上奏名字给尚书选补县令的数十人。因此，盗贼解散，递相捕杀。吏民和洽，郡中于是平安。

○ 利拳惩恶，达变自保

赏罚分明，见恶就抓，严惩不贷，是打击盗贼豪强成功的关键。张敞在他所任的位置上，都取得了显著成绩，尤其是在保一方平安，打击盗贼这一方面，他的能力在当时是公认的。但不能忽视的一个问题是，像张敞这种能力超卓又喜欢特立独行的人，一般很难为保守的封建官场所容，而张敞竟能善终，不能不说在其政治决策上有独到之处。

自赵广汉被诛后，频更守尹，皆不称职。京师渐渐衰败，长安市偷盗特别多，众多商人以此为苦。皇上以此问敞，敞以为可以禁止。张敞任京兆尹后，访求偷盗头目数人，知道他们家里都很富足，出门则童骑随从，闾里的人都以为他们是长者。张敞都招来加以责问，于是缓治他们的罪，把其中一贯偷盗的头目抓来，令他们招引诸盗贼来自赎。偷盗头目说："现在一招到府，恐诸盗受惊而骚扰，希望让自己暂且补任吏职。"敞就让他为吏，放他回家休息。该头目摆设酒筵，盗贼都来庆贺，待他们将要喝醉，偷盗头目用红土把他们的衣襟做上记号，吏卒们坐在门口察看出来的人，沾污红土者就捆起来，一天捕得几百人。犯偷盗罪的人，都按法律处治。从此击鼓警报很少了，长安市就没有盗贼了，天子嘉奖张敞。

张敞为人敏捷，赏罚分明，见恶就抓，常常越法纵舍，有过火行为。他治理京兆，略有沿袭赵广汉的地方，在计划谋略刺探消息，揭发隐匿制止奸邪方面，不如赵广汉，然而张敞本来研究《春秋》，用经术自辅，他的政事很夹杂一些儒雅之气，往往多表彰贤者显扬善者，不纯用诛罚，因此能自我保全，终于免于刑戮。

京兆主管京师，长安中人口众多，在三辅中尤为繁难。郡国年俸二千石任此职的，等到由暂时代理转为实授，长的不过两三年，短的数月或一年，就被诽谤中伤丧失名声被罢官。只有赵广汉及张敞久任其职。张敞治理京兆时，朝廷中每有大议，引用古今，处理利益，公卿都心服，天子也常听从他的建议。但张敞不拘礼仪细节，有次罢朝会，走马过章台街，使御史赶马，自己用屏面拍马。他还曾替妻子画眉，长安中传说张京兆画的眉毛式样好，官吏中有人用此事弹劾张敞。皇上问张敞，敞回答："臣闻闺房之内，夫妇之私，有过于画眉者。"皇上爱其才能，也不苛责他。然而，却不能升到很高的地位。

张敞与萧望之、于定国相好。开始，张敞与于定国都因为谏昌邑王的事被破格提拔。于定国为大夫治理尚书事，张敞出任刺史，萧望之做大行丞。后来，望之先做御史大夫，定国后作丞相，张敞不过郡守。张敞做京兆尹9年，因为与光禄勋杨恽要好坐罪，后来杨恽被判大逆不道的杀头罪，公卿们弹劾杨恽党友，不宜处于官位，同样情况的人都被免官，可是有关张敞的奏章，皇上都留着不下。张敞派遣捕掾絮舜做查证罪案的工作。絮舜以为张敞被劾奏当免官，不肯为敞自始至终办事，私自跑回家。有人劝告絮舜，絮舜说："我为这个人尽力多着呢，现在还能做五天京兆尹罢了，哪里还能再考问事情？"张敞听到絮舜的话，立即命署吏拘捕絮舜关进牢狱。这时正值冬月末，考问事情的狱吏昼夜考问絮舜，最后竟构成死罪。张敞使主簿拿着告谕告诉絮舜说："五日京兆究竟怎么样？冬月已完，你不想延长性命吗？"于是将絮舜在闹市处死。刚好遇到立春，巡视冤狱的使者出巡，絮舜家里装载尸体，并编联张敞的告谕，亲自向巡察冤狱的使者叫冤。巡察冤狱使者上奏张敞残杀无辜。天子认为张敞的罪小，想让他能从轻以免死，立即先下达他以前坐罪杨恽不宜在官位的奏章，免去张敞京兆尹的官职，罚作庶人。免奏已经下达，张敞到朝廷上交印绶，便从朝廷直接回乡逃命。

数月后，京师吏民松懈，击鼓警报屡起，而冀州郡中有大贼。天子思念张敞功劳，派使者到他家居处召敞。张敞身被重劾，使者到了，老婆孩子一家人都惊恐哭泣，而张敞独自笑着说："我逃亡在外充当百姓，郡守用吏卒就可拘捕我，现在皇上的使者来，这是天子要起用我了。"立即整装随使者乘公车诣京，上书说："臣前幸运能充数列卿，待罪京兆，获免杀捕掾絮舜罪。絮舜本是我一向交厚的吏卒，多次受到宽免，乘有奏章弹劾我要免官之际，交给查证罪案工作，他擅离职守回家躺着，还放言说我五日京兆奈何他不得，背恩忘义，伤化薄俗。我私下认为絮舜放肆无礼，违法杀了他。我残杀无辜，审讯囚犯故意不正直，即使被处以死刑，死无恨言。"天子接见张敞，封他为冀州刺史。张敞启用逃亡在外的人，奉命出使主管州的政务，而广川王国中众人不肯说出贼情，贼连发生，捕获不得。张敞用侦探揭发贼主住处，杀掉他们的头目。广川王爱姬的弟弟及广川王同族宗室刘调等公开做贼人的窝主，吏卒追捕竟遇困难，贼人踪迹都进入王宫。张敞亲自带领郡国吏卒，车几百辆，围守王宫，搜索刘调家等，果然从殿屋廊舍中抓到贼人，张敞亲自监护吏卒都捕起来杀头，把贼人的头悬挂在王宫门外。于是弹劾广川王。天子不忍心尽法，只削除他刘氏户籍。张敞处衙署一年多，冀州盗贼被禁止。试职太原郡守，刚满一年就转正，太原郡安宁下来。

5. 曹操的奸雄本色

○ 挟天子之威以令诸侯

古往今来，许多成大事者都懂得“借一种旗号”来号令天下。众人皆知的春秋霸主齐桓公就是通过“尊王攘夷”的做法而获得其政治上、军事上的主动权的。曹操的“挟天子以令诸侯”可以说是运用这一谋略的经典。

汉献帝从永汉元年当皇帝的第一天起，就是一个傀儡，先后为董卓、王允、李傕和郭汜等挟持。但献帝毕竟是名义上的共主，凉州军阀虽无政治头脑，还是知道挟持献帝，利用其名义。因此，兴平二年，李傕和郭汜内讧，杨奉、董承等劫持献帝东逃时，李，郭又联合起来紧紧追夺。十二月，献帝在杨奉等拥持下到达陕县（今属河南），在河东军阀韩暹等接应下连夜渡过黄河，驻跸大阳（山西平陆东北）。这时公卿大臣已大都死亡流散，跟随而来的仅数十人。献帝居住无门的棘篱民屋中，公卿朝会，士兵们伏在篱笆上嬉笑打闹。将领们专横跋扈，随意鞭打或杀戮尚书，往往自带酒菜，找献帝嬉乐。皇帝尊严扫地以尽。该年蝗虫大起，加上大旱，颗粒无收。迫于饥荒，这批人不得不渡河南下，赖屯驻野王（河南沁阳）的另一军阀张杨接济了一些粮食，才于建安元年回到了洛阳。此时的洛阳，已是一片焦土，宫室烧尽，荆棘满道，官员们只能在断垣残壁间搭起帐篷办公。饥饿如影随形，始终紧紧追逼着他们。尚书郎以下的官员都得自出采挖野菜草根充饥，有的饿死于颓垣断壁之侧。

两汉以来，忠君思想已经形成，士大夫中有不少人为献帝的处境痛心疾首，盼献帝东归。早在曹操初得兖州时，谋士毛玠就建议“奉天子以令不臣”。曹操并无忠于汉室之心，但深知个中利弊，因为力量薄弱，兖州长安，关山遥遥，所以只是派遣使者虚致殷勤而已。献帝回转洛阳途中，荀彧立刻建议迎献帝都许（河南许昌）。告诫曹操，若不及早下手，他人捷足先登，就悔之晚矣。荀彧并非虚声恫吓，当献帝还在关中时，幽州牧刘虞就想派兵迎接。由于公孙瓒和袁术的破坏，没有成功。献帝辗转河东，田丰和沮授相继劝告袁绍把献帝接到邺城来，但袁绍过去反对过册立献帝，企图拥立刘虞，更顾忌献帝来后，碍于君臣名义，就得事事奏请，处处受制；许多谋士武将也竭力反对，没有接受。曹操属下也颇多争议，武将们反对尤烈。荀彧指出，奉迎献帝至少有三大好处：一、可以顺应民心。二、可以招致大批人才。三、可以名正言顺地发号施令，讨伐异己。程昱也竭力赞成。曹操乃于建安元年遣曹洪西迎，遭董承和袁术部将苌奴的阻击，未成。七月，献帝到洛阳，曹操亲自出动。议郎董昭利用韩暹、杨奉、董承和张杨间的矛盾，假借曹操名义，致书兵力最强的杨奉，诱以接济粮草、生死与共的好处，劝杨奉不要阻挠。杨奉上当，曹操顺利进入洛阳，借口洛阳残破，立刻把献帝接到了许昌。自此，献帝成了曹操的傀儡，曹操取得了挟天子以令诸侯的强大政治优势。

○ 实行“唯才是举”的用人策略

如果说，曹操在创业之初，地位未显时，多用招降纳叛等手段网罗人才，那么，在他有了显赫地位之后，便凭借手中的权力，公开树起了不拘微贱，不看身世，只要有才便吸收录用的原则。由于曹操求贤若渴，“唯才是举”，从而吸引了大批有志之士从四面八方拥进曹营，造成了曹魏政权鼎盛时雄兵百万，战将千员的局面。正是他有雄厚的人才阵营，才能在19年的时间内，将长江以北的混乱局面扭转过来，实现了中国大半个版图的统一。

更难能可贵的是曹操创行九品中正制，把“唯才是举”的用人路线制度化，从而使魏晋以后的政治面貌为之一新，对曹操至隋唐的官僚制度，乃至官宦、士子心态都产生了重大而深刻的影响。

拥有人才的协助，对事业兴亡至关重要。东汉末年，逐鹿中原的不乏其人，为何只存下三国，而其他政权都被消灭了？缺乏人才助力是个重要的原因。

东汉时期，最初选拔官吏的主要标准是德行与才干，由州、郡以茂才、孝廉的名义向朝廷推荐官吏候选人，由朝廷考核后予以任用。但到东汉后期，朝政腐败，贿赂风行，而士大夫中又崇尚虚名，讲究门第，使得有意仕进者不是依靠行贿钻营，就是想法沽名钓誉，以致推荐上来的人大多没有真才实学，而且并无德行。因此，当时人流传说："举秀才，不知书；察孝廉，父别居；寒素清白浊如泥，高第良将怯如鸡。"这种现象一直到汉献帝建安（196年—220年）初曹操当政后才开始得以改变。

曹操祖父曹腾是汉末著名的宦官首领之一，权倾一时。父亲曹嵩是曹腾的养子，曾任司隶校尉、大司农、大鸿胪、太尉等要职。由于曹操出身宦官之家，尽管父亲身居高位，本人也才智过人，但在社会上仍受到许多人的鄙视。他从自身经历及当时的社会政治情况中认识到东汉选举制度的弊端，为在争夺天下的斗争中能将有用之才都招揽到自己周围，他对东汉选拔官吏的标准进行改革，曾连续下达三道求贤令，对社会传统观念进行强烈冲击。

汉献帝建安十五年（210年）春，曹操下达第一道《求贤令》，在这道命令申明确提出了"唯才是举"的口号，不仅为了改变东汉后期选举制度的弊病，而且是为矫正自己政权中前一阶段在选拔官员标准上的偏差。曹操在统掌朝政大权后，委任崔琰、毛玠主持官吏的选拔与任用，崔琰与毛玠以清廉正直著称，"其所举用，皆清正之士，虽于时有盛名而行不由本者，终莫得进。务以俭率人，由是天下之人莫不以廉节自励"。朝廷之中，廉俭之风大行，贪秽浮华之人都被贬退。但他们过于看重廉洁俭朴，从而使许多官员矫情作伪，假意旧衣破车，以求升迁。同时，用这单一标准来进行选拔，就会将一些确有才干的人排除在外。因此，当有人向曹操提出这一问题后，曹操就下达这道命令，特别指出"今天下尚未定，此特求贤之急时也"。并以齐桓公任用管仲而成为春秋时期五霸之首的事例说明选拔官吏的首要条件是才干，只要确有才干，无论他是地位低下还是有某一方面的缺陷，都要推荐上来。

建安十九年，刘备入据益州，三国鼎立的局势已基本形成，曹操并未因自己占据中原，在政治、经济上都有明显优势而稍有松懈，仍以招揽贤才作为首要任务，在这年的十二月下达《敕有司取士勿废偏短令》：

"夫有行之人，未必能进取，进取之人，未必能有行也。陈平岂笃行，苏秦岂守信邪？而陈平定汉家业，苏秦济弱燕。由此言之，士有偏短，庸可废乎！有司明思此义，则士无遗滞，官无废业矣。"

曹操在这道命令中明确指出德行与才干并不是统一的，而且再次提到上次《求贤令》中已谈到的"盗嫂受金"的陈平，认为陈平虽然品行不正，但他辅佐刘邦建立汉朝的基业，功不可没。因此，曹操命令有关部门不能求全责备，不要埋没那些有缺点的贤才。在看到曹操求贤是扩大自己统治力量的同时，也应看到这是他削弱并控制反对力量的方法，将那些有才干的人用官爵羁縻在朝廷中，就可减少反对自己的隐患。这比单纯用打击的方法来消灭敌对势力，显然要高出一筹。

建安二十二年，曹操已是63岁，在前一年已被晋爵为魏王，这年四月，献帝又命曹操"设天子旌旗，出入称警跸"。但他仍壮心不已，志在统一天下，连年出师征讨，同时，也更迫切地需求贤才，于这年八月，下达《举贤勿拘品行令》：

"昔伊挚、傅说出于贱人，管仲，桓公贼也，皆用之以兴。萧何、曹参，县吏也，韩信、陈平负污辱之名，有见笑之耻，卒能成就王业，声著千载。吴起贪将，杀妻自信，散金求官，母死不归，然在魏，秦人不敢东向，在楚，则三晋不敢南谋。今天下得无有至德之人放在民间？及果勇不顾，临敌力战；若文欲之吏，高才异质，或堪为将守；负污牛之名，见笑之行，或不仁不孝，而有治国用兵之术；其各举所知，勿有所遗。"

曹操在这道命令中再次重申自己"唯才是举"的方针，并指出无论是伊挚、傅说那样出身贫贱之人，管仲那样的旧敌，萧何、曹参那样的小吏，韩信、陈平那样身遭污辱并受人耻笑的人，甚至像吴起那样不仁不孝的人，只要有治国用兵的才干，就要加以任用。充分表现出他的雍容大度以及不拘一格，求贤若渴的心情，同时，也反映出他与东汉时期用人传统的完全决裂。

曹操不仅用命令形式提出"唯才是举"的方针，实践中也确实贯彻了这一方针。他不仅任用荀彧、荀攸、钟繇、陈群、司马懿、何夔而等大族名士，也同样信任地有"负俗之讥"的郭嘉，简傲少文的杜畿等人。而且曹操能以大业为重，不念旧恶，如张绣在归降后又起兵突袭，杀死曹操的长子曹昂、侄子曹安民以及爱将典韦，但以后张绣来降时，曹操捐弃前嫌，对他的宠遇优于诸将。陈琳曾为袁绍撰写檄文，痛斥曹操的罪行，并辱及曹操的父亲和祖父，可陈琳归降后，曹操爱惜他的文才，不仅未加惩处，还委派他掌管文书往来。史称曹操"知人善察，难眩以伪，拔于禁、乐进于行阵之间，取张辽、徐晃于亡虏之内，皆佐命立功，死为名将；其余拔出细微，登为牧守者，不可胜数。"

曹操晚年，为了使"唯才是举"的用人路线制度化，便采纳尚书陈群的建议，创行九品中正制。规定：在州设大中正（都中正），在郡县设小中正，中正官由贤德之人担任，负责品评举荐本地区的人才，并将所辖之域的士人，无论仕否，悉论才德或政绩具列品状，然后呈送朝廷吏部，按所定品格高下任命相应官职。九品中正制在最初实行时，由于不分世族高下尊卑，以“唯才是举”为原则，能够从毫末之中发现并启用一批人才，因此对于刷新曹魏政治，扭转汉世的恶风陋习，起到了积极的作用。曹魏时期，士子们对此甚有好评：“其始选也，乡邑清议，不拘爵位，褒贬所加，足为劝励，犹有乡论余风。”曹操死后，九品中正制仍得到切实贯彻，并为晋朝所承袭。九品中正制成为魏晋之际基本的政治制度之一。另外，曹操还广开言路，采纳部下的正确意见。建安十一年，他下《求言令》，要求丞相府及州郡属官，“常以月朔各进得失，纸书函封”。由于曹操在政治上重视选拔人才，当时各地远道而来投奔的人很多，在他的周围，形成“猛将如云，谋臣如雨”的盛况。

6. 于乱世之中显能臣身手

○ 以严法整肃吏治

王猛上任伊始便明法峻刑打击权贵。由于苻坚的信任，地位逐渐上升，成为权倾内外的前秦宰相。为了知恩图报，他顶住各种压力，继续其整肃吏治的政治行动。打击氐族豪强中的顽固保守势力。终于使整个社会焕然一新。

前秦为氐族贵族政权。公元329年，氐王蒲洪依附于羯族首领石勒所建的后赵政权。公元350年，蒲洪称大单于、三秦王，改姓苻。苻洪死后，其子苻健继任大单于，扩展领土，西入关中，进居长安。公元351年，苻健建立大秦朝（史称前秦），自称天王，定都长安。苻健在关中发展生产，减轻赋税，优待汉族士族地主，尊崇儒学，政权逐步巩固。公元355年，前秦天王苻健死，其子苻生继位。苻生不仁，极端残暴，导致社会动荡，盗贼横行，豪强称霸割据，苻健之侄、东海王苻坚便于公元357年发动宫廷政变，杀苻生，继任大秦天王，建元永兴。

苻坚登极后，大举贤才，选拔和任用了一大批有真才实学的官员，尤其是重用了一批汉人官员，根据其才华授以官职。其中，结识并重用汉族隐士王猛，对前秦政权的巩固与发展起了关键性的作用。

苻坚上台之初，前秦人心涣散，贵族自重，统治手段极为落后，朝纲废弛，王权不彰，统治者内部争权夺利的斗争非常激烈，要改变这种混乱的局面，必须建立起一套行之有效的统治机构，确立秩序，整顿吏治，振肃纲纪，加强中央集权。

公元357年六月，王猛被苻坚任用为始平令，治理今陕西咸阳至兴平一带地方。当时，地方氐族豪强为非作歹，欺压百姓，地方官吏形同虚设。王猛到任以后，便明法峻刑，严厉打击恃势犯法的氐族贵族，杀了一批凶恶之徒，远近震动。氐族贵族为此对王猛既怕又恨，便诬陷王猛滥施刑罚，王猛因此被诬下狱。不久，苻坚召见他并质问他说："你难道不知道为政之本当以德化为先吗？你到任才几天，就杀了这么多人，岂不是太残酷了吗？"王猛苦口婆心地对苻坚说："陛下看得起我，派我来这里替陛下剪除凶猾之徒。如果我不能除尽强暴，安宁百姓，便有负陛下的信任，愧对期盼安居乐业的百姓，宁愿一死而谢天下。陛下责臣刑酷，难道陛下不知道治理已经稳定的天下要用礼义仁德、治理混乱之邦必须要靠严肃法纪的道理吗？"苻坚听了王猛的话，立即醒悟过来，他觉得王猛"治乱邦以法"这句话正迎合大秦的处境，适合治国安邦的需要。于是，苻坚对众臣说："王猛真好比夷吾、子产再世，是一个忠臣啊。"他不仅立刻释放了王猛，还任他为中书侍郎，执掌枢密。公元359年，为了治理这个乱邦，苻坚又以王猛为尚书左丞、咸阳内史、京兆尹。同年十月，王猛再升任吏部尚书、太子詹事。十一月，又迁尚书左仆射、辅国将军，成为前秦宰相。十二月，苻坚再授王猛司隶校尉加骑都尉衔，特准留宿宫廷以备顾问，并授以遴选官员之责。

王猛作为一个汉族布衣，在如此短的时间内接连被破格提拔，成为权倾内外的前秦王朝宰相，年仅36岁，可见，苻坚对王猛的才干何等重视，治国之心又何等迫切。王猛的升迁，引起了皇亲国戚以及马背上打天下的氐族老臣的妒恨。有一个特进衔的姑臧侯樊世，出身氐族豪贵，又是辅佐前秦高祖苻健打下关中的开国元勋，他一贯狂妄骄横，对王猛这么一个汉人布衣的官职直线上升非常不满。一天，他遇见王猛，当面讥讽王猛说："我们耕田，你倒来吃自在食！"王猛素来看不惯樊世的霸道傲慢，便反击道："我不但教你耕田，还要令你烧柴煮饭。"樊世恼羞成怒，咬牙切齿地说："我发誓要把你的人头挂在长安城门上，办不到这一点，我誓不为人！”王猛将樊世之言报告了苻坚，苻坚生气地说：“不诛杀这个老氐，怎能建立纲纪，整肃百官！”正巧，樊世进宫言事，在苻坚驾前，他与王猛发生分歧，争执起来。樊世一跳面起，就扑上去要殴击王猛。苻坚见状，大发雷霆，命宫廷侍卫把樊世拖出斩首。文武百官看着王猛，连气都不敢出。自此以后，再无人敢诋毁王猛了。前秦天王苻坚通过重用王猛，打击了氐族旧贵族的气焰，有利于王猛放手执行新治，建立统治秩序。

得到符坚如此信重，王猛更加知恩图报，继续其整肃吏治的政治行动。

特进、光禄大夫强德，是先王苻健妻强太后的弟弟，好倚仗权势，酗酒闹事，凶恶强暴，公然抢劫百姓财产和子女，是京兆一大祸害。公元359年，王猛兼任京兆尹，一上任便逮捕强德，上奏指控其罪行。在苻坚的命令下来之前，强德的尸首已陈列在闹市上示众。等到苻坚派使者快马赶来宣布赦免令时，为时已晚。

王猛与另一位大臣、性格刚强直爽的邓羌合作，两人在朝廷同心合力，纠举罪犯，对氐族权贵的报复毫不畏惧。仅数十天时间，权贵豪门、皇亲国戚之中，犯法被诛杀和免职者就多达20人。通过整肃吏治，打击氐族豪强中的顽固保守势力，一时间法律严明，令行禁止，“百僚震肃，豪强屏气，路不拾遗，风化大行”。苻坚此时感慨万千，他说，“今天我才知道什么叫法纪，也才知道天子的地位的尊贵啊！”

○ 开创政通人和的新局面

王猛用他的政绩阐明了一个道理：一旦先进的文化把握了相对落后的群众，必然会引发社会经济的飞跃式发展。

王猛在整顿吏治的同时，厉行改革，力图实现国富兵强。他撤除冗官，选拔贤才，外修兵革，内尊儒学，劝课农桑，因而社会稳定，政通人和。

苻坚本是汉化很深的外族君主，他对王猛以法治乱、以礼致太平的一套主张非常赞赏。在王猛的建言下，他重视儒学，注重国家教育，下令恢复了太学和地方官学制度，广修学馆。他作出规定，提出郡县官员要由精通一经以上的人充任，公卿以下的子孙都要接受儒学教育，凡有学问、才堪任事、清修廉直、孝悌力田者，全都旌表鼓励。他还恢复了魏晋时期的士籍制度，禁止玄学空谈和图谶神学。他经常亲临太学考学生经义，考中而擢升叙用者一次就达83人。

王猛建议苻坚注意人才的提拔和任用。苻坚深以为然，授命王猛主掌这方面的工作。公元361年底，苻坚下诏，令各州郡各县保荐“孝悌”、“廉直”、“文学”、“政事”等各方面的人才，详加考察，予以录用。凡地方推荐之才确有真才实学，便一律奖励，如保举非人，则一律处罚。因此地方上不得不尽心尽力，请托贿赂，人情面子，全行不通。即令是皇亲国戚，没有才能的人也不能做官。这些政策，提高了各级官吏的素质，一大批汉族寒士被提拔上来。在五代十六国中，苻坚政权人才济济，这是前秦政权能称雄北方的一个重要原因。

王猛还致力于劝课农桑，恢复发展农业生产。在王猛的建议下，苻坚前期以偃甲息兵、休养生息为基本国策；大力提倡节俭，禁止后宫穿锦着绸，不准衣着曳地；不搞大规模的宫殿建设；灾荒年景，一再减免租赋，苻坚多次派官吏巡行郡县，劝课农桑，表彰“力田”。为抵御旱灾，苻坚下令关东地区开渠引水灌田，发王侯以下及富豪之家的童隶仆人3万多人打通泾水上游，凿山筑堤，修成水道，使关中地区大片山地和盐卤土地得以灌溉，百姓得赖其利。王猛还下令在北方推广先进的耕作技术，以提高产量，取得了良好的效果。通过这一系列的努力，北方社会经济很快得以恢复。

尤为可贵的是，王猛向苻坚提出了“黎元应抚，夷狄应和”的主张，废止了当时盛行的胡汉分治制度，并发展胡族经济，推动了少数民族部落地区经济的发展。

在王猛任宰相的17年时间里，前秦内政大修。王猛性格刚烈，正直果断，清廉严谨，善恶明朗。在他的主政下，前秦国家富裕，武力强大，人民安居乐业。在十六国之中，唯有前秦政权达到了这种境界。

如此政治和经济，为其统一北方奠定了基础。

○ 还是一名制胜沙场的名将

前秦建立后，北方仍是割据政权林立，处于纷争局面。为巩固统治，在改革内政的同时，前秦也加强了对其他政权的进攻，力图统一北方。王猛在前秦统一北方的事业中运筹帷幄，立下了赫赫功勋。

公元369年七月，东晋桓温进攻前燕。慕容暐二度向前秦求发援兵。苻坚举行御前会议征求意见，很多官员都不同意发兵。惟王猛主张与燕国联合作战，首先击退桓温，待燕国力量削弱，然后轻取燕国，以求一举两得。苻坚非常赞赏王猛的意见。

击退桓温后，燕国大势已去。灭燕条件已经成熟。太和五年（公元370年），苻坚命王猛统邓羌、张蚝、杨安等，率步骑6万，开始了灭燕之役。

王猛破关斩将，攻占壶关（山西长治东南）和晋阳（山西太原南），洞开了通向邺城的大门。慕容暐倾国而动，命慕容评统军40万阻击。两军相遇于潞川（今浊漳水）。慕容评驻军不动，力图利用王猛孤军深入的弱点拖垮秦军。这一带水源不足，饮水奇缺，慕容评霸占山、泉，军民用水一律缴绢，绢一匹，水二石；樵采柴草，亦得缴钱。慕容评钱绢山积，前燕士气被瓦解殆尽。王猛遣郭庆领兵5千，乘夜绕道燕军后方，袭击慕容评辎重，烧个罄尽，火光冲天，映照邺城。慕容暐焦急恐惧，遣使怒斥慕容评："王，高祖之子，应以宗庙社稷之忧为忧，为何不恤战士和勋劳，专以聚敛为务！府库及内藏珍宝财货，朕愿与王共有，岂能独爱。若贼军冒进，国破家亡，王所有钱帛将安置何处？皮之不存，毛将焉附！快将钱帛散给三军，以克敌制胜为当务之急，并敕令慕容评立刻出战。"慕容评被逼向王猛挑战。王猛慷慨誓师："今与诸君深入贼地，当竭力死战，有进无退，共立大功，以报国家。受爵明君之禄，应狃觞父母之室，此其时也！"秦军士气昂扬，破釜弃粮，呐喊冲锋。一比七，前燕在人数上占有绝对优势。王猛对手握精兵强将的邓羌寄予厚望：成败在此一举，非将军不足以破劲敌。邓羌乘机要挟："如果任我为司隶校尉，公勿以此战为忧。"王猛直言相告："此非吾所能决。"邓羌不悦而退。秦燕鏖战甚急，邓羌高卧不动。形势危急，王猛被迫从权从宜，答应邓羌。邓羌挥部往返冲杀，燕军受挫败退。是战歼敌5万。秦军乘胜追击，又俘斩10万。王猛东逼邺城，号令严明，军无私犯，法简政宽，很快安定了邺城周围的民心。秦军攻城，邺城兵变，开城投降。慕容暐统十余骑出逃，被秦军追获，前燕亡。

7. 以救时宰相而流芳后世

○ 拨乱反正，安定皇储

唐朝时，随着一代女皇武则天步入暮年，姚崇选择扶助李氏皇族东山再起作为自己的政治方向。在推翻武周势力重建李唐王朝的斗争中，他事先把敢于斗争的张谏之扶上前台，让他代自己为相，使政变一举成功。

为了进一步巩固李氏王朝正统李隆基的地位，姚崇不惜开罪权倾一时的太平公主，以至成为李隆基丢弃的过河小卒。但有耕耘必然有收获，当李隆基皇权巩固之后，姚崇立即得到重用。姚崇安定了李唐的江山社稷，为纷乱的政局画上句号。

在武则天大周王朝，有一股影响政局稳定的势力是以张易之、张昌宗为首的二张集团。这兄弟俩作为武则天的面首而被委以政事，当时“贵宠逾分”，“势倾朝野”，贪赃枉法，秽声载道。长安四年（公元704年）八月，姚崇兼职礼部尚书。张易之在定州私自修建寺庙，要把京城大寺中的僧尼配送到那里去。僧人们不愿前去，向主管礼部事务的姚崇作了报告，希望他能主持公道。果然，姚崇立即依法“断停”，制止了张氏的非法活动。但张易之并不善罢甘休，“屡以为言”，姚崇不肯通融，张易之恼羞成怒，在武则天面前进了谗言，姚崇因此被贬官，不久又被任命为灵武道安抚大使，派了外差。在同张氏的较量中，姚崇似乎是输了，但事情并非如此。

姚崇出行前，向武则天推荐张柬之做宰相，请求“急用之”。十月，张柬之即得到任命，这其实是姚崇为自己找了个指挥反二张斗争的代理人，对此，张氏兄弟和武则天全然不明就里。神龙元年（公元705年），张柬之、桓彦范等五位大臣趁武则天病卧在床，发起了诛除二张的军事政变。政变一举成功，武则天被迫移居上阳宫，李唐王朝重见天日，中宗在大家的拥护下再度登基。应该说，这也是姚崇假张柬之之手诛除二张集团的胜利，他应该高兴了。然而，在一片欢呼雀跃声中，大家却看到他在一旁暗自垂泪（此时他恰好在京师）。张柬之等人大惑不解：“现在是你哭的时候吗？你这样做要受处分的！”姚崇呜咽着说：“我跟随武后这么多年，乍一分开，难免悲伤。昨天跟大家铲除奸恶，是作为人臣应该做的；今天告别旧主，心里难过，也是人之常情。如果因此受处分，我心甘情愿。”没过不久，姚崇果然被贬到亳州做了刺史，后又转任常州刺史。但是，后来当武氏残余势力卷土重来，张柬之等绝大多数功臣被杀害，姚崇却因他那一掬泪水而幸免于难。这就是姚崇的聪明和善于应变，也是他的圆滑，谋于深算。

李唐复辟，统治集团内部新的矛盾又层出不穷，政局更加混乱。中宗李显懦弱无能，韦后便仿效婆母武则天，干预朝政，其女儿安乐公主一心图谋“皇太女”之位，母女二人竟联手于景云元年（公元710年）六月毒死中宗。随后，李隆基联合太平公主发动兵变诛除韦武集团，拥戴自己的父亲睿宗即位。姚崇的宰相生涯也随之梅开二度。他与宋璟“协心革中宗弊政，进忠良，退不肖，赏罚尽公，请托不行，纲纪修举，当时翕然以为复有贞观、永徽之风”。这也是姚、宋二人第一次联袂任相，当时堪称“黄金搭档”。然而，旧的矛盾还未消除，新的挑战又在等待着他们。

太平公主是武则天的爱女，她秉承了母亲的聪明过人和善谋能断的秉性，而且还是一个不凡的野心家和阴谋家。在将哥哥李旦（睿宗）扶上龙位后，她便开始了更进一步的策划，李隆基的太子之位受到威胁。

景云二年（公元711年）正月，姚、宋联名向睿宗提出了安定皇储的政策，内容大致是：一、是让宋王李成器和邠王李守礼出为刺史，二、罢岐王李隆范、薛王李隆业掌管禁军的权力；三、将太平公主安置到东都洛阳。这三条建议是姚崇、宋璟针对太平公主乱政、亲王掌握兵权的情况，为了太子李隆基的利益，更为了唐廷的安定提出的。对于前两条，睿宗还能勉强采纳，但在考虑到第三条时，他坚决不干：“太平公主是我唯一的亲妹妹，我不想让她离开我远去东都。”不久，太平公主得知姚宋的密谋，怒火中烧；太子李隆基为了避免触怒姑妈，从而能按计划完成自己的登基大业，便舍卒保帅，竟上疏以“离间姑、兄”的罪名要朝廷处姚宋以“极法”，姚、宋二人后来分别被贬作申州刺史和楚州刺史，“自是纲纪紊乱，复如景龙之世”。

在随后的时间里，太平公主与太子李隆基两大集团之间的斗争进入到白热化阶段，可怜的睿宗顶着皇帝的虚名却无法控制局势。延和元年（公元712年）八月三日，武德殿中举行了盛大的加冕仪式，父亲让出了皇冠，李隆基终于等到了君临天下的这一天，从这一天起，他开始了长达四十四年的皇帝生涯。然而皇冠到手，并不意味着玄宗皇权的巩固，太平公主仍是一块难啃的骨头。开元元年（公元713年）七月，太平公主阴谋作乱，反被玄宗抢先一步，将其集团一网打尽，她本人也接到了赐死的诏令。不久，姚崇被年轻的玄宗请回朝廷，第三次担任宰相。为了巩固玄宗的皇位，他在原来提出的亲王外任建议之外，还提出斥逐功臣一条。于是，睿宗的长子李成器、高宗的长孙李守礼等可能威胁玄宗帝位的亲王均被分派到外地当挂名刺史；刘幽求、钟绍京、张说、魏知古、王琚等帮助玄宗诛除韦武、太平公主集团的功臣在姚崇任相期间也都落到了可悲的下场，他们好像都与姚崇不合，受到了姚崇的“嫉妒”或“构陷”，最后不是被罢相，便是被贬谪，还有的被流放。

姚崇利用玄宗忌惮大臣的心理（当时有宗室勾结大臣发动政变的风气）来排除异己，而玄宗也利用了姚崇的谏议来斥逐功臣，巩固自己的帝位。而历史的机遇却让这君臣二人的相互利用收到了安邦定国的良效。

○ 十事要说，整顿时局

一个政治家不管多大的才能，都需要机遇的帮助，对于姚崇来说，他的真正机遇是在开元初期进献“十事要说”开始的。他的“十事要说”是对唐朝建立以来各种弊病的总结，也是对当时所面临的社会问题和潜在危机的汇总。他所提出的都是唐玄宗所想要解决的问题。

从错综复杂、险恶多端的宫廷斗争中成长起来的唐玄宗很清楚地认识到，治理天下尤其是治理目前一团乱麻的天下，需要什么样的人才。姚崇是个在官场上拾阶而上的人物，他在政治领域、军事系统、经济部门都曾供过职，丰富的阅历使他熟谙国情民风，从而积累了丰富的治理经验，锻炼了超人的胆识和能力。他最大的特点是“尚通”，能在纷繁多变的政治斗争中随机应变，挽救时局。他的文章写得好，在文才济济的群臣中出类拔萃。所以，拜姚崇为相，是玄宗的英明抉择。

开元元年（公元713年）十月，唐玄宗带领官员们到渭川（今陕西临潼东北新丰镇）打猎，顺便想召回正任同州刺史的姚崇回京任相。宰相张说本来与姚崇不和，听说消息，便让殿中监姜皎对玄宗说：“陛下早就准备任命河东道总管，但是却没有合适的人选。现在我可推荐一人，不知陛下怎么奖赏我？”玄宗问他此人是谁，他答说：“姚崇文武全才，是最合适的人选。”明皇一听便明白这是张说的意思，并未搭理，反而更坚定了他任姚崇为相的决心。

姚崇被人领到玄宗跟前时，玄宗正兴致勃勃地在渭水边上打猎。君臣阔别多时，相聚自是欢喜，玄宗问姚崇可会打猎，姚崇说：“我从小失去父亲，住在广成泽（今河南临汝西）边的一个小乡村，每天以交游猎射为乐，到了30多岁，还只知呼鹰逐兔，直到碰到张憬藏，才接受他的建议用心攻读。别看我如今岁数大了，但还能骑马，射箭。”玄宗听说，很高兴，便和姚崇纵马齐驱，挽弓射猎，尽兴而归。

就在这一天，玄宗郑重宣布：任命姚崇为兵部尚书，同中书门下平章事（宰相）。但是姚崇却并不拜谢。玄宗当时好生纳闷，但又不好问什么。到了晚上，在烛光通明的临时营帐，姚崇当着其他宰相的面，跪拜在玄宗座下，他说："白天陛下任我做宰相，我没有拜谢，是因为有话要说，我想建议十件大事，如果陛下不能实行这十件事，那我就不敢接受任命。"玄宗让他说说看，于是姚崇便奏陈了历史上著名的"十事要说"，其基本内容是：

（一）实行仁政；（二）几十年不求边功；（三）不许宦官干预政事；（四）杜绝非正式的入仕途径；（五）确立法纲纪网；（六）严禁贿赂风气；（七）停止建造寺观宫殿；（八）要以礼法对待大臣；（九）允许直言谏诤；（十）限制后妃、外戚干政。

对于这十件事，唐玄宗一一痛快答应，他深深地认识到，他让姚崇任相是找对了人。这十件大事他以前也曾考虑过，但他毕竟还年轻，才干和经验远远不如姚崇，不如姚崇想得那么具体、全面、系统。姚崇的"十事要说"是针对武则天晚年以来存在的严重弊政而进行的改革：第一件大事，针对酷吏横行；第二件针对贪求边功；第三件针对宦官干政；第四件针对任人唯亲、冗官众多；第五件针对徇私枉法；第六件针对滥收杂税，贿赂公行；第七件针对大建佛寺和奢侈浪费；第八件针对奸臣弄权；第九件针对饰非拒谏；第十件针对后妃、外戚专权。他的十条建议是囊括了政治、经济、军事等各个方面的一整套施政纲领。姚崇作为一个优秀的"设计师"，为玄宗的政治目标描绘了一幅蓝图。紧接着，这位具有实干精神的杰出政治家又帮助玄宗逐步落实施行这一套纲领，开始了拨乱反正、振兴唐朝的宏伟事业。可以说，没有"十事要说"，就没有"开元之治"。

玄宗对姚崇十分信任，但善于快刀斩乱麻的姚崇起初对这位雄才大略的君主还是抱有难以言喻的畏惧心理，在办事时有点瞻前顾后，缩手缩脚，曾在官员升迁问题上多次征询玄宗的意见。有一次，他又前去请示，玄宗却仰视殿顶，充耳不闻。姚崇无奈，只好忐忑不安地告退。侍立一旁的高力士满腹狐疑，便问玄宗原由。得到的回答是："我委托姚崇处理庶政，大事理当共议，小事岂有必要一一相烦。"经高力士中转解释，姚崇才明白了玄宗的良苦用心，从此大刀阔斧，当断即断，出色地履行了自己的职责。

开元二年正月，薛王李隆业的舅父王仙童，倚仗权势，骄横不法，"侵暴百姓"，被御史弹劾。薛王马上到他兄长玄宗那里求情，玄宗也念舅甥之情，便下令重新审查，示意要宽免。姚崇等人知道后，立即上奏玄宗："仙童罪状明白，御史所言并不冤枉他，不能赦免。”姚崇坚持原则，绝不妥协，玄宗只好同意依法惩办。“由是贵戚束手”。这正是按姚崇“十事要说”中的第五条办事。

同年五月，因为饥荒，玄宗下令罢免员外、会试、检校等冗官，而且规定，今后这三种官除非有战功都由他亲自任命，吏部和兵部均不准委任。在此之前，申王李成义未经有关部门批准，私自奏请玄宗，把他府中的阎楚硅由录事（从九品）破格提拔为参军（正七品上）。这种私自请托而任官的做法，实际上是中宗时卖官鬻爵、“斜封官”的故伎重演。姚崇得知此事，非常生气，立即奏明玄宗：“臣窃认为量材授官，一定要经过有关部门，如果因为亲故便施以官爵，以示恩惠，那么以前的故事又要重演，纲纪又要大乱。”他据理力争，终于使玄宗收回敕命。从此，私自请托的歪风为之一扫，他的第四条建议也得到了落实。

在姚崇辅政期间，他大力整顿吏治，做到任人唯贤，量材授职，严格铨叙制度，罢免以前的“斜封官”，大批冗官纷纷卷起了铺盖卷，从中央朝廷到地方，政府机器高效率地运转起来；在他的身体力行下，言路广开，朝廷中充满着开明风气。

姚崇帮助玄宗刷新了政治，也获得了一个臣子所能得到的最高礼遇。每当入宫议事，玄宗总是起立相迎，离开时送到殿门。在群臣羡慕的目光中，他享受了旷古少有的荣耀，而此时的玄宗也沉浸在如鱼得水般的欢乐中。

8. 寇准雷厉风行干大事

○ 一言而定太子

寇准从外戚、宦官、权臣这三种在历代王朝曾经控制朝政，危及皇权的因素出发，为宋太宗谋划太子人选定立标准。这既符合宋太宗巩固皇权的目的，又解决了继承人的问题。

宋太宗晚年身体欠佳，朝中大臣冯拯等人上疏劝他早立太子，他却勃然大怒，把上奏之人贬到岭南。其实，确立太子一直是太宗晚年的一块心病，只是因为儿子太多，且品德才学良莠不齐，身边又没有一个特别信得过的大臣可以商量，所以在确立太子问题上迟迟未决。寇准从青州被召回身边后，太宗觉得这位耿直果敢的年轻大臣对大宋王朝一片赤心，是最可信赖的，他就把寇准叫到身边，询问他立储之事。

寇准思索了一会儿说："陛下替天下人选择君主，不可以跟妇人谋划，不可以跟宦官谋划，也不可以跟近臣谋划；希望陛下自己选择在天下人心中有威信有名望的人为太子。"

大宗皇帝迷惑不解地问："为什么不可以和妇人商量？"

寇准郑重地说："陛下知道平定诸吕的故事吧？刘邦死后，皇后吕雉执掌朝政，重用外戚。惠帝死后，吕雉让她的侄子吕产、吕禄等当上了南北军的将军。这样，吕后和诸吕就控制了军政大权。吕后刚死，诸吕集团企图夺取西汉皇位。当时西汉老臣陈平、周勃为了挽救朝廷，联络刘氏王侯的军队，迫使诸吕交出兵权，杀死吕产。随后，陈平、周勃拥立刘邦的儿子刘恒为帝，就是汉文帝，这才保住了汉朝天下。由此可知，与妇人谋，皇权很可能被外戚所夺，对宋室不利。"

太宗皇帝恍然大悟地说："爱卿说得很对，自古以来，贤良妇人是不可多见的。爱卿再说一说，为什么不能与宦官谋划呢？"

寇准神态安然，说道："陛下听说过赵高篡权的故事吧。赵高是秦始皇的一个宦官，深得秦始皇的信任，让他当十八子胡亥的法律教师，后来又为秦始皇掌管印信、文书等事。本来，扶苏是太子。但秦始皇一死，赵高便串通胡亥，胁迫丞相李斯，伪造秦始皇诏书，立胡亥为太子。又假造诏书一封，给扶苏和蒙恬加上不忠的罪名，派人拿着假诏书去逼死扶苏，逮捕蒙恬。然后，把胡亥立为二世皇帝。赵高从此把持了朝廷大权。所以，与宦官谋划，皇权很可能被他们所窃取。"

太宗皇帝听着，不住地点头。接着问道："为什么不能与近臣谋划呢？"

寇准胸有成竹地说："那例子就更多了。比如春秋时，齐桓公宠幸的近臣易牙，他听齐桓公说自己的病须吃小孩的肉才能治好，回到家便杀死了自己的儿子，蒸成羹献给齐桓公，深得齐桓公的信任。但是，等到齐桓公病重不能参与政事时，易牙就下了毒手。他与竖刁、开方等人把齐桓公关闭起来，不准外人接触，不给饭吃，不给水喝。齐桓公一死，他们便杀害群臣，夺取权柄。因此，臣以为，必须陛下亲自为天下人选择太子。”

寇准的一席话，深深地打动了太宗皇帝。太宗皇帝思索了一会儿，用信赖的目光打量着寇准，屏退左右的人，对寇准说：“襄王元侃可以吗？”

寇准忙说：“了解儿子，没有比父亲更清楚的了。望陛下不必再问外人，早日决定。”

太宗皇帝于是就决定立襄王元侃为皇太子，改名恒。皇太子元侃到宗庙行立嗣之礼回来，京城的人挤在道路上高兴地跳跃欢呼：“真是少年天子啊！”太宗皇帝听了不高兴，招来寇准问：“民心很快地归向了太子，要把我放到什么地位上去？”

寇准不慌不忙，行礼祝贺道：“全国人民拥戴太子，不正是人民拥护陛下的英明决策吗？这正是国家的洪福，陛下应该高兴才是。”

太宗皇帝转忧为喜，忙进后宫告诉皇后嫔妃知道，宫中人纷纷前来向皇帝道贺。于是太宗皇帝召寇准饮宴，君臣欢饮大醉方休。

○ 果断勇毅保社稷

寇准力促宋真宗亲征，鼓舞了宋军的士气，取得澶渊之战的胜利，宋军不但有效地阻止了敌人，而且为反攻创造了极其有利的条件，使辽国不得不进行和谈。

寇准反对和谈，在当时敌我双方的力量对比之下，其决策是正确的。首先，辽国战场失利，粮草不继，且对峙多日，师老兵疲。而宋军则士气旺盛，求战意识强，加上本土作战，后勤有保障，只要进一步切断辽军粮草，辽军完全可以打败，而其后的形势发展也果如其所料。虽然后来在弱君佞臣的掣肘之下，收复幽云十六州的宏伟计划未能得以实现，而是缔结了“澶渊之盟”，但这仍然算得上是比逃跑投降要好得多的结果。

景德元年，辽圣宗皇帝及萧太后亲率号称20万骑兵，大规模南下，于当月二十二日到达河北唐河，围攻定州。定州未破，辽军绕道而行，经祁州、深州、冀州、大名等地，深入到澶州（今河南濮阳），大有向宋朝京师东京进军之势。

面对辽国咄咄逼人的气势，真宗和满朝文武惊慌失措，毫无良策。危难之际，以英勇果敢著称的寇准被推上了前台。景德元年八月，真宗任命寇准为宰相，要他负责解除辽军的威胁。

不久，辽军包围了瀛州，直逼贝州、魏州，朝廷内外震惊恐惧。参知政事王钦若主张逃跑，他暗劝真宗放弃汴梁，迁都金陵；又有人劝真宗逃往成都。真宗犹豫不决，便召寇准商议。寇准力主抗辽，对主张逃跑之人恨之入骨，他心知是王钦若等人的主张，却佯装不知说："谁为陛下出的这种计策，罪该处死。如今陛下神明英武，将帅团结一致，如果御驾亲征，敌军自然会逃走，为什么要抛弃宗庙社稷，远逃楚、蜀之地呢？如果那样，大宋必然人心崩溃，军心涣散，敌军会乘势进攻，长驱直入，大宋的江山还能保住吗？"一席话，说得真宗大受震动，决定御驾亲征。

真宗和文武大臣率军从京师出发，向北进发。当大军到达韦城，辽军已攻到澶州北城，真宗惊恐万分，信心全无，又打算南逃。寇准坚定地说："目前敌人已经临近，人心恐惧，陛下只可前进一尺，不可后退一寸！北城的守军日夜盼望着陛下的车驾，一旦后退，万众皆溃。"在寇准的坚持下，真宗率众臣勉强到达了澶州南城。此时，隔河相望的北城战事正酣，真宗和众臣不敢亲临前线，不愿渡河，寇准坚决请求真宗过河，他说："陛下如果不渡过黄河，那么人心就会更加危急；敌军的士气没有受到震慑，他们会更加嚣张。只有陛下亲临北城，才是退敌的唯一办法。更何况我军救援部队已经对澶州形成了包围之势，陛下的安全已经有了保障，还有什么顾忌不敢过河呢？"他见仍说服不了真宗，就把殿前都指挥使高琼叫到跟前，要他力劝真宗。高琼对战事相当了解，他对真宗说："寇大人方才所言极是，将士们都愿拼死一战，只要陛下过河亲临阵前，士气必然大振，定能击退敌军。"真宗无奈，只得答应过河。

到了北城，真宗登上城楼观战。正在城下浴血奋战的宋军将士，看到城楼之上的黄龙御盖，欢呼震天，声闻数十里，军威大振。他们呐喊着冲向敌阵，辽军被宋军士气所慑，锐气顿消，溃不成军。

此战胜利后，真宗回到行宫，留寇准在城楼之上继续指挥作战。寇准治军有方，命令果断，纪律严明，很受士兵拥护。在他的指挥下，辽军几次攻城都被杀得大败而还，主帅萧挞览也被射死。真宗在行宫之中对前线战事不太放心，多次派人前来打探战况，探子每次都见到寇准和副帅杨亿在一起饮酒说笑，就回去禀报真宗。真宗高兴地说："寇准这样，我还有什么不放心的呢？"

辽军虽号称20万，却是孤军深入，粮草不继，随时有被切断归路的危险。萧挞览一死，辽军人心惶惶，更无斗志，于是便派人送来书信，请求讲和。条件是宋朝每年给辽国大量绢银，辽军就退兵，并且永不再犯中原。寇准想乘胜收复幽云十六州，所以坚决不答应议和。但真宗对战争早就厌倦，在求和派的劝诱下，对两国结盟议和表现出了极大的兴趣。一帮贪生怕死的官员又在背后放出谣言，说寇准利用打仗以自重，野心很大。迫于谣言的压力，寇准只得同意两国议和，缔结盟约。

真宗派大臣曹利用作为使节到辽军帐营中签订结盟条约，并商讨"岁币"之事。临行之前，真宗对他说："只要辽兵速退，'岁币'数目在百万之内都可以答应。"寇准却暗中又把曹利用召到账内，对他说："虽然有皇帝的敕令，但你在与辽使签约时，答应的数目不得超过30万，否则，提头回来见我。"

这年十二月，宋辽双方终于在澶州达成协议：辽军撤出宋境，辽皇帝向宋皇帝称兄，两国互不侵犯，和平共处；宋每年拨给辽"岁币"，银10万两，绢20万匹。这就是历史上著名的"澶渊之盟"。

澶渊盟后，河北战事平息，北疆人民得以安居乐业。

9. 周忱有经世之才

○ 税赋改革的前驱

民间素有"小九九"与大算盘之区分，都是在计较得失，关键来维护谁的利益。周忱理财以爱民为本，在治理苏州府财赋困窘时得以体现，推行均摊交纳耗米，改变了赋役不均的弊端，减少官田税额，减轻人民负担，改革漕运，扭转盐税亏损等，周忱的小范围改革措施得到了回报。张居正在《陈介事疏》中，指出豪强兼并，赋役不均、偏累小民是"耗财病民"的大弊。相同的历史弊病都曾出现在这二位理财能手面前，周忱走在张居正之前，但是他的局部变革并没有深刻影响历史，实属遗憾，但是后来嘉靖末年和隆庆年间的一些地方官员推行的改革和张居正的一条鞭法正式推行，和周忱不能说没有联系。

宣德五年（1430年）九月，皇上因天下的财富多得不到治理，而又以江南为甚，苏州一府，拖欠的租税达800万石，便想要找到有才干的重臣前往治理，于是由于大学士杨荣的推荐，升周忱为工部右侍巡抚江南各府，总督税粮。

他刚到时，便召父老来问欠税粮的原因，他们都说豪富大户不肯加交耗米，只好一并向小民征收，人民因为贫困只好逃亡，导致税额愈缺。周忱于是创行平米法，令均摊交纳耗米。他又请皇上敕令工部颁给铁斛，交给各县作为标准样式，将搞大入小出的粮长革除。按旧例，粮长有正副三人，每年七月赴南京户部领取勘合。工作完毕后，送回部里。他们往返的费用，都是征敛而来。周忱只设正副各一人，让他们轮流去领勘合。工作结束后，有关官员集中收回上交户部。百姓大为便利。周忱见各县收粮没有国局，粮长就在其家中贮存，便说："这是导致拖欠的原因。"便令各县在水边设囤，每囤设粮头、囤户各一人，称为辖收。到有六七万石以上，才设粮长一人总管，称为总收。人民持帖到囤交粮，官员监督他们交纳，粮长只是照日期汇总而已。他还设拨运、纲运两簿。拨运簿记支拨起运的数量，预计所运粮食到京师、通州各粮仓的损耗，来定应支给的数量。纲运簿是由他们填写剥浅等方面的费用，回来后补偿给他们。应上交省库的羡余，仍存贮在仓库中，称为余米。第二年如果剩余多则加六征，到第三年加五征。

当时，太祖平定吴地后，尽将功臣子弟的庄田抄没入官，后来又厌恶富民的兼并，他们因犯罪而被没收的田产，也都被称为官田。这些官田的税粮，即按原来租簿所记的数量作为税粮来征收，所以苏州府的赋税比别的府为重，官田和民田的租总共是277万石，而官田的税额就占了262万石，人民不堪承受。

当时宣宗屡次下诏减少官田租额，周忱于是与知府况钟经过几个月的计算，将苏州官田租税减到72万余石，其他府也依次减少，人民这才稍得解困。宣德七年（1432年），江南大丰收，皇上诏令各府县以官钞平价收购粮食以备赈济和借贷，苏州于是购得米29万石。所以当时公侯的禄米，军人官吏的月俸，都由南户部支给。苏州、松江百姓转输到南京的税粮，每石加收费用开支六斗。周忱上奏请令就各府支给，贴给船价米一斗，所剩的五斗，总计总数有40多万石，再加上用官钞所购买的，一共得米70万余石，遂设仓库贮存起来，名叫济农。济农米除用于赈济和借贷之外，每年还有盈余。大凡纲运花费、风涛漂没、被盗挨抢，都可从这里借贷，待秋收之后再如数还官。至于修圩、筑堤、开河、浚湖所支的口粮，则不用偿还。耕种者来借贷，必先查清他家的各方面状况以及田地多寡，然后再借给，秋收后与税粮一起收回，遇到荒年再赈济。对奸顽不偿还的人，以后不再借给。他把这些都定为条例报告朝廷。在周忱任内，江南的几个大府，小民不知道有灾荒，夏秋两税不曾有拖欠，这都是周忱的功劳。

当时漕运粮食，军运和民运各半。军运由国家给船，民运则是租用船只，加以杂耗，每交纳三石粮食大约要多加一石，而往返需要一年，耽误农事。周忱与平江伯陈瑄商议，决定民运到淮安或瓜洲水路边上后交兑，再由军队漕运到通州。运到淮安的每石加交五斗，运到瓜洲的再加五升。运到附近以及南京的卫所而没过江的，即仓交兑，每石加交过江米二斗，衬垫芦席也折成米五合交纳。由军人兑运，如果遇风延期到达，则令州县支给赢米。在瓜洲水边设粮仓，迁米去存贮，量支余米给守仓人。由此而漕运费用大大节省。

民间每年把马草运到两京，劳费难以估算。周忱请每束折成白银三分，在南京则将所折的银两就地买纳。京师百官的月俸，都要持帖到南京领取。米贱的时候，俸帖七八石，仅换得白银一两。周忱对检查出税重的官田、极贫的下户，准许其两税折成金花银交纳，每两抵米四石，解送往京师用来兑换俸禄，这样百姓出得很少，而官俸常足。嘉定、昆山等县每年要纳布，每匹重三斤，抵粮食一石。到他们解送上交时，因为线粗而被退回的达十之八九。周忱说："布线细则重量必轻，而价钱更高。现在既然是论重量交纳，他们势必不会做得太细。请从今以后，不论轻重，只论长短是否符合规格。"皇上听从了。各府的驿马以及一切供应所需，原来都向马头领取，有了耗损，则马头就横征补买。周忱令每亩田出米一升九合，与秋粮同时征收，根据马的上中下价值给米。

正统初年，淮安、扬州受灾，盐税亏损，敕令周忱去巡视。周忱上奏令苏州等府，拨出余米一两万石运到扬州盐场，允许可以抵消明年的田租，灶户可以纳盐领取米粮。当时米贵盐贱，此举使国家得盐，百姓得米，公私大利。不久敕令周忱兼理松江盐税。华亭、上海二县拖欠的赋税达63万余引，灶丁逃亡。周忱认为田赋应养农夫，盐税应养灶丁，因即上书提出四项建议。皇上命从速实行。周忱因此减少灶户的运耗，计得米32000余石。也仿济农仓的办法，设置赡盐仓，将逃亡灶户的缺额补上。由此盐税大增。浙江应当造海船五十艘，朝廷交周忱计算费用。周忱召都城工匠来问，他们说一艘需要米1000石。周忱认为要成大事不宜舍不得花费钱财，他将每艘费用减去20石后上奏朝廷，竟得批准。

○ 因小节而失大势

周忱是一个难得的好官，他为官勤勉、身体力行，平易近人，在税粮改制方面，显露出他超凡的才华，也招来了同僚的妒恨，不得不全身而退。他的财赋改革也受到了破坏。

周忱一向追求简易。先前，大理寺卿胡概为巡抚，用法严厉。周忱一切都力求简易，来告发的人他常常不理。有人当面攻击他偏差：“您不如胡公。”周忱笑道：“胡卿奉敕令，责任在于祛除民害。朝廷委任我，只说要安抚军民。朝廷的授命不同而已。”他既久在江南，与官民已非常熟悉，情若家人父子。他每次行走村落，总是摒去侍从人员，与村夫民妇交谈，从容问他们的疾苦，为他们提意见和处理。他对待属下，即使是卑官冗吏，也悉心访求他们的意见。遇到有才能的长吏，像况钟和松江知府赵豫、常州知府莫愚、同知赵泰等人，他都推心与他们讨论筹划，务必尽其所长，所以事情无不得到实施。他常到松江视察水利，见嘉定、上海之间，沿江长满茂草，多淤塞水流，便疏浚上流，使昆山、顾浦等地河水，都迅流而下，冲开了壅塞的地方。闲暇时他单枪匹马往来江上，见到的人还不知道他是巡抚。前后经历宣德、正统二十年，朝廷对他的委任更专。他两遭亲丧，皇上都强令他出来理事。周忱因此更加发奋，发现利害必提出建议，而皇上对他也是言无不听。以至于周忱在一些他认为是小的方面的问题便自行处理，无所顾虑。到后来他见献身税充盈，更求进一步发展。修葺公舍学校、先贤祠墓、桥梁道路，以及崇饰寺庙道观，馈赠朝廷官员，资助过往客人，他都毫不吝惜。下级官员从中渔利，他也不甚过问，因此屡次受别人指责。

景泰元年（1450年），溧阳百姓彭守学又像尹崇礼那样攻击周忱，户部便请派御史李鉴等人前往各府调查。第二年又因给事中金达的建议，召周忱回朝。周忱于是自述道：“因臣奉有宣宗皇帝和太上皇的敕谕，允许臣相机行事，所以在支用方面臣不用再报告朝廷。现在彭守学上奏揭发，户部派官员去追查，实是臣出纳不谨，死有余辜。”礼部尚书杨宁说：“胡乱开支之用在于周忱，现估计剩下的钱财，都是取之于民间，百姓因此有的弃家逃窜的。请将正统以前的免予追究。”诏令批准这一请求，并将李鉴等人召回。后来言官还纷纷弹劾周忱，请把他正罪。景帝一向知道周忱贤明，大臣也多保护他，便只令他退休。

周忱被弹劾后，皇上命李敏取代他，敕令他不要轻易更改周忱的制度。但从此以后户部将所积存的余米收为公家赋税，储备粮食萧然无存。后来吴地发生严重饥荒，人民道死相望，租税又依旧拖欠了。人民更加怀念周忱不已，到处建生祠祭祀他。

10. 天下第一廉吏于成龙

○ 立德济世的清官典范

支撑于成龙为官之路的是和亲友道别时，“天理良心”四字的虔诚和立德修德、为民造福的信念。在任上，于成龙身体力行，克服困难，招抚盗贼，力行教化，使罗城境内境况出现了好转，罗城安定了下来。治罗的成功，体现了于成龙的政治能力，同时得到了上司的重视，为自己的宦海生涯开了一个好头。

于成龙出身农家，家产尚可维持生计；而传说的广西蛮烟瘴雨，北方人不服水土，十有八九不能生还。为此，亲友们一听说委任他为罗城知县，大都劝他不要去。但他认为：我已立意修德，为民造福，哪能知难而退？于是，变卖了部分家产，凑足路费，告别父老，留下妻儿，独自带着三位仆人，毅然登上了南下的路。

于成龙到达罗城后，只见那儿的环境比想象中的更恶劣：四面群山环绕，到处河流纵横，数里之内不见人烟。所谓的县城，没有城池街道，只有几处茅庐，住着数户人家。至于县衙，也无门墙，而是“插篱棘为门牖”。院内只有三间草屋，东边算是宾馆，西边是书吏舍。而且到处长满了荒草，即便大白天也常有野猴钻来嬉戏。于成龙见此情状，心中不免有些凄苦，但他抱着“既来之，则安之”的想法，亲自“累土为几案”，又在柱子下支锅、铺床，开始了艰难的宦海生涯。

在于成龙到达罗城之初，当地还常有盗贼出没。他为防不测，晚上睡觉时，总在枕旁放把刀。但他认为：地方上的盗贼，大都是些穷百姓。他们本来不愿为盗，只是饥寒刑罚所迫，才沦为盗贼。所以，他主张“勿戕民命”，“勿剥民肤”，而应该多方招抚。基于此，他采取了一系列有效措施，很快便使不少人改邪归正。与此同时，他还常常光着头，赤着脚，穿着普通百姓的服装深入到附近居民中，同他们一起劳动，一起聊天，相机帮他们解决一些实际困难，并通过他们向更多的人宣传自己的施政要领。百姓们见这位“县太爷”如此平易近人，都亲切地称他为“阿爷”，乐于向他说些心里话。为时不久，因多年战乱和盗贼滋扰而外逃的百姓纷纷返回故里，竞相开荒种田，逐渐恢复和发展了生产。

于成龙十分珍视这一好的势头。每逢农忙，他都到田野四处巡视。遇到辛勤耕作的百姓，主动向前打招呼，进行慰问。一季下来，他见谁家收获丰盛，就命人在其门外树立标志以示表彰；对那些因懒惰而使田园荒芜者，就动员各方面力量给他做工作，帮他们改过自新。

几年之后，罗城嘉禾遍野，牛羊满山。百姓们不但不愁衣食，不少人家还盖起了新房。然而，于成龙从山西老家带来的那三位仆人，却有的病死，有的逃跑，只剩下他孤零零一个人。对此，他无怨无悔，一如当初。

于成龙在任罗城知县时，几乎天天喝粥，菜肴也只是一盘豆，一碟青菜。百姓们基于自家生活的好转，又见他的仆人们全都离他而去，十分不忍，几乎天天有人前去看望他，还不时地给他带些钱物。对此，他总是先道谢，再推辞。他说：“我一个人在此，用不了多少钱。请你们拿回去买些可口的食物侍奉你们的父母，就如同送我一般。”

有一次，于成龙的长子千里迢迢来看他，他十分高兴，空前地买来一只鸭，煮了半只拿给儿子吃，另半只腌了挂起来，留待过年用。待儿子回家时，百姓们争先恐后地凑了好多钱，执意送给于公子。于成龙又一再表示：“这儿离我家6000里，一个人带着钱，可是累赘啊！”说罢，坚决把钱退回去。百姓们感动得泪流满面，纷纷向他下跪叩首；他也禁不住流下了热泪。

○ 慎刑施教的治政之道

历史上所谓一张一弛的王者之道，都是采用软硬兼施的措施，如果一个只注重严厉打击，而不注重教化的王朝，那么人民将会惶恐不安，激而生变。软硬两方面，任何一个走向极端都不利于社会的良性循环发展。于成龙“宽严并治”，他一方面打击扰乱社会安宁的不法分子，一方面施行教化，招抚驯服案犯。他慎刑施教的主张稳定了清王朝的统治，维护了社会安宁。值得后人借鉴。

于成龙的刑法思想在清朝一代很有影响。对待案犯，他主张慎刑，以教为主，采取“宽严并济”和“以盗治盗”的方法，取得突出效果。康熙八年（1669年），于成龙再次因政绩卓著而迁任湖广黄州府同知，驻于岐亭地方。岐亭地处黄州、麻城边界，多湖汊沟壑，向为盗贼之渊薮。这些盗贼肆行无忌，甚至白昼行劫，地方官吏也束手无策。于成龙到任后，很快摸清了他们的出没行踪，一举降服其魁首彭百龄等人，将其置于左右，实行“以盗捕盗”之策略。有一次，于成龙生擒九人，召集乡里父老，宣布说：“这些都是巨盗，他们仗着被捕后解送上级官府可以揭发当地官吏的隐私而有恃无恐，往往得以逃脱惩治。我现在将他们示众于父老面前，你们有能保证其今后不再为盗的，我就当众释放；否则的话我就将尽法惩治。”众父老出面为其中二人作了担保，而其余七人则当着众父老的面被严惩。消息传开，“盗自是惊匿”。

康熙十七年（1678年）六月，于成龙升任福建按察使。当时的福建正值耿精忠之乱，台湾的郑经也时常兵犯漳、泉等郡，局势动荡，连年用兵，又连兴大狱，“民以通海获罪，株连数千人”。于成龙说：此事关系到众多百姓身家性命，是人命关天的大事，难道因为大狱已成，就可以不必审慎地复核了吗？经其详查，通海案所牵连的多半为无辜平民，应予省释。他立即禀告当时主管兵事的康亲王杰书，将关押之民尽行释放。每遇疑案，他必令详细审讯、反复核查，务期明允。经他清理，案无沉积，狱无淹滞，“所生全以千计”。福建巡抚吴兴祚上奏朝廷说：“成龙执法决狱，不徇情面，屡伸冤狱，案牍无停。不滥置一词，不轻差一役……屏绝所属馈送，性甘淡泊，吏畏民怀，为闽省廉能第一。”

于成龙在词讼、断狱方面被看做是包公式的人物。他铁面无私，头脑敏锐而细心，善于从一些常人忽视的细节上发现问题的症结。他处理过许多地方上发生的重大疑案、悬案，使错案得到平反，因而被百姓呼为“于青天”，民间还流传着“鬼有冤枉也来伸”的歌谣。于成龙在破案、察盗方面的许多事迹，在清人野史、笔记和民间文艺中均得到反映，甚至神化。

○ 整肃吏治，举荐贤能

从于成龙身上我们可以窥出当时的政治局势。于成龙的造福百姓、崇尚节俭、奉行教化，和康熙推行的治国之策相吻合，康熙渴望吏治的清明，于龙成的举荐应合了，营造了康熙王朝良好的政治环境。康熙盛世的出现离不开于成龙等众多廉吏的涌现。

于成龙对清代官场吏治的腐败有清醒的认识，因而总是尽自己的所能逐项予以革除。康熙十九年，于成龙升任直隶巡抚，严戒州县官私加火耗银馈送上官。所谓火耗银是指自明代起，官府将从民间征收赋税所得之细碎银两重新熔铸为一定重量的银锭，上缴国库，把熔铸时的损耗部分称为火耗银，由纳税者承担。清代沿之。清初有的地方火耗高达正赋的百分之五十，甚至将解运往返之费也摊入其中。这些费用主要用于官吏“分肥”和馈送上官。于成龙为此特地颁布了一个《严禁火耗谕》，严禁额外多收火耗，指出：“凡各州县，务须洗心涤虑，痛除积习，毋额外以横征，毋恣意以朘削。”并且质问那些贪得无厌的官员：“民力难支，又安忍于正供之外，敲鸠形鹄面之骨，吸卖儿鬻女之髓，遂一身一家之欲！”十二月，惩处了私自多收火耗、侵吞赈灾银两的青县知县赵履谦。他还经常单骑私访，遇有不法者则立予严惩。从此，“盗以息，民以安”，“滹沱、易水之间，洋洋乎颂声作矣”。

康熙二十年（1681年）十二月，康熙考虑到江南财赋重地，必得清廉能臣前往料理，方能澄清吏治、有益民生，遂特旨授予成龙两江总督。于成龙对好友说：“江左承八代之余，习尚浮靡，奸弊牢不可破。天子命我，我必思所以易之。”江南人听说“于青天”将至，心甚畏之。那些历来习尚奢侈的世家大族都“减舆从，毁丹垩，婚嫁不用音乐”；民间人人争穿布衣，布价因之骤贵；贪墨之吏纷纷落职而去，豪强猾胥率家远避。

于成龙深知“州县各官厉民积弊，处处皆然，而江南尤甚”，为痛加革除，乃手订《示亲民官自省六戒》，提出了勤抚恤、慎刑法、绝贿赂、杜私派、严征收、崇节俭这六条戒律，使州县基层官员“朝夕观省，自为猛惕”，并要求他们“虽自己足食，当思民之无食者；自己披衣，亦当思民之无衣者”；若“无功于国，无德于民”而终日华衣美食，则虽身居官长，实与盗贼无异。紧接着，他又颁布了《兴利除弊条约》，要求各级官员“尽行痛革”种种积弊：严禁滥加火耗和私派，严禁馈送，访拿衙蠹和地痞、流氓，严禁滥差衙门差役，严禁随便捕人入狱和私刑拷问，严禁包揽词讼、牟取奸利，禁止向行户摊派取索，禁止奢靡逸游，等等。于成龙以身作则，严正声明：“本部院下车，清介自持，誓不受属员一毫馈送。尔司道厅府州县，务期共相砥砺，痛绝馈送。”

江南大省，政务繁多，于成龙寝食为废。总督衙门重门洞开，禀事官员可以直入其寝室，毫无阻挡。他还时常轻车简从，走访民间，问询疾苦，察吏安民。行为不端之人，“遇白须伟貌者，群相指自慑”，颇感胆战心惊。几个月间，兴利除弊，政化大行。

于成龙为官20余年，多次向朝廷举荐贤能官员，如：江苏布政使丁思孔“历任既久，参罚因多”，于成龙疏请康熙在其入觐时“亲赐咨访，破格擢用”。丁思孔因得“准为卓异”，不久擢升巡抚。

第三编

研究创新求治的学问

中国历史上的改革者本就不多，而能得善终的就更少了，这说明改革的难度、阻力之大。但时代的进步是靠创新来推动的，历史上的每一次政治上的创新，不管成败与否，都在客观上推动了社会的发展。同时，在古人创新求治的努力中，我们更看到了一股蓬勃的进取精神。

1. 小国改革图存的典范

○ 为改革甘冒奇险

无论哪一位执政者，都会为维护自己所占据的位置而服务。按理说，子驷改革败亡会对后继者产生影响，但子产却在执政伊始便义无反顾地走上改革之路。

春秋后期，大国争雄，小国图存。不改革就没有出路，只能灭亡，即使是诸如郑国一类的小国，也无法逆历史潮流而行事。然而时间不等人，早一步改革就早一步富强，迟了就可能因落后而被别国所灭。正因为如此，子产才甘冒风险力主变革，他这样做，是以有利于郑国为标准，最终使郑国由弱变强，由乱到治。

公元前543年，子产担任郑国执政，上台伊始，他即雷厉风行地划定封疆界线。

早在20年前，子驷也进行过这种改革的努力，但那次引起了暴乱。春秋中后期原来的井田制已经逐渐被破坏了，一些贵族肆意占有原来的公田，并将其变为私田，而且他们还掠夺了农民的私田，从而使代耕公田变成了徭役剥削。这导致各诸侯王国政府收入的减少，另一方面也引起广大人民和一部分没落贫穷贵族的不满。子驷封疆界线是将贵族“多余”的土地分给普通民众，这必然侵犯了既得者的利益，那些丧田的贵族发动了暴乱，子驷被杀，其改革也自然失败了。而子产的父亲也是在那次暴乱中牺牲的，因此他不会不考虑到改革的后果。

然而，这并没有能够动摇子产改革的决心，事实上，他的改革得到了大臣子皮的有力支持，郑国的强族驷氏、良氏也都支持改革。正是在这些强有力的后盾支持下，子产进行了田制的整理和改革。改革伊始，阻力很大。子产改革一年后，世人都唱道：“把我的衣帽藏起来，把我的田地围起来，哪个想要杀死子产，我愿意同他一起去。”群情汹汹，几乎又要酿成与20年前同样的暴乱。可是仅过了3年，郑国的生产得到了发展，而且土地不均的现象基本消除，人民的生活也日渐安定，富足。这时，人们又普遍地对子产的改革表示拥护，郑国人民又唱道："我有了子弟，子产负责为我们教育；我有了田地，子产为我们种植；万一子产离我们而去，有谁能代替他呢？"子产的改革终于收到了良好的效果，体现出他的巨大的改革魄力！

在进行封疆改革后5年，子产又进行了"作丘赋"的改革，亦即按"丘"（十六井）征发军赋（包括车马、甲盾、徒兵等等），丘内新垦土田越多，分摊的军赋也就越轻，这一方面刺激了荒地的开垦，大大增强了生产力，另一方面也有效地增加了政府收入，有利于巩固政权。子产的这一改革，适应了春秋后期战争频繁、各国普遍加赋的趋势，无疑符合当时历史发展的潮流，有利于社会生产的发展。

当然，子产的这次改革也同样遭到一些人的反对，如郑国都城的人诽谤他说："他父亲横尸于路上，他自己就变成了蝎子的尾巴来毒害百姓，让这种人来治理国家，国家可怎么办呢？"子产听了之后，毫不动摇地说："这有什么可害怕的呢？我所做的事只要对国家有利，就不会计较我个人的生死得失，全力以赴地办好。更何况我常听人说，一个推行善政的政治家，决不会轻易改变行政措施，因为只有这样才能取得成功。人民不可以让他们太随便，政治制度不可以轻易改变。"他最后坚定地说，"我决不改变自己的行政措施。"如此坚定的意志，在春秋时期的政治家中是极其少见的，这也正是他改革成功的一个重要原因。

○ "铸刑书"的创举

子产"铸刑书"，在中国具有划时代的重大意义，它是我国历史上有记载的第一部成文法，并公布于众。从当时来看，非同凡响。

公元前536年，子产在郑国铸刑书，把法律条文铸造在鼎上，公布于民众。这样，民众知道了用刑的准则，有利于约束自己，也利于限制贵族的不法行为。

此举在国内的反响并不强烈，倒是引起了其他诸侯国的关注。晋国叔向写信给子产表示反对，他在信中写道："古代贤德的君王不制订刑罚是因为担心人民产生争议之心，处处以仁慈之心来救助人民，此外他们也鼓励忠诚之士，严惩放荡之徒。"接着他又写道："夏商周都是由于政治纷乱才制订刑罚的，而刑罚完成之时，也正是衰乱之世。"他指责子产手握大权，首先是封疆界线，人民谩骂；接着又作丘赋而招致诽谤，现在又铸刑于鼎，“用这种政策治理人民，是治不好国家的”。最后，他警告子产说：“人民已经知道争端，他们就会舍弃礼义，而专于刑书。一点点小事都会斤斤计较地去争，如此下去，人民诉讼的案件反而会增多。为了争取胜诉而竞相贿赂，到阁下执政结束时，郑国也就濒临败亡了。据我所知，一个国家将要灭亡时，法令必然繁多，这也许正是对今天的郑国而言的吧！”

他的言论与后来孔子所持的反对意见如出一辙。孔子说：“民心全在刑鼎上，怎么还会有上下尊卑之分呢？朝野上下没有贵贱之分，又怎么治理国家呢？”要知道在此之前，只是贵族阶级的习惯法，也即所谓“礼”，而铸刑书以后，则是成文法。“刑不上大夫，礼不下庶人”是天经地义的事，即礼只施用于贵族阶级，刑（即体罚）则施用于平民、奴隶。尽管这些革新措施遭到了旧贵族保守势力的反对，但子产始终坚定不渝地进行改革。

子产“铸刑书”及刑法公布于众的思想对当世和后世都产生了很大的影响。继他之后，顽固反对成文法的叔向所在的晋国也于公元前513年，由大夫赵鞅“铸刑鼎”，将范宣子所作刑书公之于众。到战国时期，各国在变法改革中都普遍制定了维护封建秩序的法律，并公布于众。此后，刑法公布，逐渐成为我国古代社会各王朝沿袭的法制传统。

○ 在大国的夹缝中谋生存

子产始终从国家利益为重，执行“善事大国”的外交策略，在与大国的交往中，他始终不失国格与尊严，由于子产对周边各国的形势了如指掌，子产面对外交争端能够作出正确判断，以为郑国争取最大的权益。可以说，子产是不幸生活在小国里的一位大政治家。

公元前551年，晋平公以盟主的身份命令郑简公到晋国朝见，简公派子产前往。晋平公厉声责问子产：“郑国为什么要服从于楚国？”子产临危不惧，面对晋国君臣发表了一通声情并茂的演说，称自晋悼公以来，郑国与晋国关系友好，虽然有时不能不服从于楚，那也是因为晋国没有尽到保护郑国的责任。他接着严肃地指出：“假如贵国能安定敝国，敝国自然会早晚听从，根本就无须贵国来通知敝国朝贡；假如贵国不体谅敝国的困难，只是表面上说一些好听的话，那敝国自然不会接受贵国的命令，而且会断绝邦交而成为仇敌。”子产义正词严的演说使晋平公自知理屈，再也不责备郑国了。于是，晋、郑两国重归于好。

两年后，范宣子掌握了晋国政权，就把附从晋国的各诸侯国朝贡数字增加，因而惹起郑国的不满。子产连夜奋笔疾书，写信给范宣子，劝他减轻盟国对盟主纳币的负担。这是一篇著名的外交文件。信中说：

"据我所知，君子治理国家，所担心的并非缺乏财货，而是忧虑没有好的声誉。假如把诸侯的财货都集中到晋的国库，那么诸侯就会对晋国产生二心；假如阁下也如此自私自利，那么晋国人就会对阁下产生二心……名誉是道德的基础，而道德是国家的基础，国家有了道德基础就不会败亡，阁下为什么不努力树立名誉呢？有好的品德内心就会快乐，内心快乐就会长久安定。……假如心存仁道来培养自己的品德，那么美名自然会传布天下。远地方的人会因此仰慕而来，近地方的人也会获得安宁。但愿能听到人民在赞美阁下，阁下实在是造福人民的恩人，而不愿听到人民说阁下夺取了他们的财物而据为私有。"

范宣子得信后，深为子产的言辞所折服，既高兴又担心，不得不减轻诸侯贡物的负担。这封信中，子产的外交辞令虽很委婉，却绵里藏针，以小见大，以理服人，把纳贡的利害关系讲得很透彻，从而完好地实现了郑国的外交目标，也在一定程度上提高了郑国的地位和子产的声望。

由于吴国的强盛，吴国与楚国在江淮一带不断发生战争。楚国疲于奔命，加之晋国从中进行挑拨离间，自楚平王以后，已经无力经营北方了，因而郑国在外交上渐渐倾向于晋，并为了晋国攻伐陈、蔡、许等从楚的小国。公元前548年，郑国几乎将陈国完全消灭，此次行动原是为了讨得盟主晋国的欢心，所以子产待战争结束，便立刻去向晋国报捷。大概是晋怕郑强大的缘故，子产初到，晋侯就诘问子产为什么要侵略小国。子产则毫不含糊地反问："现在大国多到拥有方圆五六千里土地，假如大国根本不侵略小国，它的国土怎么会有如此之大呢？"

公元前547年，楚康王为了替许国报仇，起兵讨伐郑国。大祸将临，郑国群臣都主张抵抗。子产却对郑侯说："如今晋楚两国就要达成和议了，各诸侯国以后也得和平相处，楚王只是出于一时冲动才兴兵的，因此我们不如使他得逞而归，如此反倒容易促成晋楚两国的和平。"子展闻言有理，于是采纳了子产的意见。后来，楚国军队在郑国耀武扬威了一番，便班师而归了。郑国没有抵抗，也没有导致战争。

公元前529年，晋国在平丘会盟，以确立霸主地位，当时有不少诸侯国甚至周天子也派人参加。子产和子大叔陪郑定公参加了此次会盟。会上发生了贡献数目的争论，子产认为贡赋的分配应按照各诸侯爵位高低而有不同，郑国只是相当于男爵的诸侯，不应与公侯相等。他还略带诘难地说："晋国索取贡献的命令没有哪个月会不来的，对于贡赋毫无限度，小国一旦无力缴纳，就会得罪晋国。各诸侯所以要参加会盟，正是为了保全自己，求得和平。如果贡赋毫无限度，那小国的灭亡也就指日可待。"最后他异常尖锐地指出："小国是否会灭亡呢？这就要看此次会盟的结果了。"子产从中午一直争论到晚上，他的理直气壮，不能不使晋国考虑并最后接受了他的请求。

结盟之后，子大叔责怪子产说："若是你的话引起晋国的反感，一旦出兵攻打我国，那我们抵抗得了吗？"子产回答说："晋国政治纷乱，权力操纵在豪门手中，整天忙于内部的勾心斗角，哪还有闲暇来讨伐我们呢？更何况一个国家如果没有竞争意识，也会在无形中衰落下去，更不用谈什么国家势力了。"可见子产对于当时晋国六卿专政的情形是很清楚的，而且也强烈地体现了他始终以国家利益为重的爱国忠君思想。

晋国的韩宣子有一只玉环，另一只在郑国的商人那里。公元前526年，宣子出使郑国，他趁机要求子产给他配成一对。这本是韩宣子的私事，但郑国子大叔、子羽等都怕得罪了晋国，商量着要商人把玉环给他，但子产坚决不答应，并说："如果大国的人随便向小国发号施令，小国都是有求必应地满足他们的要求，而一旦他们贪得无厌，那到时候用什么来源源不断地供给他们呢？"他尖锐地指出，"韩宣子是奉命出使我国的，可他却私下里要求得玉环，那他的贪心可就太大了，这难道不是罪过吗？"后来韩宣子私下里向商人购买玉环，业已成交，子产仍然坚决阻止。他说，政府与商人世代订有盟约；商人不可以背弃政府，政府不强买商人的物品；政府对商人不奢望、不强夺，商人有什么畅销的宝物，政府也绝不加以干涉。他还严正地对韩宣子说："您为了一只玉环而向敝国提出要求，并且要敝国向商人强行购买，这等于是让敝国违背誓约，这种事我们怎么能做呢？您为了一只玉环而丧失一个诸侯，我想您是不会这么做的。"子产动之以情，晓之以理，终于说服了韩宣子，使他将玉环退了回去。后来宣子又在私下会见子产，并以宝玉和骏马相赠，说："您规劝我放弃那只玉环，也就等于是赐给了我金玉良言而免我一死，现在我又怎能不用玉和马来答谢您呢？"这样，子产不仅维护了郑国的尊严，而且还提高了郑国的威望。

2. 战国时期改革的先行者

○ 以公正之心荐才

李悝是战国时期政绩卓著的政治家。

李悝是由翟璜推荐才得到魏文侯重用的，两人因此关系特殊，而翟璜本人亦是一名非常优秀的人才。按常理，在魏文侯征求李悝意见时，李悝无论是从报答知遇之恩考虑，还是从有一个更强的政治盟友思索，都应推荐翟璜。

但李悝却出人意料地推荐了另一名竞争者魏成子。首先，这样做证明了李悝不结党，不营私，全心全意从魏国的政治需要考虑问题；其次，在魏文侯看来，李悝可能推荐对他有恩的翟璜，这就落入了俗套，超出魏文侯意料的答案给他以深刻的印象；最后，李悝举荐人才不唯亲，提升了自己在魏文侯心目中的地位，使他最终得到进一步的重用。

魏国攻灭中山国（今河北正定县东北），为了加强管理，魏文侯封太子击（即后来的魏武侯）为中山君。在翟璜推荐下，魏文侯也非常满意地命李悝出任中山国相国。到任后，李悝尽心尽力地辅佐太子，他走乡串户，了解民情，减轻徭役赋税，发展经济，健全法制，在较短时期内，中山国就走上了百姓安居乐业、社会稳定的正轨。太子击见李悝把国家治理得井井有条，非常高兴，便把李悝作为老师和朋友看待，经常向他请教治国之道。李悝也不推辞，倾其所学帮助太子。不久，太子击在向父王汇报中山情况的报告中，着实把李悝大大夸奖了一番。

几年后魏文侯派人把李悝召到宫中，想和他商量一件大事。魏文侯打算从翟璜和魏成子两人当中确定一人担任相国职务。由于两人都非常优秀，才干卓越，政绩突出，魏文侯一时拿不定主意，想起太子在报告中称赞李悝的种种言论，就想听听李悝的意见，让他帮忙出主意，李悝到魏都后，魏文侯让他坐下，把事情经过告诉了他，问道："请您告诉我，在他们两个人中，由谁担任相国最为合适呢？"李悝站起来推辞道："有道是地位卑下的人不应对地位尊贵的人说长道短，品头论足，关系疏远的人不便对关系亲近的人发表意见。论地位，我比他们二位低许多，论关系，我没有他们与您亲密。因此，不敢妄说。"

魏文侯见李悝有顾虑，再三恳切地说："我知道您博学多才，为人正直无私，今天是专门请您来商量此事的，您不必再谦让了。"李悝见魏文侯态度诚恳，这才说道："我在做子夏先生的学生时，先生曾讲过这样一个故事：一天，子贡向孔子请教道：'请问老师：在各诸侯国的大臣中，哪个最贤呢？'孔子不假思索地说：'齐国的鲍叔牙、郑国的子皮最贤。'子贡不解，追问道：'不对吧？齐国的管仲、郑国的子产才是最有名望的大臣呢！'孔子笑了，郑重地告诉子贡：'可是，我听说齐国的名相管仲是叔牙推荐的，郑国的重臣子产是子皮保举的。却没有听说管仲和子产向国君推荐过多少人啊！'子贡茅塞顿开，心领神会地说：'您的意思是说善于发现人才、全力推荐人才的人才是最贤的？'孔子意味深长地说：'不错。善于识别人才，是富有智慧的标志；虚心推重人才，是仁爱宽厚的表现；极力引荐人才，是利国利民的壮举。做到了这三点，还有什么样的人能够同他们相比呢？'很明显，先生讲这个故事的目的是要让我知道，只有全力推荐人才的人才是最能干的。根据先生所教，我认为，看一个人的优劣高低，可从五个方面入手：看他平时亲近什么样的人；富裕时，看他接济什么人；显贵时，看他举荐什么人；困窘时，看他干不干非礼的事；贫贱时，看他拿不拿不义之财。"魏文侯听了，赞赏地点了点头，说道："谢谢您的指教！我心中有数了。"

告别魏文侯，李悝刚回到住处，翟璜就前来打听消息："听说今天国君向您询问相国的人选，最后定的是谁呢？"李悝坦率地说："看来是魏成子。"

翟璜一直认为相国职位非自己莫属，一听说是魏成子，不禁有些气恼，质问李悝："请问：我哪一点不如魏成子？西河郡（今陕西东部黄河两岸地区）的太守吴起是谁推荐的？是我。使邺城（今河北临漳县西南）获得大治的西门豹是谁推荐的？是我。讨伐中山国的乐羊是谁推荐的？是我。拿下中山国以后，没有合适的人辅佐太子，又是谁把你推荐给了国君？还是我。国君要给太子选择师傅又是谁推荐了赵苍唐？也是我。我所推荐的这些人，哪个没有为国家做出过重要的贡献？请问：我哪一点比不上魏成子？我又有哪一点对不起你了？"

听罢翟璜连珠炮似的质问，李悝并没有动怒，他理解翟璜的心情，也很感激翟璜的推荐之恩。他等翟璜平静下来后反问道："您把我推荐给国君，难道是为了让我在国君面前替你要更高的官职吗？"翟璜不以为然，说道："我是这样的人吗？"李悝也知道他不是这种人，为了让他心服口服，李悝耐心地解释道："今天，国君把我叫去，问我在您与魏成子中，谁当相国最称职？我并没有正面回答他的问题，只是请他从平时、富裕时、显贵时、困窘时、贫贱时五个方面去观察和比较就行了，国君也很赞同我的看法。因此，我知道国君会让魏成子任相国。"

翟璜仍不服气，说道："就是从这五个方面比较，我也不比魏成子差。"李悝了解翟璜，知道他心直口快，只要说清楚了，他也就明白了。于是，李悝又进一步表明自己的看法："依我看，您比他差得太多了！魏成子的食禄是1000钟，自己只享用十分之一，其余的十分之九都用到为国家招聘人才上了。正因为这样，他才为国家赢得了子夏、田子方、段干木等高贤。对他们，国君把他们当成老师，尊敬他们，时常向他们求教，唯恐照顾不周。而您向国君推荐的那些人，包括我自己在内，国君是当成手下使用的。就凭这一点，您就比不上魏成子。"

翟璜不是一个毫不讲理的人，一明白事理，马上认错。他认为正如李悝所言，自己的确有不少方面比不上魏成子。他向李悝拜谢道："还是您的见解高明，都怨我平时孤陋寡闻，居功自傲，以至于错怪了您！"李悝也很佩服翟璜认错的勇气，两人自此成了好朋友。

○ 辅佐文侯，变法图强

李悝胸怀济世之才，得遇明君——魏文侯是他改革成功的先决条件。由于李悝谦虚大度，善于团结同僚，减小了变法的阻力，使得变法得以顺利进行。但改革有序，先经济而后政治、军事的正确原则是成功的重要因素。

李悝为相国，准备对魏国进行全面改革。魏文侯问李悝："我一心想使国家很快富强起来，也采取了一些措施，总觉得收效不大，您认为到底该怎么办才好呢？"李悝回答道："国家富强的路有千万条，但最根本的、首先要做的还是发展粮食生产。民以食为天，要让百姓吃饱，国家有余粮，就必须想法多打粮食。"魏文侯又问道："我正为这事焦急。如今人口增加了不少，可土地却没有增加，如何满足人们的衣食，如何提高产量，这些都是难以解决的问题，请问您有什么好的办法吗？"

李悝没有立即回答这些问题，而是谈起了自己微服私访的事："从国君您任命我当相国以来，我尽忠职守。为了了解民情，找到国家富强之法，我常常到民间私访，和百姓一起种地，一起耕田，听到不少议论。有的说徭役太重太急，弄得老百姓没有时间生产，有的说赋税太多，丰年都难维持温饱，更不用说荒年了。他们要求适当减轻徭役赋税，以便让他们有时间生产，能勉强维持生活。国君您看，他们要求不多，可我们却很少为他们着想。”停顿了一会儿，李悝转入正题，他为魏文侯算了笔账，“魏国的土地除山河、湖泊、荒原等以外，可耕种的土地有600多万亩。如果给种田人以适当的鼓励，让他们乐于耕种，把时间和精力投到土地上，精耕细作，每亩地至少可以增收3斗粮食，全国一季就可增产180万石。相反，如果挫伤了农民的积极性，每亩就不止减产3斗。就是以这个数字计算，全国每季就要少收180万石。一正一反，相差360万石，更不用说徭役太重延误农时导致的减产了。”魏文侯听了连连点头。

李悝最后说道：“要使土地多产粮食，使国家富裕也并非难事，办法就是尽地力之效。这包括两个方面：其一，鼓励农民勤劳耕作，适当减轻徭役和赋税，给他们合适的利益，鼓励他们在原有土地上精耕细作，提高产量。再让他们开垦荒地，田间道旁的土地也利用起来，这样，土地的耕种面积还会扩大，增产粮食自然不在话下。其二，综合利用。鉴于我国粮食作物比较单一和欠收、缺粮的形势，我认为，一方面应引导农民根据不同的地势和土壤，选择不同的作物，将麦子、豆子，谷子等兼种、套种，充分利用地力；另外，能种瓜的种瓜，会栽桑的种桑，善植麻的种麻，真正做到人尽其才、地尽其力。”

魏文侯越听越有理，深表嘉许，果断决定让李悝全权负责国内的农业经济改革。李悝不负重托，立即着手起草文告，颁布国内各地，实行农业改革。为了增强改革实效，他经常亲率官员驱车奔行于各地农村基层，进行督导、检查。几年下来，国内粮食产量逐年递增，农民过上了比较安定的生活，国库的收入也大大提高。在改革过程中，李悝发现了一个问题，即粮食价格对农民生产积极性有很大影响。粮食多了，粮价太低，使农民的积极性逐渐消失。用粮的也不爱惜粮食，粮食产量又下降了。遇到荒年、饥年，粮价昂贵，一般百姓买不起，没有粮食吃，只得四处流浪。于是，李悝又奏请魏文侯，实行“平籴法”，即把丰年和饥年各分三等：丰年分大熟、中熟、小熟；饥年分大饥、中饥、小饥。按照年成好坏，确定应纳税额和农民自留粮的数额，然后由国家平价收购。到荒年饥年时，再由国家平价卖出。这样，好年景粮食大丰收，也不会再出现粮贱伤农的情况；遇到水旱灾荒的年头，也不致粮价昂贵，百姓买不起粮食。由于国家平价收购卖出，市场上粮价一直稳定，百姓不饥不寒，生活安定，国家赋税收入也有了相应保证。

在李悝的操持下，魏国实行“尽地力之效”和“平籴法”长达10年之久，魏国人民果然日益富裕。老百姓纷纷称赞魏文侯用人有方，称李悝是位好“管家”。

在实行经济改革的同时，李悝为了招徕四方人才，又大刀阔斧地进行政治改革。针对世袭禄位制度的种种弊端，李悝干脆废除了这种制度，推行“食有劳，禄有力，使有能，赏必行，罪必当”等一系列措施，按功劳大小，对国家贡献多少授予职位和爵禄。具体规定：不论贵族还是平民，只要有治国安邦的才能，都可以在朝廷做官，领到应得的俸禄；不论什么人，一律按照功劳大小安排职务；官员各司其职，有功者赏，有罪者罚，不准徇私；凡无功而又作威作福者，即使是贵族也必须取消其爵位和俸禄，由于执行了公允、平等和奖惩分明的原则，李悝的政治改革获得了巨大成功，不仅提高了国家机构的办事效率和人员素质，还极大地吸纳了各方人才，调动了举国上下励精图治的积极性。

李悝并不就此止步，为了保证改革的顺利进行和维护改革成果，又在法律领域大展拳脚。他根据魏国的具体情况，参照以往的律令，吸收了各国法令中可取的部分，制定了一部新法典，即《法经》。这是我国第一部比较完整的成文法典。其内容分《盗法》、《贼法》、《囚法》、《捕法》、《杂法》、《具法》六部分。头两篇是《盗法》和《贼法》，分别对“盗”、“贼”的含义作了具体规定；《囚法》和《捕法》具体规定了惩治“盗”、“贼”的各种办法；《杂法》是关于盗取兵符、官印以及贪污等违法行为的惩治规定；《具法》是对量刑轻重的诸项规定。这部法典颁布实施后，对维护国家秩序起了重要作用。后来，这部《法经》被李悝的学生商鞅带到秦国，对秦国变法产生了重大影响。由于这部法典充分反映和代表了统治阶级的意志，从而成为后来历代封建统治者奉行的法典蓝本。

李悝深知，一个国家要富强，在各国中生存发展甚至称霸，仅发展经济、改良政治是不够的，还必须建立一支强大的军队。眼见魏国军力不强、将士素质不高，李悝想进行改革，但自己在这方面并不在行，怎么办呢？李悝忽然眼睛一亮，何不请吴起帮忙呢？这位卫国出生的年轻人有雄才大略，尤其擅长打仗。记得当年他来魏国时，自己还曾助他一臂之力。当时，魏文侯问自己吴起如何，自己极力推荐道：“吴起这个人虽然贪名好色，但在用兵方面，即使大军事家司马穰苴也比不上他。”魏文侯遂用他为大将，派他攻打秦国。吴起不负众望，很快就攻下了5座城市。由于战功卓著，吴起后来又经翟璜推荐担任了西河太守。想到这里，李悝不禁笑了。于是，他派人找来吴起，共商军事改革的大事。在吴起的帮助下，李悝的军事改革又在魏国拉开了帷幕。

李悝的军事改革，除注重改善官兵关系外，其目的就是建立一支能征善战的常备军。为此，李悝对军士制定了严格的挑选标准：身穿三甲（上身甲、股甲、胫甲），肩负12石之弓，带50支箭，扛长矛、头戴盔甲，佩剑，备3天的粮食，半天行走100里。一旦选中，待遇也非常优厚，免除全家徭役，奖给田宅，这对于调动将士的战斗积极性起了重大作用。短短几年内，魏军战斗力大大增强，各国一时不敢与之争锋。

3. 变法强一国而害一身

○ 变法未启，舆论先行

商鞅是战国时期秦国的改革家，他的改革不仅对当时的秦国，对整个的中国历史都有着深远的影响。

商鞅变法之所以效益显著，影响深远，就是因为准备充分，计划周密，贯彻有力，事前广泛的舆论准备起到了重要作用。

为使变法顺利进行，商鞅进行了广泛的思想舆论准备。

当时，在秦国大张旗鼓进行改革并非易事。守旧势力相当强大，他们唯恐变法损害自己的既得利益，极力反对变法。秦孝公对自上而下的变法能否行得通也有所顾虑，决定就变法问题进行辩论。以商鞅为代表的变法派同以甘龙、杜挚为代表的反对派，展开了激烈的争论。

商鞅认为："行动犹豫不决，就不会有成就；办事疑神疑鬼，就不会有效率。有非凡作为的人，本来就会受到世俗的非难；有独到见解的人，一定会受到人们的诽谤。愚蠢的人，对已经发生的事情还不能理解；聪明的人，却能事先发现苗头。所以，只要能使国家富强，就不必沿用旧制；只要有利于百姓，就不必遵守陈规。”商鞅再三强调治理国家要从实际出发，要锐意改革，不要因循守旧。

大臣甘龙反对说：“非也，圣人教民，不改变他们的旧俗；智者治国，不改变旧制。按老办法治国，官吏熟悉，百姓也安心。”

商鞅驳斥道：“三代不同礼制，但都称王；五霸实行不同的法制，但都称霸。智者立法，愚者只知道受法的限制；贤者敢于更变礼制，不肖之徒只会拘泥于礼法，守旧者是不配讨论改革的。”

大臣杜挚见甘龙无言以对，跳出来叫道：“学习古法，不会有过错；循着旧礼去做，不会走邪道。”

商鞅轻蔑地看了他一眼，说道：“治理国家没有一成不变的办法，只要有利于国家，就不必按古法办事。商汤、周武不是因为照古法办事而成王；夏桀、殷纣也不是因为改变礼制而亡国。”

经过辩论，秦孝公的顾虑完全被消除了，他说：“商鞅说得对，魏国强大，就是因为有李悝和吴起改革。从现在开始，秦国也走改革的路子。变法的事，全由他主持办理。谁违抗了他，就是违抗了我！”这样，变法便作为治国方针正式确定下来。他任命商鞅为左庶长，领导变法。

统一了统治集团内部的意见后，商鞅还希望国民了解朝廷变法的决心，使他们都知道国家更革旧章，实行新制是有令必行，说到做到的。那么，欲达此目的，应如何做呢？商鞅左思右想，终于想出了一个取信于民的好办法。

在新法公布之前，商鞅为了树立赏罚有信的形象，派人在国都市的南门树起一根三丈长的木杆，并在旁边挂了一幅布告：谁能把这根木杆扛到北门口，赏予十金。消息传开，来看热闹的人越围越多，大家都窃窃私议，疑惑不解，不大相信谁扛木杆后就真会得到奖金，因此没有一个人动手扛。隔了一个晌午，木杆还是矗立在南门口。后来，布告上的“赏予十金”又改成了“赏予五十金”。大家更觉奇怪了，终于人丛中走出一个大汉，抱着试探的心理，把木杆送到了北门口。守门的官吏果然赏给了他五十金。这件事，很快在秦国传开了，大家都知道商鞅执法如山，说一不二。

通过这些活动，秦国上下都对变法有了进一步的了解。为商鞅变法的实施打下了思想基础。

○ 奖励耕织，军功授爵

商鞅把农战政策看做是实现国富兵强的唯一政策。在当时列国争霸的局面下，这是符合实际情况的。

公元前356年，商鞅正式开始变法。

为了发展农业生产，新法规定：生产粮食、布帛产量高于一般者，免除劳役和赋税，经营工商业或游手好闲而贫穷的人，则全家罚做官奴。鼓励其他诸侯国的流民到秦国开荒，拨给土地、房宅，三代免服劳役和兵役，只缴纳粮草。为了刺激生产，最大限度发挥劳动力的作用，还规定兄弟成年必须分家，各立门户，否则罚缴双倍赋税。

为了提高秦军的战斗力，商鞅否定世卿世禄制度，建立新的军功爵制度。新法规定：凡是没有为国家建立军功的旧贵族，不能列入宗室贵族的属籍，不得继续享受贵族特权，不得无功受禄；还规定重赏军功之士，军功的大小，不论出身，以在前线斩杀敌人的多少来计算，官爵按军功大小授给。斩敌人甲士首级一颗的赏给爵一级，田一顷，宅九亩，庶子一人。杀敌越多，赏赐越厚。商鞅还根据“劳大者其禄厚，劳多者其爵尊”的原则，建立了一套新的军功爵制，军功爵位共有二十级，最低的一级为“公士”，最高的一级为“彻侯”。根据爵位高低授予种种封建特权，包括占有耕地、住宅、服劳役的“庶子”、臣妾、衣服、车马以及相应的官职等等，如“斩五甲首而隶五家”，也就是说，杀死五个敌方甲士的就可以役使五家；将领若立功，除赏赐大量田宅外，还给予封邑。

赐爵制在战国已普遍实行，但集大成者是商鞅的变法后实行的“二十等爵制”。商鞅的军功爵制，使“有功者显荣，无功者虽富无所芬华”，人的政治地位、官职要由军功来决定，这对旧贵族无疑是个沉重打击。按照军功赐田赏爵选官的办法，激发了士兵的攻战热情，同时也出现了大批的军功官吏和地主，并在此基础上建立起一种新的等级制度和官僚制度。在商鞅的军功爵制下，官与爵基本一致，两者紧密联系在一起。

○ 废除井田，土地私有

商鞅变法是一场深刻的社会变革，具有划时代的历史意义，他废井田、开阡陌，推行一家一户的个体经济，从而在经济领域实现了封建制取代奴隶制的根本变革，有力地促进了秦国封建经济的长足发展，使秦国很快成为富强的封建国家。

农民的土地问题，是历朝历代统治者所面临的头等大事。解决的好，则国泰民安；解决不好，则有可能激起民变。商鞅采用授田制，使作为生产者的农民私人占有国家重新分配的土地，这使农民对国家更加忠诚，也使农民从自身的经济利益出发，为国家创造出更多的财富。封建社会的生产关系也逐步建立起来。

秦国在商鞅变法前，井田制已经开始瓦解，公元前408年，秦简公实行“初税禾”，即根据土地面积征收租税。献公即位后，又进行一系列改革。加速了秦国封建化进程。

商鞅为了强国利民，在上述改革的基础上，在秦国进行了比较彻底的封建制的改革。他以法令的形式，宣布“为田开阡陌封疆而赋税平”，彻底废除井田制，具体做法是：把原来井田制下大田和份地间的田界即阡陌封疆统统破除，土地收归国有，国家政府再按一夫百亩的标准将土地授予农民；授定之后，重新设置田界，即阡陌封疆，不许私自移动。当然，一夫百亩是国家制定征税数量的标准亩积，由于不同地区的土地质量差别很大，为了使财力均平，政府在分配土地时，对恶田者则加倍或再倍授予，又土地数量调节土地质量所导致的产量差别。

商鞅的“开阡陌封疆”，宣布旧的田界一概作废无效，从根本上剥夺了奴隶主的土地所有权。土地收归国有，由国家根据新的办法来重新分配土地，授予农民。其意义不仅在于铲除了井田制的旧形式，本质问题是，它标志着旧的经济基础和与之相应的生产关系的全面崩溃，封建制度的经济基础和与之相应的新的生产关系在法律上的正式确认。在授田制下，土地所有权属于国家，受田者只有占有权、使用权，而无所有权。但是由于授田基本上是一次性的，各家受田后不再定期重新分配而且国家只授不还，耕者对土地有终身的世袭的占有权，要以父子相传，这实际上是土地私人长期占有。就土地制度的发展规律来看，土地一旦为私人长期占有，其结果必然导致土地私有。因此，商鞅的授田制最终发展趋势是土地私有化。秦始皇统一全国后，“令黔首自实田”，宣告了商鞅制定的授田制的结束。

同时，商鞅“制土分民”，实行授田制，将土地一份一份地分给受田农民，这样，原来的国人、野人的政治、经济差别已不复存在，他们统统成为编户齐民，成为依附于国家的授田农民；他们原本为奴隶主提供的力役或实物，现在转而提供给封建国家了。因此，从这个意义上说，商鞅“坏井田”，实行授田制，促使了农民阶级的形成。

商鞅的“开阡陌封疆”适应了当时生产力发展的要求。井田制是以宽一步、长百步为亩，使用耒耜耕作。但到商鞅时代，牛耕或人力拉犁的做法日渐推广，而且用铁犁耕地，不像耒耜那样向后退着挖地，而是向前进着翻地，且又快又省力，这样，原来的百步为亩就不能适应当时的生产发展了。商鞅变法，破除原来的百步为亩的旧阡陌，重新开拓为160步的大亩，建立新的田界系统、新的阡陌，这无疑十分便于犁耕，便于生产。

商鞅的“为田开阡陌封疆”是与“赋税平”相应的。国家授田时，以官方亩产量为基数，定出税收额，不管年景好坏、耕与不耕、收与不收，都要以百亩计如数交纳。据《秦律·田律》可知，农民于交纳粮食作为主要的地税的同时，还要交刍稿之税，还要征收口赋。按照授田数量（一顷，即100亩），收刍三石（1石约为60公斤）、稿二石。《秦律》虽写于商鞅之后，但与商鞅之法有历史的继承性，土地国有制下的授田制及其地租形态基本上是沿袭商鞅时的。这种税收有调动劳动者的生产积极性、督促农民耕作、不使其荒废土地的积极意义。

○ 铁血护法，镇压不从

改革是革故鼎新，新旧势力之间的反复较量是必不可免的，只有满怀必胜信心和具有献身精神的勇士，才能不畏艰险，不怕牺牲，夺取最后的胜利。

商鞅为使变法成功，采取高压手段对待反对变法之人。但他排斥异己是为公而不是为私，是为了变法大业而非为了个人谋利。宁毁自己一人而成就秦国之强盛，从这一点上来看，商鞅是一个“身无二虑，尽公不顾私”，为了事业而能奉献一切的人。我们敬佩他一心为公的职业道德，我们惊叹他不屈不挠的斗争精神，我们也惋惜他最终功成身死的悲惨结局。商鞅为事业而无所顾忌，最终，虽个人难逃厄运，但他的思想魅力和强秦之功却对中华大地产生深远影响。

为了改革成功，商鞅不顾个人安危，与反对派进行了不懈斗争。

变法之初，仅首都反对变法的人就达数千，太子犯法更是最高层次的最有威胁性的犯罪。太子驷有两个老师，一个叫公子虔，一个叫公孙贾，这两个人也是贵族。由于商鞅的变法自然也触及到他们的利益，这两人对此早已耿耿于怀。“小不忍则乱大谋”，便把希望寄托在太子身上，天天在太子面前说商鞅的坏话。特别是说到商鞅大权在握，正在收买民心、图谋不轨时，太子感到自己将来的国君地位受到了威胁。在两位老师的怂恿下，经过深思熟虑，太子把所见所闻归纳了一遍，于公元前350年在秦孝公面前狠狠地告了商鞅一状。于是，太子出面攻击新法，要求秦孝公处置商鞅的举动，顿时，在朝廷引起大哗。秦孝公听了太子的批评后，十分恼火，把儿子训斥了一顿，然后交给商鞅依法处治。

大良造府，灯火通明。商鞅时而在案几前踱步，时而伏案深思：太子犯法，按法律应当腰斩。可是，太子是储君，是未来的大王。哪有臣下治大王罪的道理。可是，如果这次不处理，将来谁都攻击新法，非但朝廷的威信会一落千丈，新法也有夭折的危险。商鞅明白，这是对能否坚持变法、在人民中树立威信的严峻考验！如果“王子犯法”不能“与民同罪”，那谈何变法？谈何威信？更谈何富国强兵、成就霸业？思来想去，商鞅决定执行法令。但考虑到犯法者身为太子，是国君的继承人，不能负法律责任，所以下令将公子虔处以杖刑，公孙贾黥面，以示天下。这虽然并未做到王子犯法与庶民同罪，但至少打破了奴隶制时代的那种“刑不上大夫”的旧礼制，受到百姓的称赞，使新法在秦国得到普遍推行，人人遵法守纪，甚至“妇人婴儿皆言商君之法”。可见变法之彻底和深入人心。后来，公子虔又一次犯法，商鞅毫不留情地依法割掉了他的鼻子。

为了使变法能得到切实的贯彻，商鞅严刑峻法：“步过六尺者有罚，弃灰于道者被刑”。一次在渭河边就处决囚犯700余人，“渭水尽赤”，这虽然是激烈的高压政策，但也正是商鞅毫无顾忌的表现。

一次，有个名叫赵良的贵族来见商鞅，商鞅问他：“您看我治秦国，与百里奚相比怎样？”赵良说：“恕我直言。五段大夫（百里奚）原是楚国的普通人，秦穆公提拔他任显职，秦国没有人能比得上他。他任秦相六七年，三度帮助晋国立君，一次救助楚国。在任相期间，他出门不坐车，天热也不张篷遮凉。他在城内巡视时，后面没有随从车辆，也没有人带着兵器保护。他去世时，秦国男女老少无不痛哭流涕，孩子停止唱歌，舂米的不哼歌谣。现在您出任相国，施行法令，凌辱宗室，伤害百姓。公子虔因太子犯法受刑，闭门不出已有八年。您又杀了祝懽，刺了公孙贾的面。您每次出门一大串卫队在后面押阵，雄壮武士在左右保卫。侍卫人员全副武装，箭在弦，刀出鞘，如临大敌。《书经》上说：‘恃德者昌，恃力者亡。’您不是以德行治国，您的处境危如朝露，霎时就会化为乌有。一旦秦王去世，秦国要想害你的，恐怕不是少数人啊！”赵良的这段话显然是站在反改革的宗室贵戚立场上说的，的确反映了商鞅的危险处境，但商鞅并未理会，而是义无反顾地继续变法。正是这种不妥协、大无畏的斗争精神使改革克服重重阻力得以顺利进行。

4. 秦始皇的开创性贡献

○ 不能不说的第一次大统

从公元前771年到公元前221年，诸雄列国混战的500多年的春秋战国时代到秦王嬴政这里戛然而止。从历史的角度无论如何评价这一次大一统的意义都不过分，因为从此开始，“合”成了中国历史的旋律。

嬴政作为一位伟大的帝王，不仅因为他留给我们的若干个第一，还在他统一六国的过程。

秦国到嬴政继承王位时，无论在经济力量、军事力量还是地理形势上，都具备了统一关东六国的条件。而且为了加快统一步伐，嬴政发扬先王雄风，礼贤下士，搜罗人才，重用尉缭和李斯，任用王翦、王贲父子和蒙武、蒙恬父子为将，重新部署了对付六国的战略和策略，开始了消灭六国的统一战争。

六国中韩最弱，又地处中原，是秦首当其冲消灭的对象，公元前231年，秦攻韩，韩派韩非出使秦国，韩非入秦后遇害。公元234年，韩王将南阳地献给秦国。然而韩国的委曲求全并未能换来秦王的怜悯。公元前230年，秦王派内吏腾攻韩，俘虏韩王安，占领了韩国的全部土地。

公元前247年，秦攻取赵国晋阳。之后，连续攻赵，夺取多座城池。赵派将军李牧在肥（今河北石家庄东南）迎战，秦军败退。公元前232年，秦王再次发兵攻赵，李牧率领军队将其击退。公元前229年，秦大举攻赵，王翦率上党兵，攻下井陉，并包围邯郸，赵派大将军李牧、将军司马尚抵御。秦用离间计，赵王诛杀李牧。秦军攻克邯郸，俘获赵王迁，赵国亡。

公元前244年，秦军攻魏。攻占燕、虚、长平、雍丘等二十余城。公元前231年，魏妥协，献地于秦。公元前225年，秦将王贲攻魏，引河水灌魏都大梁，大梁城坏，魏王投降，魏国灭亡。

秦灭韩、赵、魏后，秦王命王贲率军队攻楚，攻占10余城后。秦王又派李信、蒙恬率兵20万攻楚。秦军先胜后败。楚人追秦军三日三夜，大破李信军，杀死七个都尉，秦军败退。

秦王又派老将王翦为将，出兵60万攻楚。楚人得知秦兵到来，用国中强兵抵御，王翦坚持不肯战，无论楚兵怎样挑衅，都不出兵，命令兵卒休息，每天款待美食。楚见秦军不迎战，向东撤退。王翦趁机率军追击，大破楚军，追至蕲南，杀楚将军项燕，楚兵败退。秦乘胜追击，掳获楚王负当，楚国灭亡。

公元前227年，秦攻燕。燕太子丹的师傅鞠武主张联合诸侯共同抗秦。太子丹认为这是远水救不了近火，派荆轲去刺杀秦王，想以此挽救自己的灭亡，荆轲没有成功，反而激怒了秦国，加速对燕进攻。公元前226年，秦军攻入燕都蓟（今北京市），燕杀太子丹谢罪。燕王喜迁都辽东。

公元前222年，秦派王贲为将，率兵攻燕辽东，俘获燕王喜，灭燕国。

公元前221年，秦王命王贲率军从燕南下攻齐，几乎没有遇到什么抵抗，就攻进了齐都城临淄，齐王建投降，齐国灭国。

至此，诸侯割据称雄的时代结束，嬴政只用了十年时间，一举消灭了东方六国，完成了统一，建立了我国历史上第一个统一的封建王朝——秦朝，成为天下之主。

秦统一六国战争的胜利，是由于秦国在战争中战略战术运用得当。秦王政在位时期，国力富强，有足够的人力物力供应战争，在战略上处于进攻态势，势如破竹，摧枯拉朽，相继灭掉诸国。在战术上，秦执行了由近及远、先弱后强的方针，首先灭掉了毗邻的弱国韩赵，然后中央突破，攻燕灭魏，解除了北方的后顾之忧，最后消灭两翼的强敌齐楚。秦国运用策略正确，根据具体情况灵活机动，赵有机可乘则先攻赵，韩可攻则灭韩。灭楚战役是在检讨了攻楚失策后，根据楚国实力集中优势兵力攻楚而取胜的。攻打齐国则避实就虚，出奇制胜。秦政发动这场战争的目的非常明确，意志非常坚定，所以他不为六国割地献城而满足，也不因战场上受挫而退缩。有了这种战略与战术的完美结合才有了一统天下的局面。

○ 一个全新的皇权模式的创立

秦始皇统一全国后，如何治理这个偌大的国家，成为摆在他面前的头等大事。

由于全国大一统古所未有，所以没有现成的经验可以参考。在确立了皇权至高无上后，秦始皇根据治理统一国家的需要，否决了实行周朝分封制的建议，而是采取李斯以郡县治天下的主张。这套行政制度起到了层层控制、权力向上集中的作用，从朝廷到地方，从郡县到乡里，构成了一张庞大的统治网，最后集中到朝廷，再通过朝廷集中于皇帝手中，真正实现了“普天之下，莫非王土；率土之滨，莫非王臣”的政治局面。这对促进国家统一、中央集权和君主专制都起到了重大作用。秦始皇通过宝塔式结构的官僚机构，来治理大一统的封建王朝，完成了皇帝集中国家一切大权成为中国封建社会专制独裁的政治制度。它直接孕育了中国两千年传统文化中皇权的正统观念，影响深远。

秦统一是划时代的大事。面对一切从头开始的新事业，秦王再次展示了自己的雄才大略和高超的政治家的才干。秦统一后，秦王嬴政在原来政权机构的基础上，建立起了一整套从中央到地方的严密的统治机构和封建的专制主义制度。他所创立的各种典章制度，在这之后的2000多年的封建社会中都被各代王朝沿袭发展下来。

开创皇帝及三公九卿制。全国大统一古所未有，秦王自认为“德高三皇，功高五帝”，因而取两者之尊称“皇帝”。他是中国第一个皇帝，嬴政称“始皇帝”，并安排好“后世以计数”，称为“二世，三世，直至万世，传之无穷”。皇帝自称“朕”，其命令定为“制”，下达的文书称“诏”，皇印称“玺”。从此，他头戴“外黑内红”的天冠，身着玄衣绛裳，独掌了全国的军政财文一切大权。皇帝之下设三公，即丞相、太尉、御史大夫，佐助皇帝处理政务。丞相有左右两相，为百官之首，总揽政务；太尉管军；御史大夫掌图籍秘书，监察中宫。三公之下设廷尉、奉常、郎中令、卫尉、太仆、典客、少客、宗正、治粟内史等九位上卿，分管各行政务，他们与三公组成中央政府。三公九卿之官，全归皇帝任免调动，不世袭。

地方实行郡县制。秦统一后，就如何巩固对六国地区的统治，在朝廷内曾展开一场争论。秦始皇最后同意了李斯的意见。李斯说：“天下人都苦于战斗不休，就是因为有了侯王。如今天下初定，再来建立许多封国，就是种下战争的根苗。”于是，秦始皇下令在全国实行郡县制，分天下为36郡，后来又增至40余郡。郡下设县，县下设里、亭。郡设郡守，县设县令，乡有三老，里有里正，亭长管治安。从中央到地方，形成了严密的统治体系。郡县长官定期向中央述职，中央则通过“上计”考核地方官。峄山（今山东邹县）第一刻石辞云：“追念乱世，分土建邦，以开争理；乃今皇帝一家天下，兵不复起。”

颁布封建法典《秦律》。它是一部较完整的国家大法，从人到畜，从生产到生活，从思想到行动都有规定，要求臣民无条件地遵守，违者依法惩处。此外，从秦始皇始，通过祭天拜物达到皇权神化的目的。封禅的举行，也象征着国家兴旺，政权稳定，它为后世君主所仿效。

这套专制主义中央集权的封建制度，无疑是地主阶级对广大农民专政的工具。但是，它却对巩固和维护国家的统一，起了有利作用，促进了生产力的发展。

○ 彪炳史册的“三同政策”

为了巩固新建立的，统一的封建王朝，秦始皇在全国推行了“三同政策”，即书同文，车同轨，行同伦。

战国时，文字的形体非常紊乱，各国文字不统一，不但字体不同，同一个字所采用的声符、形符也都有很大差异。秦统一六国后，“文字异形”给政令的推行和文化的交流造成严重障碍。因此，秦始皇下令以秦文小篆在全国统一推行。各级政权机关上下行文，官员来往，都以小篆文字为标准。秦始皇还指示丞相李斯、中车府令赵高、太史令胡母敬分别编纂《仓颉篇》、《爰历篇》、《博学篇》等三部启蒙教材，教材用小篆书写，作为标准文字范本。后来经过初步简化的小篆也还嫌难于书写而不太适应需要，在实践中又产生了更为简化的字体即所谓“秦隶”。这种书体在民间流行甚早。据说在秦统一后，有一个因犯罪被监禁的官吏程邈总结了群众的创造，向秦始皇奏上“隶书”这一新字体，得到秦始皇的赞许，被作为秦书八体之一。

随后，秦始皇又下令统一货币和度量衡。秦下令废除秦以外六国的刀、布、钱等货币，统一以秦币。秦朝以黄金为上币，铜钱为下币，规定珠、玉、龟、贝、银、锡等物只作器饰珍藏，不能充作货币。金、铜货币成为通行全国的法定铸币。

秦始皇又用商鞅时制定的度量衡标准，来统一全国的度量衡。公元前221年，秦始皇颁布了统一度量衡的诏书。秦始皇还用法律规定了度量衡器误差的允许限度。他规定6尺为步，240步为亩。

在交通方面，秦始皇为了控制广阔的国土，特别是六国旧境，并便于政令军情的传送和商旅车货的往来，下令在全国各地修筑驰道。筑道工程以秦的都城咸阳为中心向各地辐射，东至燕齐（今京津地区及山东），南达吴、楚（今江苏与两湖地区），北抵九原（今内蒙古包头西北），西通陇西（今甘肃临洮），形成较为完整的交通网络，驰道宽50步，路基均用铁锤夯实。每隔3丈植松树一株，作为标志，驰道两旁辅以小径，为百姓行走之途。驰道修成之后，极大地方便了整个国家的陆路交通。

行同伦是指促进共同文化上的共同心理状态，整齐人伦关系的措施，贯穿于他五次出巡过程中。秦始皇在帝位12年，出巡郡县凡5次，目的在“以示强威，服海内，”并显示统一四海的功德。并在这一过程中，宣扬、整齐人伦关系。

秦始皇建立中央集权制度，实行“三同政策”有效地巩固了国家的统一。

秦始皇统一文字，“以法为教”，“以吏为师”，这是一统国家的必要措施，而统一货币，统一度量衡这两项改革都是我国有史以来的第一次，从此，布有标尺，物有定量，钱使一种，大大便利了经济的发展，长久分裂的各地，从此处于一个相同的经济文化环境中，加强了相互之间的联系和交流，是巩固国家统一的长远方针。秦始皇从社会经济文化的根本入手，推行统一的标准，从法治到道德使各地长久的处于中央统治下实现了真正的统一，从而这种同文同种、国家统一的价值取向从此成为中华民族国家与民族观念的主流。

5. 汉武大帝的文治武功

○ 一次文化思想上的大创举

当汉朝经过60余年的休养生息之后，出于集权中央的需要，汉武帝采取了“罢黜百家，独尊儒术”的政策，选择比较进取的儒学来代替黄老思想。为此，他在中央办太学，在地方郡国建学校，把儒学变为士人进入仕途的晋身阶梯，把人才统一到儒家思想中来，达到以思想上统一巩固政治上统一的目的。

汉武帝这种以官位引导的做法，使儒家思想成为日后两千多年中国封建社会的正统思想。知识分子均把儒学作为学问主流，其他学派因冷漠而衰微。思想统一的必然结果是思想的僵化，桎梏新生事物的发展和社会的进步，使得中国在数千年在思想领域上缺乏朝气和创新，造成中国封建社会持续了苦难艰辛的两千多年。

汉武帝登上历史舞台后做的第一件影响深远的大事，是尊崇儒学。这是武帝为实现政治抱负所奠定的思想基础，其实质是对政治指导思想作出新的选择和确定。从汉武帝以后，儒家思想成为我国古代社会的正统思想，一直经历近两千年而不衰。

秦朝灭亡之后，诸子百家学派非常活跃。汉初六七十年间，以“清静无为”为特点的黄老之说盛行全国，汉初统治者“反秦之弊”，希望以黄老的“无为”、“好静”作为手段，收到“民自化”、“民自正”、“民自富”、“民自朴”的效果。

汉初统治者为了寻求一条可靠的治国之道，实行清静无为的黄老政治，在当时国力比较虚弱，亟待恢复和发展生产的情况下是极为适宜的。国家经过60余年的休养生息，经济逐步繁荣昌盛，国力也已相当强大。到汉武帝继位，刘姓皇朝的统治已经巩固，社会经济有了新发展，无为而治的黄老思想，不仅给诸侯王和富贾豪强以扩张势力、为非作恶的机会，加剧了社会的两极分化，激化了阶级矛盾，而且不能适应统治阶级的要求，因而需要有一种新的思想学术出现，作为统治阶级的正统思想。主张加强中央集权，实现大一统的儒家思想便应运而出。

儒家思想和儒家学派曾被重创于秦始皇的“焚书坑儒”，汉初又逐渐抬头，到了景帝在位时期，已成为社会上一股重要的思想潮流和政治力量。汉武帝继位后，为了强化皇权，需要有一种进取精神较强的统治思想，来代替黄老“无为而治”的思想，而博大精深的儒学理论恰恰迎合了这种需求。儒学以“仁政”为核心的政治观和道德观，以及具有包含政治、哲学、教育、文学、伦理各方面内容丰富、包罗万象的特点，使得这一学说便于被统治阶级全面利用，尤其在升平时代控制人民，更具适应性。

建元元年冬十月（前140年），汉武帝招贤良对策，儒家学说代表人物董仲舒被召见，接受武帝策问。董仲舒在贤良对策中阐述了自己的理论，主要为：第一，罢黜百家，独尊儒术，统一思想。董仲舒在《天人三策》中系统提出了“罢黜百家，独尊儒术”的主张，认为如果“师异道，人异论，百家殊方”，就不利于统一。为巩固汉王朝的统一，应当尊崇儒家学术为唯一的指导理论，只有“罢黜百家，独尊儒术”，把天下之人的思想统一在儒家思想范畴之内，才能使法纪统一，人心统一，行动统一。

第二，强调大统一，加强中央集权。他认为，统一是国家的首要大事，这是天地的常道，古今的通议。并说“有天子在，诸侯不得专地，不得专封，不得专执……不得致天子之赋，不得适天子之贵”，为加强中央集权，“强干弱枝”，天子至尊，一统天下找到了理论根据。

第三，提倡“君权神授”。董仲舒在解释儒家学说时认为，皇权出于天命，神圣不可侵犯，因而皇帝的一切行动都体现了天的意志，各诸侯国不能各自为政，应该一切服从朝廷。这样，用神秘的色彩把皇权的合法性和永恒性固定下来，把道家的道统变成封建的法统。

第四，提倡儒家的仁政，同时强调法制，反对用严刑对待人民。主张“以教化为大务”的同时，又主张“正法度之宜”，强调利用法律维护专制统治。

董仲舒的这些主张，是从维护专制统治的长远利益而谋略的，这不仅有利于专制统治的长治久安，而且为汉武帝统一思想，集权中央，一统天下提供了充分的理论依据，因而被汉武帝采纳。从汉武帝以后，儒学居于独尊地位，成为此后整个汉代以至两千年封建社会统治人民的正统思想，

汉武帝为独尊儒术，使这种思想推而广之，接受了董仲舒的建议，兴办太学。可能在建元对策的当年就建立了太学，到了建元五年（前136年）春，又置《五经》博士，将博士制度与太学制度结合起来，进而确立以经术造士的教育制度。太学完全采用儒家五经为课程，教师聘请儒学博士担任。

元朔五年（前124年），武帝下《劝学诏》，命礼官劝学，把举遗风、兴礼学视为天下的首要任务。武帝还号召在郡国兴办地方学校，推广蜀守文翁在郡兴立地方学校的做法，“令天下郡国，皆立学校官”。这样，儒学成为士人进身阶梯，天下士人为进入仕途，纷纷统一到儒家思想中来，用儒学思想武装起来的人才成为封建专制中央集权最得力的拥护者。

汉武帝对董仲舒“罢黜百家，独尊儒术”的主张并未完全实施。尊儒兴学，他做了，而禁灭百家的极端主张，他没有采纳。在保证儒学的官方学术、政治主导思想的前提下，武帝在学术、思想领域走的是“悉延百端之学”的路子。除了学官独用儒家外，武帝没有排斥百家，禁止学术活动。前朝好其他学说的许多大臣，大都留任朝廷，有的还被重用。朝廷中有些公卿即使是以儒术见用的，也可兼治其他学说。对郡国及民间的其他学说活动，武帝并未明令取缔、禁止，任由其存在。

“博开艺能之路，悉延百端之学”是武帝继位后实行的学术文化政策，它表明

了武帝并不动用皇权强行推行和追求学术思想的大一统，而是在确定了儒家为主流、主导思想之后，不断按实际需要吸取诸子百家学为辅导，作为对自己政治主导思想的必要补充。

○ 一系列卓有成效的政治举措

人们对历史上的帝王常以“明君”、“昏君”名之，汉武帝应该算一个明君，因为他能选拔、重用能人，能解决父祖辈长期难以解决的老大难问题。

汉武帝即位后，年龄虽小，但颇有胆识，卓有才干。他为实现安邦定国的伟大抱负，一开始就十分注意发现人才，选拔人才，重用具有真才实学之士。建元元年（前140年）武帝怀着“任大而守重”的使命，下诏全国荐举“贤良方正”之士到朝廷接受策问，一次就由各地推荐上来100多位人才。据《汉书》记载，自建元元年至元封五年（前140年~前106年），朝廷大规模征召人才就有六次之多。这些人才，经过汉武帝面试或笔试，对那些确具真才实学的“贤良”、“文学”之士，不论出身贵贱，资历深浅，破格任命为将、相和其他重要职务。

儒家代表人物董仲舒从容以对，提出了颇有见解的治国安邦之策，轰动了朝野，深得武帝之心，使得儒家思想被确立为西汉中央集权王朝的正统思想。董仲舒亦被重用，先后任江都王和胶西王的国相，一直备受武帝的尊重。

主父偃出身贫寒，长期怀才不遇，到长安后直接向汉武帝上书九条，大显才能，使武帝颇有相见恨晚之感，遂任其为中大夫，一年连升四级。主父偃是后来“推恩令”政策的主要筹划者，为加强中央集权做出了贡献。西汉大臣公孙弘，少时家境贫寒，以牧为生。武帝召试贤良文学之士，他被选拔为博士，时年已60岁。后又升为御史大夫，封平津侯。当时的吴人朱买臣，家贫好学，妻子嫌他穷而改嫁了。后来他主动上书武帝言政，受到赏识，被破格录用，任中大夫，升主爵都尉，列为九卿之一。西汉将领韩安国，在平定吴楚之乱中表现出极大的才干，被武帝召为当地都尉兼大司农，后升为御史大夫，在抗击匈奴中发挥了重要作用。

此外，出使西南边陲安抚少数民族的大文学家司马相如、主爵都尉汲黯，西汉大史学家司马迁，在开拓东南、西北立下战功的唐蒙、庄助，从牧羊人中提拔的卜式，从商贾中提拔的桑弘羊等，都是汉武帝通过召贤选能、广开仕途涌现出来的西汉重要治国人才。由于武装立国等历史原因，武帝继位时，汉朝的显赫重官要职大都仍是军人贵族担任。为了改变这种局面，武帝通过一系列法令、措施，建立、健全了由察举、太学、征召以及公车上书等组成的以选拔文官为主的用人制度。

武帝在建元元年（前140年）全国范围召贤选能的基础上，于元光五年（前130年）、元封五年（前106年）多次诏郡国推举孝廉、贤良方正、秀才，明确规定凡各郡不举孝廉者罪。还下诏允许官民上书言政，凡属“有非常之功”的“非常之人”，均可破格任用。察举选官制在汉初已有贤良和孝廉二科，武帝增设了德行、学术和儒学、明习法令的法律人才、行政人员五科，元封五年（前106年）又增加茂材异国科。

在完善察举制的同时，汉武帝还建立了征召制，把那些具有才能不愿出仕的社会贤者、隐居高士、学者名流征召入朝，为朝廷服务。文学家枚乘、儒学大师申培等均在此列。“贤良对策”后，汉武帝接受董仲舒的建议，兴建太学，设五经博士。把教育与选官有机结合，定期向朝廷输送文官。

为加强中央集权，汉武帝采取“强干弱枝”的政策，削弱地方割据势力。

汉景帝时，经过平定吴楚七国之乱，各地封国受到很大削弱。但到汉武帝时，有些封国“连城数十，地方千里”，势力仍然不小。为继续削弱这些封国的权力，武帝采纳了主父偃的建议，于元朔二年（前127年）颁布“推恩令”，清除分封制。按“推恩令”规定，把原来只有长子袭爵的诸王国，改为可以分封其他子弟做侯国。新封的侯国不再受原王国管辖，直接由各地的郡县来管理。“推恩令”名义上是皇帝施以恩德，实际上是剥夺诸侯王的政治军事权力，缩小诸侯王的地盘，使之无法割据一方，对抗朝廷。经过一番推恩削藩，诸侯势力进一步衰弱，中央的集权统治得到加强。

此外，武帝为了加强中央集权制还利用种种借口剥夺诸侯王国的爵位。

元鼎五年（前112年），武帝于八月在高祖庙会见诸侯王时，因各诸侯王必须出资的助祭酬金成色不好，被武帝一次削去侯爵的就有106人。到了武帝太初年间，只剩下5人的侯爵。武帝末年，汉初以来所有的侯王，都被消除殆尽。

汉武帝在削弱诸侯王势力的同时，还着手打击地方豪强势力。汉初以来，地方豪强势力发展很快，武帝时，各地都出现了一批以强凌弱、以众暴寡、横行乡里的强宗豪右。为了抑制豪强的过度横行，汉武帝继续推行迁徙豪强的政策，把他们迁到关中，置于朝廷的控制之下，同时，允许严厉刚强、严格执法的官吏，杀戮豪强及党徒。河内太守王温舒就曾先后诛杀郡中豪强千余家，“大者至族，小者乃死”，没收全部家产，使得“郡中无犬吠之盗”。

设置十三部刺史也是汉武帝时政治上强干弱枝的重要制度。元封五年（前106年），汉武帝把全国划分为十三个监察区域，叫十三部（州），每部（州）设刺史一人，刺史每年秋天巡行所部郡国，“省察治状，黜陟能否，断治冤狱，以六条问事”。刺史不处理一般事务，而是按“六条”查问郡县，专职检查部属郡县里的豪强、郡守、国相等的违法和营私舞弊行为，经考察后向中央推荐优秀的地方长官，建议罢免恶劣的官吏。刺史位不高，秩六百石，但因出巡时代表朝廷，故“位卑而权重”。这一措施的施行，使地方豪强势力受到了遏制，社会趋于安定。

西汉初年所分封的诸王国国大民众，随着经济得到恢复和发展，财富日增，势力日强逐步形成割据状态。汉景帝时，诸王国势力发展到了同朝廷分庭抗礼的地步。由此，爆发了“七国之乱”。汉武帝对待王国问题没有像景帝那样直接削藩，而是以“推恩令”的形式将王国再分封，以大化小。再次分封的王国数目虽然增加，但每个王国的直属领地却大大缩小，无力对抗中央。诸侯势力因此削弱。此后，武帝又以酬金成色为由大力剥夺王爵，终于彻底解决王国问题。

纵观汉武帝强干弱枝的过程，目标明确、注重方法，名正理端，形成舆论，把握时机、强力推力。重决策、有措施，行事预谋而磊落、成就大事业者当如此。

○ 好大喜功生弊端

汉武帝在内外政策上与秦始皇有惊人的相似之处。

他内兴功利，征四夷，在完成文治武功伟业的同时，也耗尽了文景以来的府库积蓄，加重了农民的负担，贫困破产的农民，多数成为地主豪强的佃客和佣工，受到残酷的剥削。因此，在汉武帝晚年，阶级矛盾和统治阶级内部矛盾都达到了空前尖锐的地步。

由于社会动乱迹象的频仍，迫使汉武帝晚年在施政上有所转变，重新执行“与民休息”的政策，加上汉武帝征发民工所兴建的是利于民生的水利工程，不同于秦始皇满足个人欲望的享乐建筑。所以避免了汉家王朝的危亡。

武帝非常重视水利建设，元光六年（前129年），他起用著名水利工程家徐伯主持渭渠的工程；同时，又征发万余民工修建龙首渠。在兴修水利中，我国的劳动人民发明了“井下相通行水”的井渠法，使得龙首渠从地下穿过七里宽的商颜山，成为我国第一条地下水渠。

元鼎六年（前111年）在郑国渠上游修建了六条辅助渠，称六辅渠。太始二年

（前95年）汉武帝又征发民工修建白渠。武帝时期修建的著名水利工程还包括灵轵渠、成国渠、糟渠等渠道。这些水利工程对关中地区农业发展起了很大作用。武帝也非常重视治理黄河。元封二年（前109年），他征调了数万民工修治瓠子决口，亲自巡视工地检查工程，堵住了20多年堵不住的黄河决口。此后的80年间，黄河没有发生大的水灾。

由于汉武帝加强了皇权，形成了中央集权的体制，促进全国政令统一，经济繁荣，西汉国力空前强大。

元光六年（前129年）武帝开始派军进攻匈奴，从此30年间，先后对匈奴发动了大小十多次反击，其中元朔二年（前127年）的年青将领卫青率军反击匈奴、元狩二年（前121年）的霍去病率骑远征和元狩四年（前119年）爆发的汉北战役为规模最大、影响最大。经过这些反击，特别是经过三次大的反击，使匈奴元气大伤，一蹶不振，再也没有力量对中原进行骚扰了。

由于汉军的英勇杀敌，西汉王朝取得了反击匈奴战争的巨大胜利，汉武帝的抗击政策取得了巨大成功。西汉新中国成立以来百年的匈奴边患基本得以解除。匈奴被迫北迁，出现了“匈奴远遁，而漠南无王廷”的局面。汉武帝反击匈奴的战争，制止了匈奴贵族的野蛮掠夺和侵袭，维护了汉朝边郡先进的农业生产，使中国北部地区继续得到开发，边境得到安定，符合广大人民的利益。

汉武帝在位期间，还平定了闽越和南越的叛乱，稳定了对西南蛮夷地区的统治；开拓了东北和西北边疆，使今新疆、甘肃西部开始进入中国的版图，东北地区的疆域则从今辽东半岛一直扩大到浑江、鸭绿江流域；通过两次派张骞出使西域，加强了新疆一带少数民族和内地的联系。历时三年的西征大宛，使汉威震悍西域诸国，纷纷对汉称臣，确立了西汉对西域的宗主地位；通过和亲，建立了和西域大国乌孙的联盟，开辟了西汉与康居、月氏、大夏等国的交通。

汉武帝推行抗击和“征抚”的民族政策，广开三边，拓植四方，巩固和发展了庞大的帝国，使我国的版图初具规模，也促进了少数民族地区经济文化的发展，巩固和发展了多民族统一，加速了民族大融合，从而实现了建立“大一统”帝国的伟大抱负，把西汉王朝推上了全盛。

6. 范仲淹文韬武略俱求精进

○ 以一介书生而威镇西夏

范仲淹是北宋时期通过科举考试出仕的文职官员，因宋王朝重文轻武的传统才得以担任镇守西北的军事职务。但文官的出身并不影响范仲淹的武略，事实证明，范仲淹和宋王朝其他统军文官并不相同。

宋仁宗宝元元年（1038年），元昊正式称帝，建国号大夏，公开撕毁了同宋朝订立的和约。紧接着，元昊又于次年正月上表宋朝，要求宋朝正式承认大夏，企图以此刺激宋王朝统治者，逼使宋朝作出反应。宋朝廷忍受不了这一刺激，于宝元二年六月下诏削除元昊的赐姓和官爵，停止同西夏的边境互市，并在边境发布文告，宣布谁能捕杀元昊，即接其定难军节度使。元昊乘机把宋朝授予的旌节和封号敕诰退还宋朝，公开同宋朝决裂。同年十一月，元昊率兵进犯宋朝的保安军（今陕西志丹），宋与西夏的战事正式爆发。

当时，范仲淹在越州知州任上，宋仁宗召其为天章阁待制、知永兴军（陕西西安），不久改任陕西都转运使。

适值吕夷简自大名（今河北大名南）复入相。在宋仁宗的官谕下，吕夷简与范仲淹重归于好，共同商议抗击西夏事宜。在吕夷简的推荐下，宋仁宗任范仲淹为龙图阁直学士。

在宋与西夏交兵之初，由于宋朝长期以来推行“守内虚外”的腐朽政策，武备失修，军政腐败，将官怯懦寡谋，不识干戈，兵骄不知战阵，兵器也朽腐不堪，致使宋兵一败涂地，特别是负责指挥对西夏防御战事的范雍等文官既不懂军事又缺乏谋略，加之朝廷派去担任监军职事的宦官又对军事行动横加干预，在宋仁宗康定元年（公元1040年）正月的三川口（今陕西延安西）战役中，因延州（今陕西延安）

主帅范雍指挥失策，宋军大将刘平、石元孙被俘，万余宋军损失殆尽，延州城几乎被西夏军队攻破。

三川口战役的惨败使宋朝大为震恐，急忙征调军马粮草入陕增援，并撤换主帅，以夏竦为陕西经略安抚使，韩琦、范仲淹为陕西经略安抚副使，一同入陕主持军事。面对延州屡遭敌犯的情形，范仲淹主动请缨，要求驻守延州，获得朝廷的恩准。范仲淹以龙图阁直学士、陕西经略安抚副使的身份兼任延州知州。

按照宋朝的规定：守边之兵由将官分领，总管领兵万人，钤辖领兵五千人，都监领兵三千人，作战之时，则由官位卑微的将官首先出击。结果，常常被敌人打得大败。范仲淹说："将不择人，以官职大小为先后，此取败之道也。"他针对军中论资排辈的弊端，首先进行改革。

范仲淹将延州一万八千人分为六队，每队三千人，由六个将官率领，加强训练。作战之时，不按以往的做法出击，而是根据来敌的数量强弱分布军事力量，共同御敌，经过范仲淹的整顿，延州一线战事开始有了转机，士气也逐渐振奋起来。当时，由于西夏的不断进攻，延州周围许多用于防御的堡寨已经废弃，范仲淹为了防御能力，根据地形增筑了一系列新的堡寨，并对已废弃的堡寨根据需要进行恢复，使各堡寨之间相互应援，这样一来，范仲淹主持的延州一线防务日趋稳固。

范仲淹在延州主持军事时，还非常注意选拔将才。行伍出身的狄青作战非常勇敢，临阵之时常常披头散发，头戴铜面具，在敌阵中杀进杀出，所向披靡。范仲淹对狄青非常赏识，不仅给予优厚的待遇，还授予他《左氏春秋》，并对狄青说："将不知古今，匹夫之勇而已。"狄青在范仲淹的教导之下，努力读书，精通秦汉以后诸将帅的兵法，成了一名智勇双全的将领，为大宋王朝立下赫赫战功，后来官至枢密使。

为了减轻关中老百姓运输军粮之苦，范仲淹上奏朝廷，建议关中租税直接交予军中，免去长途运输的环节。宋仁宗接受了范仲淹的建议，并命名挪城县为康定军。

在对西夏用兵的策略上，范仲淹与韩琦有不同的主张。韩琦主张会兵出击，以攻为主；范仲淹则主张重防御，以守为主。但韩琦是当时有名的军事统帅，名气远比范仲淹大，朝廷往往采纳韩琦的建议，结果总是招致败绩。宋仁宗康定元年（1040年），在韩琦的建议下，宋仁宗下诏准备大军讨伐西夏。到了宋仁宗庆历元年（1041年）春天，仁宗下令大军进发，讨伐西夏。范仲淹上奏说："正月内起兵，军粮马匹，动逾万计，入险阻之地，遇上塞外雨雪大寒，则士卒马匹必然暴露僵仆，使贼有机可乘，所伤必众。请等春暖之时出师，那时贼马瘦人饥，其势易制，又可扰乱其耕种之事，绝无大获，亦不至于有他虞哉！”对于范仲淹所言，宋仁宗全部采纳，令夏竦、韩琦、范仲淹伺机出兵。范仲淹为了孤立元昊，不断地招纳周围的少数民族，使其为宋所用，他将自己的想法上奏朝廷说：“前陛下下敕令臣招纳蕃族首领，臣亦遣人探问其情，蕃族有通朝廷之意。为了使其不至于僭号而又能修时贡之礼，乘讨伐未行之机，容臣示之以恩义，岁时之间，或可招纳。不然，臣恐隔绝情意，偃兵无期。若用臣策，岁月无效，然后徐图举兵，先取绥、宥，据其要害，屯兵营田，为持久之计。如此，则茶山、横山一带番、汉人民，惧大宋兵威，可以招降，即使有窜奔者，亦是去西夏一臂，拓疆御寇，则无轻举之失也。”仁宗下诏悉听范仲淹所奏。

范仲淹前后六次上奏，请求朝廷缓兵而行，但求胜心切的宋仁宗终于在庆历元年二月下令讨伐西夏，但范仲淹始终坚持不可轻易出兵。当时，范仲淹的老友尹洙任秦州通判兼经略判官，他来到范仲淹处，对范仲淹说：“公于战事不及韩公也，韩公云：‘用兵当置胜负于度外也。’今公区区谨慎，此所以不及韩公也。”

范仲淹说：“大军一动，万命所悬，置之度外，仲淹未见其可。”二人意见不合，尹洙负气而返。

韩琦当时已派大将任福率18000人深入西夏境内，企图截断进攻渭州（今甘肃平凉）的西夏兵的退路。任福率军抵达好水川（今宁夏隆德县东）时，中了元昊的埋伏，大将任福、桑怿等人战死，宋军大败，死亡达一万余人，陕西为之震动。

范仲淹听说之后，叹息道：“当是时岂可置胜负于度外也！”范仲淹任环庆路主帅期间，环庆路诸羌有酋长600余人，在元昊僭号之初，他们都归顺元昊，成了西夏进攻宋朝的向导。范仲淹为了招纳他们，以诏书犒赏诸羌酋长，阅其人马，与之相约道：“若仇家之已了断，还要报仇乃至伤人者，罚羊一百只、马二匹；因报私仇而杀人者，斩无赦。负债争讼，应当告官处理，动辄因此而绑缚他人者罚羊五十只、马一匹。贼马入界，追集不赴随本族者，每户罚羊二只，且质其首领。贼大入，老幼入保本寨，官给食物；不入寨者，本家罚羊二只；全族不至者，质其首领。”诸羌皆受命，从此他们为大宋所用，使元昊失去了入侵时的向导。宋仁宗庆历二年（1042年）闰九月，元昊大举进攻泾原路所属的镇戎军（今宁夏固原），王沿派大将葛怀敏率兵御敌，在定川（今甘肃平凉市北）遭元昊包围，葛怀敏及将多人战死，9000多名宋军及600匹战马皆被俘虏。元昊乘胜长驱直入，攻入渭州，大肆抢掠，并且发布文告扬言要亲临渭水，直据长安。关中为之震恐，民多窜入山谷之间。定川战事初起之时，宋仁宗按地图对左右大臣说："若仲淹出援，朕无忧矣。"后来，范仲淹果然率众六千，自庆州增援定州，元昊才撤退回去。奏至京师，仁宗大喜道："朕固知仲淹可用也。"下诏进范仲淹为枢密直学士、右谏议大夫。

定川战役之后，泾原遭受重创。仁宗想派范仲淹前去治理。范仲淹上奏说："泾原地位重要，恐怕我不足以独自承担镇守的责任。希望与韩琦共同经营泾原，一起驻防泾州。韩琦兼领秦凤，我兼领环庆。如果泾原有警，我与韩琦调集秦凤、环庆的军队成犄角进发；如果秦凤或环庆有警，我们也可以率领泾原的军队增援。希望令庞籍兼领环庆，以形成首尾相接之势。我当与韩琦练兵选将，逐渐收复横山以斩断敌人的臂膀。不用几年时间，就有希望平定西夏。"

同年十一月，朝廷设置陕西四路安抚使、经略使、招讨使，由范仲淹，韩琦、庞籍分别担任。四路使司统一节制各路将帅，拥有在紧急情况下先行后奏的权力。范仲淹与韩琦并驻泾州，指挥全局。

当时从内地调到陕西前线的禁军（北宋的正规军）缺乏战斗力，而且带来军费不足、补给困难等问题。在经过细心考察和反复权衡后，范仲淹提出大规模征用士兵（陕西当地的乡兵）代替禁军戍边的建议。士兵生长于边塞，熟悉地形，长于骑射，有为保卫家乡英勇杀敌的决心和能力。经范仲淹奏请，大批士兵转为正规军，在抗击西夏的战争中立下大功。范仲淹还大力整顿军队，裁汰老弱病残和怯懦的官兵，对强壮勇敢的士兵加强训练。

范仲淹治军严谨，赏罚分明。朝廷赏赐给范仲淹的钱物，他经常转赠有功的将士。平时，他还能与士兵同甘共苦，"士未饮而不敢言渴，士未食而不敢言饥"。因此，范仲淹在军中享有崇高的威望，将士愿意在他的指挥下拼死杀敌。

西夏在屡次兴兵后元气大伤，面对范仲淹这样杰出的军事统帅，元昊一筹莫展。庆历三年初，西夏请求停战并与宋朝进行和谈。次年，宋、夏达成和议。

○ 中途夭折的"庆历新政"

范仲淹所处的时期是北宋王朝由盛转衰的年代，在对西夏的战争中，宋朝的各种弊政暴露无遗，连一向昏庸的宋仁宗也不能不对时局感到忧虑。范仲淹敏锐地洞悉北宋社会内部潜伏的严重危机，并力图革除弊政，为拯救日益贫弱的宋王朝而努力。

宋朝建国之后，改革了五代的武人专权而横行不法等种种社会弊端，基本统一了全国，以文治国，走上了稳定发展的轨道。然而，一些积弊仍延续下来，而宋初的一些政策，又矫枉守正，从而使宋朝出现了不少新的弊病。这些弊病，到宋朝立国80年后的庆历年间，因为对西夏的战争连年不息，使阶级矛盾激化，发展成严惩的社会经济危机。这些弊病主要表现在冗官成灾而因循守旧，冗兵日多而战斗力不强，冗费日增而财力空虚。庆历年间，农民和士兵起义此起彼伏，日甚一日。庆历三年一年之内，就爆发了王伦、张海以及湖南瑶汉人民起义。党项族建立的西夏，与宋朝接连四年兵戎相见，以宋朝屡战屡败而告终。北方的辽国则乘宋之危，要求宋朝增加对辽输送澶渊之盟时规定的岁币。面对如此严峻的时局，内外交困的处境，国家社会“纲纪制度，日削月侵，官壅于下，民困于外”等严重不景气，范仲淹等忧国忧民有识之士，大声疾呼革除积弊，振兴宋朝。宋仁宗焦头烂额，走投无路，急于消除内忧外患，以延续赵宋统治，起用范仲淹、富弼、韩琦、欧阳修等力主革新图强的士大夫，主持朝政。范仲淹等对朝政的各方面，进行大规模的改革。由于改革出现在庆历三年至五年，历史上称之为“庆历新政”。

“庆历新政”前，范仲淹多次上书，要求改革，提出“固邦本，厚民力，更名器，备戎狄，杜奸雄，明国听”等改革设想。庆历三年八月，范仲淹被任命为参知政事（副宰相），着手改革。

庆历三年九月，在宋仁宗急于消除内忧外患的逼促下，范仲淹、富弼向宋仁宗《上十事疏》，“庆历新政”正式开始。《上十事疏》是范仲淹等的改革纲领和方案。新政的实施，依《上十事疏》为蓝图。《上十事疏》及新政改革的主要内容有：

一、“明黜陟”、“抑侥幸”、“精贡举”、“择长官”。这是“庆历新政”的重点，也是新政推行的政治体制改革。目的在于整顿和精简官僚机构，精减官吏，革除冗官成灾的积弊，改革官吏任免制度，提高官僚素质，改变因循苟且、无所作为的恶劣风气，使国家机器能够正常运转，生气勃勃。新政前的旧制规定，不管官僚的政绩如何，照常是三年一迁，五年一升。这种摧残人才、鼓励当一天和尚撞一天钟的规定，造成“人人因循”而死气沉沉。范仲淹提出改革方案，核心是考核升降官僚，主要应看政绩，看其成效。如果官吏无所事事，一事无成，不但不应升官，而且应当罢职。他坚决主张并且在新政中部分地执行了对“年老、病患、赃污、不材四色之人”，“并行澄汰”，即坚决不能让年老不能办事者，有病在家休养者，贪官污吏以及毫无才能者，在官僚队伍中滥竽充数。在审查任免地方官吏时，范仲淹“视不才者一笔勾之”。富弼说：“你一笔勾掉了人家的官职，很容易，却不想一想，这些官僚的一家人都要哭啊！”范仲淹说：“不让这班人做官，仅仅是一家人哭。如果让他们去当官，则一路（相当于一省）人都要哭。与其让一路人哭，不如让一家人哭！”

恩荫制度是造成宋代冗官泛滥，官僚素质下降的重要原因。所谓恩荫，就是贵族官僚的子弟，可以通过其父兄的特殊地位，得以当官。范仲淹主张限制这种赐官制度，以免“权势于弟，长期占据”京官等官职混日子，范仲淹还提出，在考试取士时，重点应考考生的实际能力，考经世治国的才能，而不应把重点放在诗赋上，只有这样，方能考出实际水平，以“求有才有识者”，充实到官僚队伍中去，宋仁宗很快地批准了上述改革方案，并迅速诏令天下，组织实施。庆历三年十月颁布了新的考课法，十一月颁布了新的恩荫制，第二年三月，公布了新科举制。新制颁布后，收到了一定成效。有作为的官僚得到重用，无所作为的官僚被罢黜，既煞住了无限扩张的“任于之恩”，又选拔了经世之才充实官吏队伍。

二、“均公田”、“厚农桑”、“减徭役”。这实际上是经济方面的改革。公田（职田）是贵族官僚的一项特权，其剥削所得，无偿地作为俸禄的一部分。公田既强迫农人耕种，控制和分配权又掌握在大官僚手中，出现了严重的分配不公。范仲淹提出限制公田数额，明确规定各级官吏的公田多少。做到“人有定制，士有定限”，北宋的农民，赋税负担越来越重，使农业生产难以为继。范仲淹提出解决“贫弱之民，困于赋敛”的办法，以及兴修水利，“养民”、“务农”等措施，以振兴农业。北宋的徭役（劳役）繁重，使地主和农民深受其害。范仲淹主张减轻地主和农民的劳役负担，提出合并州县，撤销部分县、镇级建制，使裁减下来的役人“各放归农”，回到农业生产上去，做到“但少徭役，人自耕种”。这三方面的改革措施，被宋仁宗接受，于庆历三年十一月及明年五月颁布实施。

三、“修武备”。这是加强战备，主要是加强京师防备的建议。范仲淹提出先在京师招募50000士兵，“使三时务农，大省给赡之费，一时教战，自可防御外患”，既省养兵之费，又使百姓能成为战士。范仲淹建议在京师示范后，再推广到全国。这一主张，显然带有寓兵于农、兵农合一的倾向。

四、“贾恩信”、“重命令”。这是为了纠正有令不行，有禁不止的坏作风。范仲淹强调，以前国家的政策法令，尤其是“宽赋敛、减徭役”等有利于百姓的法令，各式各级官吏实际上并没有执行。今后，如果州县官吏阳奉阴违，不执行国家的政策法令，“尽成空言”，必须追究责任，直到罢官判刑。如果官吏无视法律，执法犯法或“受财枉法”，必须从严处分。

欧阳修、蔡襄、余靖等谏官，极力支持新政。欧阳修甚至向宋仁宗发出警告：革新朝政，不能有任何动摇，必须全力依靠和支持范仲淹、富弼，倘若轻信由于新政而使“小人怨怒”的话，“则事不成矣”。后来的事实证明，欧阳修的警告，成了准确的预言。

由于“庆历新政”触动了权贵们的既得利益，因循守旧之辈对新政不遗余力地加以反对和破坏。章得象、吕夷简等顽固之士，以莫须有的“朋党”等种种罪名，强加在范仲淹等身上。宋仁宗本来就不想改革，而是迫于内外交困的时势。时势有所松动和好转，便放弃原来急切地“必以太平责之”的主张，对范仲淹等“任之而不能终”。庆历四年六月，范仲淹被任命为陕西、河东宣抚使，离京赴陕西。八月，富弼被任命为河北宣抚使，也离开朝廷。之后，欧阳修、韩琦相继离京。庆历五年正月，范仲淹被罢参知政事，富弼被罢枢密副使。范仲淹等力主革新者被“一网打尽”。二月，新法多被废止，“庆历新政”夭折。

7. 富国强兵梦难圆

○ 以发展农业生产作为改变的前奏

王安石变法是北宋王朝的一件大事，也引起很多的争议，甚至在以后数百年间，王安石都被当做一个“奸臣”来对待。

王安石实行的新法充分体现了他十分重视发展生产，尤其是农业生产。如《农田水利法》，鼓励兴修水利，开垦荒田，修建堤堰陂塘，本身就直接推动农业生产的发展，《青苗法》和《免役法》则减轻了农民的负担，直接保护了农村生产力，发挥老百姓从事农业生产的积极性。

北宋嘉祐三年（1058年），王安石调入京师任职，长年任职于地方，使他增长了社会阅历，积累了办事经验，同时对各种社会问题的认识也日益深刻。王安石在他早期的一些诗歌中，如《兼并》、《感事》、《寓言》等即多次流露出他反对兼并的思想，并且以后愈益发展，以至于摧抑兼并的主张均成了他变法的中心内容，这与他做地方官时深入基层了解民间疾苦是分不开的。进入中央机构，接触财政领导部门和机要工作，又从整体上掌握了国家政治经济的总体情况，这样，他对如何改革朝政逐渐形成自己的一套见解。在他为三司度支判官时，王安石曾写了洋洋万言的《上仁宗帝言事书》。他从几个方面剖析了宋王朝潜在的危机，并提出了他主张改革的初步方案。但这个万言书却未受到因循苟且的仁宗皇帝及执政大臣们的注意。

治平四年（1067年），年仅20岁的神宗即位。此时，北宋王朝的各种危机进一步加深，国库空虚、土地兼并等问题更甚于以往，这位年轻的皇帝立志革除积弊，扭转局势。这样，在神宗心目中，王安石是当然的人选。熙宁元年（1068年），神宗把因守母丧回江宁的王安石召至京师，为翰林学士，次年，神宗任命他为参知政事（副宰相），熙宁三年（1070年），又升至“同中书门下平章事”，正式当上宰相，于是，在神宗的支持下，王安石领导了一场以“富国强兵”、“安定民生”、“扭转积贫积弱”为目标的大规模变法运动。

从熙宁二年（1069年）开始，久已有志于改革的王安石，受命执政，生气勃勃，开始了变法。为了有效地进行变法，王安石首先设立了一立法机构——“制置三司条例司”，作为主持变法的总枢纽，并让支持变法的吕惠卿、苏辙等参与其事，帮助草拟变法的新条例。

造成北宋“积贫积弱”的重要原因之一，是大官僚、大地主、大商人的兼并土地和隐田隐税的不法活动，对此，王安石有着比较清醒的认识。

王安石的变法，以“理财为方今之急”，而理财又以“以农事为急”。所以，在他的各项经济改革中，重点首先放在了减轻农民的负担和疾苦上面，其次才是其他方面。

《青苗法》是王安石最早考虑改善农民处境的一项重要措施，是为了缓和日益恶化的土地兼并，抑制高利贷在农村中的猖獗活动，重新调整国家、地主、商人

（包括高利贷者）与农民的关系而施行的新政策。此法公布于变法的第一年（熙宁二年）九月，其内容大略是：各地常平、广惠仓以现有约15万贯（石）的储存为本，遇粮价贵，即较市价减低出粜；遇贱，较市价增贵收购。依李参“青麦钱”法，在每年青黄不接时，政府在正二月和五六月，分两次贷钱或粮食给农村住户，每期为半年，利息二分。即收获后以2／10还粮或还钱，每年夏秋两次随两税还纳。如遇灾荒，允许延期偿还。贷借数目依户等高下分为五等。推行此法的目的是要农民在耕种、收获时节不致缺乏种子和食粮，以方“耕敛补助”，因而可以“赴时趋事”；使兼并之家不能“乘其急以邀倍息”。事实上它也确实在一定程度上抑制了豪强富商的高利贷盘剥和土地兼并活动，使农户“常保其土田，不为大姓兼并”。也为国家带来一定的财政收入。仅在1073年，青苗利息总计达290万贯。但由于它部分地夺取了“富人之利”，因而遭到他们的代言人的强烈反对。

在《青苗法》颁布后的两个月后，条例司又紧接着颁布了《农田水利法》。此法令鼓励各地开垦废田，兴修水利，建立堤防，修贴圩堤，以利于发展农业生产的主张。如工程浩大，财力不足，要依青苗法，向地方官府借钱，准许延期作两限或三限归还（一限为半年）。如果州县财力不足，政府劝喻富户出钱借贷，依例出息，由官府置簿催还。并且对兴修农田水利有功利者，国家给予奖酬或量才录用。《青苗法》与《农田水利法》相互为用，对推动农业生产的发展起了不小的作用。此法推行六七年间，全国兴修较大的水利工程万余处，灌溉民田36万多顷，官田2000顷，仅京畿一路所造淤田，每年可增产粮食几百万石。

为了进一步减轻农民疾苦，促进“农事”，王安石又着手改革积弊甚深的《差役法》。经过周密的研究，条例司于熙宁二年（1069年）十二月确定改革总原则：“计产赋钱，募民代役。”并拟定一草案交付各路议论。熙宁四年（1071年）十月，下令在全国推行。新《免役法》的（又称《募役法》、《雇役法》）主要规定是：废除了前此依照户等轮充州县政府职役的差役法，改为由州县政府出钱募人应役。各路、州、县每年募役费用，由管内住户依户等高下分摊。原来轮流服役的人家所交纳的，叫免役钱；原来享有免役特权的品官形势之家以及不负担差役的官户、女户、寺观、未成丁等户，也要按定额的半数交纳，称“助役钱”。各路、州、县依当地差役事务繁简，自定额数，额数之外另加2／10，叫“免役宽剩钱”。遇有严重灾荒时，政府不再向民户征收，以宽剩钱供募役之用。

《募役法》实行后，原享有免役权的各色人户都要交出一定的助役钱，即使过去设法逃避差役的人户从此也无法苟免，这体现了租税普遍负担的公平原则，而且助役钱和免役钱都是随贫富等第及土地多寡交纳，其家越富，土地越多，纳钱越多，这样它的确起到了“抑兼并”的作用。《募役法》还减轻了农民负担，农民从此摆脱了各项差役，仅纳为数不多的免役钱，据记载，当时开封府各县内，“中等之家，大率岁出役钱三贯”。这样“民得一意田亩，实解前日困疲”。有利于农业生产的发展。当然，推行《募役法》最受裨益的还当是北宋政府。它一方面使政府扩大了赋税的征收面，由此可得到大宗的役钱收入；另一方面，因需政府出钱雇役，促使各地尽量减少不急之务。压缩使役人数，减少差役，这些都节省了开支，也相对减轻了农民负担。

为了限制土地兼并、解决田税极不均平的问题，王安石等于熙宁五年（1072年）八月又颁布了《方田均税法》。《方田均税法》主要包括方田和均税两方面的内容。方田即清丈田亩，以东西南北各千步为一方，作为丈量单位。每年九月由县长官负责丈量工作。丈量后，先核定某户实际占有土地数，然后，再依照土地的肥瘠分为五个等级，登记造册，作为以后纳税的根据。均税就是在对土地进行丈量后重新均定田税。其以县为单位，各以其祖额（最初的定额）税数为限，将这些税额按土地的等级平均分摊。农户垦辟的山林、陂塘、沟路、坟墓，都不征税田。

方田均税法实行后，首先扩大了政府所控制的税田，增加了赋税收入。到元丰八年（1085年），已经丈量过并规定了税额的土地将近250万顷，约为当时全国纳税土地的半数。其次，在一定程度上改变了过去那种官僚豪绅地主有产而无税、而农民则常常产去而税存的不合理现象。此法的推行，把产权履亩查明，使赋税负担与土地占有的实况相符合，这不仅使国家的田赋收入有了保障，同时也打击了隐田税的豪强兼并之徒，这也是方田均税法之所以遭到大官僚、保守派激烈反抗的主要原因之一。

○ 打击巨商，控制市场

王安石以政府垄断替代私人富商垄断，增加了北宋政府的财政收入，对巩固北宋封建统治，扭转财政危机，增强国力起了积极作用。

王安石在工商业政策方面，实施了适应新形势的《均输法》，并创行了《市易法》。

《均输法》颁发于熙宁二年（1069年）七月，是变法中最早制定的一个新法，其主要目的是打击囤积居奇、控制市场的大商人，减少民户的额外负担，调节京都对物资的供求关系。从北宋初年以来，为了供应皇帝、皇族和中央政府的消费物资，特意在东南六路设置了发运使，命其总管京师物资的购置和运送。发运使只是机械地照章办事，致使“丰年便道，可以多政，而不敢取赢；年俭物贵，难于供亿，而不敢不足”。他们既不掌握京师府库的物资储存情况，也不了解汴京对各项物资的需求，更不问东南六路的实际生产，每年只知道按簿书规定的物品和数额督促各地官府办理。由于供求关系脱节，致使工作非常被动，经常是花费了巨额运输费用，运来的却是过剩的积压物资，结果只得在京都半价抛售。若遇有朝廷有特殊支出，则遣使至各路搜括，地方官只是一味地依旨榨取农民。这种混乱局面，使富商大贾得以乘公私之急，操纵物价，获取暴利；同时也使地方官借机鱼肉百姓，中饱私囊，而农民深受其难。王安石推行的《均输法》规定：中央政府拨出500万贯钱和上供米300万石，交给发运司作本钱（籴本），得以在六路范围内通盘筹划运用；发运使总管六路赋入，有权周知六路的生产及宫廷的需求情况，“凡籴买、税敛、上供之物，皆得徙贵就近，用近易远”。即尽量在产地而且是在丰产、价贱、路程近便的地方进行征收（税敛）和采购（籴买）。反之，则尽量少收或不收，以节约款项。对非生产地区的农户，不强征实物，可以改交税款。

《均输法》实施后，使政府对物资的需求和东南地区的物资供应得到较好的配合，限制了大商人的投机取利活动，多少减轻了纳税户的许多不合理的额外负担。吏称此法“便传输，省劳费，去重敛，宽农民，庶几国用可足，民财不匮”。

为了进一步打击大商人，王安石又实行了《市易法》。北宋以来，商品经济发展得很快，一些大商人把持团行（行会），垄断市场，操纵物价，还兼搞高利贷活动，百般欺压中小商人，勒索消费者，针对以上情况，熙宁五年（1072年）三月推行的市易法规定：在开封设立市易务，由政府拨付100万贯作本，供收买货物和各行商贩借贷用。当市场上货物滞销时，市易务以平价收购；待市场需要时，商贩可以交纳抵押品，向市易务成批地赊购出去，近地贩卖。半年或一年后，将贷款和货款加息一分或二分，偿还市易务。市易法后来又在杭州、润州（今江苏镇江）、长安（今陕西西安）、凤翔等地推广。

《市易法》的推行，在很大程度上抑制了富商大贾对市场的垄断，给中小商人的经营带来了很大的便利。稳定了物价，活跃了商品流通。过去垄断操纵市场的那些人无法再为所欲为了。原先外来客商和本地的中小商人，买卖两头都要受富商大贾的压迫，如汴京的茶叶行业，一向被十几个富商把持，价格都由他们来定。外地客商运茶来京，必须先“馈献设燕（宴）”那些大户，让他们优先贱价占买，央求他们把价格订高，以求得把富商挑剩的货物高价卖给中小茶商。别的行业大致也如此。实行《市易法》后，大商人与下户一样按“买卖均一”的原则办事，失去了过去的特权，而一向受压吃亏的本地的中小商人，则在市易法实行后得到不少好处：他们可以按统一的价格和大商人一样向市易务购买外来的货物，成本比过去降低很多；因官家办了赊贷业务，中小商人可先取货后给钱，利息不高，经营上得到极大的便利，免遭了像过去那样在向大商人赊购货物时受到的高利息剥削。这样，《市易法》使中小商人免受大商人的压榨，使物价的波动得以平息，城市居民也由此减轻了大商人高抬物价所加重的负担。《市易法》同时也加强了政府对商业的控制，把以前归于豪商的利权收归政府，使“货贿流通而国用饶”，财政收入有了一定的增加。自熙宁五年到熙宁九年，仅开封一地的都市易司就得息钱和市利钱共133.2万余贯，而在熙宁十年一年内，又收得152万余贯。熙宁十年这一年之收，就相当于全国两税所得现钱的3／10。全国各地的市易司所得可想而知。

○ 整军强兵，提升战力

王安石对军事方面的改革，在一定程度上解决了宋朝百年来军事、国防方面的积贫积弱的现象，加强了西北和东北地区的防务和抵御辽、夏侵扰的军事力量。经过整顿，北宋军队的数量大为减少，而战斗力却得到提高，北宋收复了西北河、山民等州的部分地区，在军事上取得不小的胜利。

但军事方面的改革作用有限，如保甲法不合时宜，将兵法并未触及北宋军事体制的基本弊端，因而改革后的军事和国防力量并未有根本的革新，面对西夏和辽国的劲旅，“弱宋”面貌并未显著改善。

宋朝初年建立的中央集权制，虽成功地制止了后期以来的军阀割据，但其副作用也日益显露，当时，将帅无权，规定作战时“动相牵制，不许便宜，兵宜奇胜，而节制以图阵”。真宗之后的几个皇帝，生长深宫，不懂军事，由皇帝预先制定阵图，只是束缚将帅，难以临阵指挥，将帅作战方案多请示朝廷，群臣每每争执不下，同时主帅还要与都监、钤辖等商议，这样，往往坐失良机。为限制帅臣们的权力，北宋政府又在军队中实行“更戍法”，边地的将帅一年之间换三五人，造成“兵无常帅，帅无常师”、“兵不识将，将不识兵”的结果，以至于作战时“上下不相符，指令不如意”。宋败于西夏，有人上疏指出：“诸军将校都不识面，势不得不陷覆。”

在这种制度下组成的军队更是弊病重重，虚弱不堪。太祖时选练的禁军，是当时作战的精锐。仁宗时，虽然禁军人数由太祖时的1.9万人激增至8.6万人，但此时的兵士却今非昔比。他们没有听过战鼓，不识战阵，平时又缺少训练，逐渐染上了骄惰不堪的习气。太祖时，禁军领月粮，营在城西者在城东给，营在城东者在城西给，皆由自己背负。仁宗时，禁军领粮，甚至要雇人挑。宿卫京师的禁军，整日在街市上嬉游打闹，买卖“绣画”，衣服举止都不像士兵。陕西路沿边疆的骑兵，甚至不能披甲上马，弓弩手所发之箭在马前一二十步就落地。这种素质的军队使西夏军极为轻视，他们听说宋朝禁军来战，就举手相贺，以为必胜。事实上，宋对西夏作战也是屡战屡败，一触即溃。这支庞大的军队，不仅对外起不到保卫边疆的作用，而且对内也起不到有效地维护封建统治秩序的作用，面对不断兴起的农民起义，他们一筹莫展，无能为力。

针对北宋王朝所面临的日益严重的积弱现象，王安石在熙宁变法中以“富国强兵”为目的进行了一系列的军事政变。

王安石的整军首先从减兵并营开始。对于50岁以上的老兵进行淘汰裁减；确定禁军军营兵额，对现有的兵营进行精简并营，各路马步军由545营并为355营；原聚集在京师的禁军大部分拨到各路。整顿后的禁军、厢军总额减至不到80万，比英宗时减少36万，约少1／3。减并后队伍精干整齐，也为宋朝节省了大批军费。

在整顿军队的基础上，王安石又制定《将兵法》（又称《置将法》）代替原来的《更戍法》。在各路驻军中设置固定将官训练兵士，由武艺精良，作战经验丰富的军官充任，分番教阅戍守当地的军队。此后，各地设置的将官，都可以自掌军政，训练兵士，州县不得干预，形成了较为独立的指挥系统。这样，改变了过去将帅无权及将士不识的局面，提高了军队的战斗力。

在裁并国家雇佣军的同时，王安石又加强了地方武装，以防范和镇压农民的反抗。熙宁三年（1070年）十二月，条例司颁布《保甲法》。其主要规定是：分村民户十户组成一保，五十保为一大保，十大保为一都保。凡家有两丁以上的出一人作保丁，选取其中有物力、有才能的人充当保长、大保长和都保长。同保内实行连坐制，对犯罪者若知而不告，或有“强盗”居住同保邻人要连坐知罪。保丁在农闲时按时集合，练习技艺，夜间要轮班巡查。《保甲法》的推行，使各地壮丁受到了军事训练，这就可以与“募兵相参”，雇佣军即使以后出现缺额也不再招募，这样不仅可以减少兵费开支，减轻国家财政压力，而且年岁稍久，就可以使雇佣兵制逐渐过渡到兵农合一的兵制。更为重要的作用是它把人民都编制起来，固着在土地之上，这对维护封建统治秩序极为有利。

王安石还制定了《保马法》，以解决军用马匹问题。宋朝原由政府的牧监养马，侵占大量田地，耗费很大，而且所养马匹病羸不堪。原来群牧使李中师曾建言“省国费而养马于民”。《保马法》于1073年颁布实行，它具体规定了养马条例：废除前此所设的牧马监，把原占地还给民户，而在京东、京西、河北、河东、陕西五路推行民户代养官马的办法，义勇保甲愿养马者，每户一批，家产高者可给两匹。凡为政府养马者，可以免交部分粮草，免其征役和获得一定数量的养马费用。养马诸户还要结成“保”、“社”，若马病死，或由饲养者独自赔偿，或由同社人户按半价均摊。民户养的马死亡率大为降低，而且政府用于养马的费用也较前大为减少，在一定程度上加强了军事力量。

王安石在新法中，设置军器监于开封城内，统属京城的东西广备作和各州的都作院，根据其制造武器的优劣精粗来黜陟赏罚有关官吏。从此，兵器衣甲的制作，不但数量增多，种类齐全，而且质量也有所提高。

○ 整顿教育，改革科举

唯物辩证法告诉我们，人的思想意识对实践活动具有十分重要的作用力。

王安石试图在全国上下“一道德”，统制全国的思想和舆论，培养和选择他所要求的人才，打压反对变法的顽固势力，以利于新法的推行。

宋朝宰相王安石在实行经济、军事一系列改革的同时，对科举教育制度也进行了革新。

首先，他改革了科举考试制度。唐宋以来，封建王朝的文武官员大多来自科举，科举以进士、明经两科目为主。进士科考诗赋，以声病对偶定优劣，完全取决于文字形式方面。明经科要考贴经（即从经书中提一句，命考生将上下文默写出来）、墨义（即把经文的注疏全默写出来），全靠死背硬记。在公元1069年王安石执政之初，就建议改变这种科举考试方法，废除诗赋、明经各科，专以经义、论、策取士。他的这一主张，立刻在朝中引起一场激烈的争论。反对的一方以当时著名的诗人和散文家苏轼为代表，主张按照旧传统继续采用诗赋考虑进士。虽然他也承认诗赋对国家社会不一定有多大实际效用，但认为“贡举之法，行之百年”，不必改变。并说，“自唐至今，以诗赋为名臣者不可胜数”，不以诗赋取士反而“无规矩准绳”，“无声病对偶”，“学之易成”，“考之难精”，弊端更大。神宗被他说得曾一度动摇不定。王安石却一再坚持“贡举法不可不变”的主张，他向神宗指出：一个人在少壮时，本应多多讲求天下实际有用的事理，却教他闭门学做诗赋。即便学好诗赋，科举考试得中，真入官场，而对世事一无所知，如何能办好国家政事呢？他还指出：认为科举制已经完善了的看法是不对的，科举考试制度并没完善，还需改革。于是，神宗被王安石说服，转而支持改革。熙宁四年（1071年）二月，中书省颁布对科举的改革：废除明经科，废除诗赋和贴经、墨义。进士科的考生在《诗经》、《尚书》、《易经》、《周礼》、《礼记》中选治一经，兼治《论语》、《孟子》。考试时，主要考这些经书的“大义”和殿试策（讨论）。新的科举考试法比起雕琢文字、记诵词名的旧法，无疑是一个很大的进步。

颁布新《科举法》八个月后，王安石着手整顿学校。他首先改组太学。旧太学为保守派官僚、俗儒所把持，是反对变法的舆论阵地。国子监颜复以“王莽变法”为题考试学生，影射攻击王安石变法。为了打破保守派对儒学的垄断和利用儒学反对新法，以培养和选拔拥护新法的改革人才，王安石遂把颜复等学官尽行撤职，将反对变法的学生也统统斥退，委任变法派陆佃、沈季长等学官。保守派讥诮陆佃等在太学所讲“无一语出己”，均是王安石事先口义。这种指责只能证明太学是按照王安石“一道德”（即统一思想）的主张行事的，已成为变法派的舆论、育人场所。同时，王安石又对太学内部的规章等也做了整顿，他将太学生名额扩大，增至1000人；又制订三舍法，将太学生按程度高低分为外舍、内舍和上舍。上舍中成绩优异者，可免试不经过科举，直接授任为官。

整顿太学后，王安石又相继在京师创设武学、律学、医学，以培养各类专门人才。王安石以重视实际应用的精神，建立这些分科学校，是中国教育史上很有意义的革新。尤其是专学法律的律学，更是对传统的不重视法治，不讲究吏律思想的勇敢挑战。王安石还陆续整顿了州县学，规定学官由朝廷委派，定期考核，并拨给学田以为学校费用。

为了改革教学内容，统一思想，进一步推动变法改革，熙宁六年（1073年）三月，王安石又建立经义局，亲主其事，其子王雱与吕惠卿同为修撰。王安石凭其博深的学识和对经学的造诣，亲自主持撰注了《诗义》、《书义》、《周礼义》三部书，合称《三经新义》。在注释中，他不满足于旧学派的牵强附会，而要求臻于真知之境，提出了许多独特见解。《三经新义》是根据变法精神来注解经典的，是王安石变法的理论依据。通过向知识阶层灌输要法理论，可以进行改革的洗脑教育，壮大改革的社会基础，减轻改革的阻力。神宗御览后，熙宁八年（1075年）颁行于学官，成为上至太学、下至县学的钦定教科书，凡科举考试，需以《三经新义》为唯一标准。

王安石变法的内容相当系统，推行得也很坚决，但结果并不尽如人意，以至于王安石下台后即几乎被悉数废止，这与他对问题考虑的不全面、用人不当等有直接的关系。但是无论如何，王安石不因循苟且、以变求强的精神是值得景仰的。

8. 张居正强权下推行改革

○ 创行考成，核吏安民

张居正是明王朝一个悲剧性的改革人物。

张居正的改革是从上层发动的改良运动，这首先要求集权上层，做到事权统一，如果没有强有力的集权措施，加强朝廷对各级机构的控制，改革就是一纸空文。张居正为提高朝廷和诏令的权威，用考成法集权于内阁，加强了中央政府的权力，使改革得到强有力的组织保障。

明朝隆庆六年（公元1572年）至万历十年（公元1582年）张居正任内阁首辅，神宗年幼，国事由他主持，前后当国10年。当时，军政败坏，财政破产，农民起义此起彼伏，危机严重，张居正则“以藐然之躯，横当天下之变”，坚毅地进行社会改革。为了确保自己的一系列变法改革措施得以实施，张居正首先从吏治改革入手。

至明代中叶，吏治腐败达到极点，特别是严嵩当政的嘉靖期间，贿赂公行，朋党成群，事无统纪，上下务为姑息。官僚机构也十分庞杂，嘉靖时给事中刘体乾曾指出："今之害最大者有二，冗官冗费是也。历代官制，汉七千五百员，唐万八千员，宋极冗至三万四千员。本朝自成化五年武职已愈八万，合文职盖十万余……岁增月益，不可悉举。"张居正对这种腐败混乱的状况也有过激烈的抨击，他指出：在朝廷命官中，"主钱谷者不对出纳之数；司刑名者，未谙律例之文"，致使官员良莠不分，"牛骥以并驾而俱废，工拙以混吹而莫辨"。而且，他认为各政府部门和官吏的办事效能也十分低下，对"朝廷诏旨多废格不行，抄到各部，概从停搁。或已题奉钦依，一切视为故纸，禁之不止，令之不从。至于应勘应拔，奉旨行下者，各地方官尤属迟慢，有查勘一事而十数年不完者"。因此，他认为嘉、隆年间政局混乱，其症结在于吏治腐败，官僚们或"虚声窃誉"，或"巧宦取容"，或"爱恶交攻"，甚至明中叶以后的农民起义也是由于"吏不恤民，驱民为盗所致"。

针对这种腐败混乱的局面，张居正以惊人的胆识进行了一场整顿吏治，严肃法纪的改革。张居正出任内阁首辅后，针对空议盛行、不务实事的风气，制定并颁布了对各级官吏的《考成法》。这是击中时弊的一大改革。这一改革虽说是在遵循"祖宗成宪"的旗帜下进行的，但它却完全冲破"祖宗成宪"的罗网，创立了一整套由内阁掌握实权的统治体系，为推行各项改革铺平了道路。《考成法》的内容，最主要的是两条：一条是六部和都察院把所属官员应办的事情酌量道里远近、事情缓急，规定完成期限，并分别登记在三个账簿上，一本由部、院留做底册，一本送六科，一奉呈内阁，另一条是六部和都察院按照账簿登记，对所属官员承办的每件事情，逐月进行检查，完成一件，注销一件，如若没有按期完成，必须如实申报，否则，以违制罪论处。六科亦根据账簿登记，稽查六部的执行情况，每半年上报一次，并对违限事例进行议处；内阁同样亦根据账簿登记，对六科的稽查工作进行检查，并对欺隐事例进行惩处。这样，月有考，岁有稽，内阁总其成。内阁遂成为政治中枢。张居正通过推行《考成法》，以内阁来控制六科，又以六科来控制部、院，再以部、院来控制抚、按等地方长官，借以指挥整个官僚机构的运转。这就是张居正之所以能使朝廷诏令朝下而夕奉行的组织保证。张居正当权期间所推行的各项改革，都是通过这个组织系统稽查和贯彻的。张居正创行的考成法是对明代吏制的重大改革。因为，《考成法》关于由内阁稽查六科的规定，极大地改变了明代的吏制。按明制，内阁与六科并无隶属关系，是无权稽查六科的。六科是直接对皇帝负责的，就是都察院亦不得干预六科的活动。然而《考成法》却规定，由内阁来稽查六科，显然是对明代吏制的重大变革。不仅如此，张居正创行《考成法》的根本目的是要实行内阁集权。这更是对明代“祖宗旧制”的根本变革。明太祖朱元璋废中书省和丞相制后，使皇权与相权合而为一，形成了皇帝独断专制的格局，而张居正创行的《考成法》，使内阁首辅俨然成了事实上的当朝宰相。实际上，从万历元年至万历十年间张居正当权的历史，正是一部“内阁集权，首辅执政”的历史。

张居正以推行《考成法》为中心，信赏必罚，刷新吏治，给腐朽的官场吹进了一股改革的清风。依据立限考成的三本账，张居正严格地控制着从中央到地方的各级官员。他果断地把那些秉公办事，实心为民的官员列为上考，把那些靠花言巧语骗取信任的官员列为下考。这样便把整顿吏治和惠及生民有机地联系了起来，既稳定了社会秩序，又提高了行政效率。通过立限考成，每个官员都有明确的职守，对那些冗官，尽行裁革。他当政期间裁革的冗官约占官吏总数的十分之二三，其中南京官员裁革尤多，与此同时，又广泛搜罗人才。对那些拥护改革、政绩突出的官员，不拘出身和资历，大胆起用，委以重任，在整顿吏治过程中，张居正针对法纪废弛、君令无威的状况，又以伸张法纪为中心进行整顿。他把不法权贵看成破坏法纪、祸国殃民的大患，坚决予以打击。黔国公沐朝弼，为非作歹，多次犯法，本应依法制裁，但朝中无人敢问。张居正不畏权势，挺身而出，伸张法纪，改立朝弼的儿子袭爵，把朝弼本人捆缚到南京，幽禁至死，一时“人以为快”。最有权势的太监冯保的侄子冯邦宁，凭借其叔父的权势，横行不法，醉打衙卒，触犯刑律。张居正一面派人向冯保说明情况，一面将冯邦宁杖打四十，革职待罪。由于他雷厉风行地伸张法纪，有力地抑制了强宗豪民的违法活动。

与此同时，张居正又根据《考成法》，将一些政绩卓著的官员委以要职，并且打破论资排辈的传统偏见，不拘出身和资历，大胆起用人才。张居正在位期间，先后任用了一大批卓有政绩的官员，如他起用当时有名的水利专家潘季驯督修黄河，使黄河水患变水利，“数十年弃地转为耕桑”，漕河可直抵京师；用户部尚书张学颜整顿财政，政绩卓然；用抗倭名将戚继光镇守蓟门、骁将李成梁据守辽东，从而边境安定等等。此外，对于实行考成法后确认的廉能官员，张居正还上疏请求明神宗召见，万历二年（1574年）正月，明神宗就在会极门，召见了浙江布政使谢鹏举等25人，对他们的作为大加褒赞，并赐予金币。

经过张居正的整顿，万历政体大为改观。史载：“自考成法一立，数十年废弛丛积之政，渐次修举。”原来那种朝令夕改、办事拖沓、权责混乱等官场流弊得到很大程度的控制和克服，使中央政令虽“万里之外，朝下而夕奉行，如疾雷迅风，无所不披靡”，“一切不敢饰非”，“政体为肃”。同时，各级官吏的办事效率也大为提高。万历初年诏令，凡隆庆元年（1567年）前的积欠一概予以蠲免；隆庆四年（1570年）前的积欠免三征七。实施考成法后，规定：催征不力；征赋不足额的，巡抚和巡按御史听纠，官州到官听调。这就使各级官员努力设法，督责户主们把当年田赋及时完纳，不再拖欠。由于事涉各级官员之官职去留问题，官员们也多不敢再像从前那样擅自截流和中饱私囊。国家财政因此也大大增加，“赋以时输”，“不烦加赋”，而“国藏日充裕”。至万历四年（1576年），国库存粮已“足支八年”之用。张居正对吏治的改革和整肃是卓有成效的。

○ 改革赋役，一条鞭法

张居正所推行的《一条鞭法》，上承唐代《两税法》，下启清朝的“摊丁入亩”制，是中国赋役法上的一个伟大变革。

张居正的经济改革措施，一举扭转了财政多年积困窘迫的状况，挽救了明王朝的经济危机，达到了他改革的目的。同时，他的经济改革《一条鞭法》也是合乎历史发展趋势，具有深远而积极影响的伟大变革。

万历六年（1578年），张居正下令清丈全国各种类型的土地，对勋戚庄田、民田、职田、屯田、荡地、牧地等，悉数丈度。张居正责成户部尚书张学颜亲自主持清丈。此项工作历时三年，至万历九年（1581年）结束。清丈结果，垦田亩数达7亿多万亩，较弘治十五年（1502年）增加了2.8亿亩。尽管田亩数中非法隐漏逃税之数还未全部查出，但这毕竟清查出了大批的隐田，在一定程度上使豪强勋戚等大地主的势力受到了抑制。在查出的隐田中，以直隶、河南和山东三处最多，直隶增23万顷，河南增33万顷，山东增7万顷，共63万顷。经过这次土地的大清丈后，田赋得到进一步整顿，史称：“于是豪滑不得欺隐，里甲免赔累，而小民无虚粮。”

在清丈土地的基础上，张居正又进一步实行赋役制度的改革。于万历九年（1581年），在全国推广《一条鞭法》。《一条鞭法》又称《条编法》、《类编法》、《明编法》、《总赋法》等。

它是把田赋、徭役以及各种杂差、贡纳，并为一条，折成银两征收的一种赋税制度。在不同时期和不同地区，其具体内容又各不相同。大而言之，它的共同要点包括以下四条：

第一、合并赋役，将一部分徭役摊入田地，按亩征收。秦汉以来，赋予役是分别征派的。其时，赋役征派的对象由户、丁、田三部分构成。汉代的赋役，以丁身为本，即以户、丁为主。南北朝时期的田租、户调以及隋唐时期的租庸调，是对人（户、丁）之税与对物（田亩）之税并行的赋役制度。唐中叶以后的《两税法》，虽说“唯以资产为宗，不以丁身为本”，但徭役的征派不仅依然存在而且还相当繁重。宋代在推行《两税法》的过程中，同时还征收丁身米钱和役钱等项。到了元代，仍有科差、杂泛等征派。明初的赋役制度，依然有里甲、均徭、杂泛等对丁身之征派。从两汉到明代的发展历史表明，赋役征派由以丁身为重点到以地亩为重点，《一条鞭法》将赋与役合并，并将一部分徭役摊入地亩征收，加重地亩之税，减轻丁身之税，这是符合发展规律的。

赋投合并，包括三方面的内容：其一是投内里甲、均得，杂泛等项的合并，其二是赋内各项诸如官民田土科则的合并以及土贡方物、杂项课税的合并征收，其三是赋与役的合并，即将一部分徭役摊入地亩征收，前两者是赋和役内部的合并，第三种是赋与役的合并，即将役的征派以一定比例摊入地亩征收。将役摊入地亩征收，主要有四种形态：第一、以丁为主，以田为辅。例如某县役银总额为1万两，丁摊6000，田摊4000，即是以丁为主，第二、以田为主，以丁为辅，例如按税率摊派，每亩出役银六钱，每丁出四钱，便是以田为主。第三、丁田平均分担，各占一半。第四、徭役银全部摊入地亩征收。

此外，有的地方将土贡方物亦编入《一条鞭法》征收。例如，湖广宝庆府的土贡方物及其解运费用，全部编人《一条鞭法》，随粮带征，不另立项目。还有的地方，将与赋役毫无关系的杂税，亦编入《一条鞭法》内，一并征收。例如，广东韶州府将杂税项下的门摊、商税、酒醋茶引、油榨场、坑窑冶、没官屋赁、河渡、牛租、牙行、税契等项额银，全部编入《一条鞭法》内征收，甚至出现了“银存而名亡，至有不知其名者”的现象。其他诸如广州、南雄、惠州、潮州等府，都有类似的情形。

明初，民户食盐皆从官领，计口纳钞，至正统年间，始有商贩，官府不复颁盐，但征钞如故。实行条鞭法后，户口食盐钞的摊派亦编入《一条鞭法》内，统一征收，成为《一条鞭法》的一个组成部分。

第二、里甲十年一轮，改为每年佥振一次。明代的里甲制，原先是十甲轮充，每年只役一甲。这在“事简里均”的明初，尚较适宜。但到后来，“事烦费冗”兼以十年之中人户丁产消长不一，变化很大，各种不公平现象日益严重。就里甲制本身而论，亦有其内在弱点。诸如，各年的差役繁简不同，各甲的丁粮多寡不同，要使其适均实属很难。再加上各甲之内的优免赋役人户的多少不同，所以，即使每年差役总数相等，而丁粮多、优免户少之甲，每户负担必轻，丁粮少、优免户多之甲，每户负担必重。至于均徭中银差与力差的分别，原有调剂贫富负担之意。力差较重，故以粮多者编充，银差较轻，故以粮少者编充。但由于奸猾豪强勾结吏胥作弊，结果反使粮多者得轻差，粮少者得重差。此外，他们还用“花分”、“诡寄”、挪移出甲等办法，逃避赋役。例如，某官依例当免田粮千亩，而他却有田万亩，于是便将万亩之田花分于十甲之中，每年各免千亩，十年轮充一遍后，实际上是万亩之田均不纳田粮，此则为花分诡寄。又如，某势要之家与胥吏勾结，凡遇编审得役之年，先期将田亩转移于下甲人户名下，到下甲编佥徭役时，又转到已役过之甲户名下。此即为挪移出甲。由此可见，十年一派虽有“一劳九逸”之好处，但却易为豪滑之民作弊，特别是在吏治腐败的情况下，赋役之不均更为严重。针对这种状况，有些官员就主张变十年一派为一年一派。例如，苏州知府乏仪，就主张一年一派。因为一年一派可使徭役征派与人户丁粮的变动大体相符。江南一些地方在推行十段锦法过程中，就改十年一派为一年一派。《一条鞭法》推行后，全部统一为一年一派。

第三、赋役的征收解运，由民收民解改为官收官解，减少了层次，简化了手续。自宋元以来，两税之征收解运，均由里正、保甲负责。但因吏胥作弊，敲诈勒索，民不堪命。明初遂改为由粮长负责征收解运。粮长是由民间推选的，故称为民收民解。明代各地的税粮都分为两部分，一曰存留，即留供本地开支的部分；一曰起运，即解运中央或指定地点的仓库。距离较远、运输困难的仓口，称曰重仓口，距离较近、运输方便的仓口，称曰轻仓口。用途较急的称急项税粮，用途缓的称缓项税粮。由于吏治腐败，吏胥作弊，变轻仓口为重仓口，改缓项税粮为急项税粮，成倍加重解运负担，致使解运成为一大灾难。一条鞭法推行后，税粮的征收和解运，均由政府派官担任。这样，就把原来的民收民解改变为官收官解。

第四、在征收方面，由实物改为货币，除漕粮外，一律折收银两。自两汉以来，官府征税一直以征收实物为主。汉代的人丁税，虽曾以货币输纳，但其后又转化为实物诸如丝麻绢布之类。唐中叶推行两税法后，两税虽以货币计算，但征收时仍然是实物，宋代的两税虽有折银征纳的情况，例如宋神宗熙宁十年（1077年），夏税秋粮均有折银输纳的现象，但属例外，并非定制。明初的税制，亦偏重实物。到了明英宗正统元年（1436），才将一部分地区的税粮折为银两征收，名曰“金花银”。这是银两成为征纳正赋的开始。但“金花银”仅在局部地区推行。一条鞭法推行后，才在全国范围内，除漕粮征收实物外，其余赋役一律折收白银。这样，就在全国范围内正式确立了白银在赋役征收中的法定地位。这是一个历史性的重大变化，这个变化正是明中叶以来商品货币经济发展的产物和反映。

《一条鞭法》的推行，经历了一个曲折的历史发展过程。

早在明嘉靖十年（1631年）三月，御史傅汉臣就上疏请行《一条鞭法》，但那时仅为一时一地所采用的税法，并未成为定制。到了嘉靖十六年，大学士顾鼎臣与巡抚欧阳铎、苏州知府王仪共同议定，推行旨在调剂赋役不均的“征一法”，其内容较之《一条鞭法》简单得多，且亦不完备。直到嘉靖四十年前后，才在南方一些省内逐步推行起来，其中比较早的是江西、浙江和南直隶，其次是两广和福建。

嘉靖三十五年，江西巡抚蔡克廉倡行《一条鞭法》，但由于王府、贵族、官绅的反对，遂革不行。嘉靖四十五年，巡抚周如斗又苦心筹划，准备推行，但又病逝于官，未能如愿。隆庆二年（1568年），巡抚刘光济再次上疏请行《一条鞭法》，获得允准，才逐步推行起来。因条例颇为周详，对后世影响较大。

在浙江推行《一条鞭法》最有成效的是巡按御史庞尚鹏。从嘉靖四十年到隆庆元年七年间，庞尚鹏多次改革赋役制度，初行里甲均平法，后行十段锦法，最后归结为推行一条鞭法。万历元年（1573年）张居正出任内阁首辅后，庞尚鹏又巡抚福建，万历四年至六年间，又在福建大力推行《一条鞭法》。其后又在广东、广西推广开来。

在南直隶推行《一条鞭法》最力的是海瑞。隆庆三至四年间，应天巡抚海瑞，摧豪强、抑兼并、丈田亩、均科则，大力推行一条鞭法，深受小民拥护。但由于侵犯了豪绅地主的利益，受到攻击，被加上“沽名乱政”的罪名，革职归田了。

嘉靖至万历初推行《一条鞭法》的实践表明，只有在打击不法权贵、抑制兼并、清丈田亩的基础上，《一条鞭法》才能真正推广开来。否则，只能时行时停，中途夭折。万历初年，随着张居正改革的全面展开，《一条鞭法》才真正推广开来。张居正当政的10年间，除了江西、浙江、南直隶、福建、两广继续推行《一条鞭法》外，其余各省诸如河南、山东、湖广等省，亦都先后推行了《一条鞭法》。在张居正震撼朝野的全面改革的有力推动下，在全国范围内形成了“天下不得不条鞭之势”的潮流。万历十年六月，张居正病故后，神宗皇帝虽然可以凭借至高无上的皇权，废止张居正改革，查抄张居正的家产，但却改变不了“天下不得不条鞭之势”的历史潮流。所以，万历十年以后，推行《一条鞭法》的地域仍在日益扩大。至万历十五年、十六年、十七年，贵州、云南、四川、山西、陕西以及甘、肃二州卫，亦都先后推行了《一条鞭法》。至是，全国南北直隶、十三布政司都推行了《一条鞭法》。张居正改革赋役制度、推行《一条鞭法》的宿愿，得以全面实现。

张居正是个强权人物，甚至一度让皇帝惊惧、忌惮，但改革总是废旧立新，必然触及一部分人而且常常是有权有势的人的利益，所以，历朝历代改革都会遇到强大的阻力，从这一角度说，能够推行改革的也只能是张居正这样的强权人物，同时也注定了张居正的悲剧命运。虽得以善终，但死后不久即遭剖棺戮尸，可谓幸运中的大不幸。

第四编

考察帝王统驭的学问

帝王的宝座是决策天下的焦点，是打开天下兴亡之谜的钥匙，是为所欲为的理由，也是藏污纳垢的发源地。帝王们身处其位不管其才能高低、德性如何，保住皇位都是其面临的一大课题，由此而来的帝王统驭的学问也颇为高深，值得今天的人们仔细玩味。

1. 难得的大度皇帝刘秀

○ 大肚量带来大造化

“大肚能忍，忍尽天下难忍之事”，这是弥勒佛才有的功夫，而东汉的开国皇帝刘秀居然也有这样的功夫，自然，他也就拥有非同寻常的造化。

昆阳一战，令刘秀威名大震，王莽主力被彻底打垮，海内豪杰趁机蜂拥而起，杀掉州郡官吏自称将军。然而这时在更始政权内部，夺权之争尖锐起来。由于刘縯兄弟威名日盛，遭到新市、平材兵诸将领及部分南阳豪强嫉妒，他们劝刘玄早日除去刘縯兄弟，以防后患。时值刘縯部将刘稷闻刘玄立，怒说：“本起兵图大事者，伯升兄弟也。今更始何为者耶？”刘玄听后抓刘稷欲杀害。刘縯为刘稷力争，又被李轶、朱鲔等进谗言，刘玄遂把刘縯、刘稷两人一并杀掉。

刘秀听说之后，痛哭一场，但为了避免自己遭到不测，他当即动身到宛城向刘玄假意请罪。刘縯部下的官吏去迎接他，慰问他。刘秀只是在公开场合下寒暄几句，表示过错在自己，不与来人私下交谈，不讲昆阳的战功，也不为哥哥服丧，饮食起居与平常一样，若无其事。刘玄见刘秀不动声色，似乎并没有反对他的意思，自己反倒有些惭愧，于是拜他为破虏大将军，封武信侯。然而刘秀每当独居，却总是不喝酒、不吃肉，以此寄托对亡兄的哀思。

更始元年（23年）九月，刘玄的军队相继攻下了长安和洛阳，王莽政权宣告覆灭。刘玄打算以洛阳为皇都，于是命刘秀前往修整宫府，以便定都。这给刘秀造成了一个绝好的表现机会。他听从父城留守冯异的计议，决定隐忍以行，借此行之机整理官治，收服人心，以图大业。

刘秀到任后，安排僚属，下达文书，从工作秩序到官吏的装束服饰，全都恢复汉朝旧制，一概严肃整齐。当时关中一带的官员赶来东方迎接皇帝刘玄去长安，见到刘玄的将领们头上随便包一块布，没有武冠，有的甚至穿着女人衣裳，十分滑稽可笑，丝毫没有庄重威严的样子；独有刘秀的僚属法度严谨，因而肃然起敬。一些老官员流着泪说："没想到今天又看到了汉朝官员的威仪！"众人都对刘秀产生了敬佩、向往的心理。

刘玄定都洛阳后不久，河北地区又有起兵作乱之事，需要派一员亲近大将代表朝廷前往，宣示朝廷旨意，要那里的郡国遵守朝廷的诏命。经过一番争议，最终派刘秀前往镇抚。这给刘秀一个避开矛盾漩涡、自由施展的机会。

刘秀一到河北，就利用绿林军的声威，打着汉宗室旗号，巡行各郡县，释放囚徒，废除王莽苛政，恢复西汉官名，百姓高兴不已。刘秀军纪严明，民政宽仁，他智勇有大略，使天下不少谋士、良将纷纷归附，为之出谋划策。结果，刘秀得到了邓禹、寇恂、冯异、耿纯等文武兼备、精通兵法、善驭吏士、恪守信义的人物，形成了一个较完整的领导集团。刘秀视其才干，分别予以重用。南阳才子邓禹早在刘秀求学长安时，就为刘秀所敬重，这时追随刘秀，并在刘秀到达河北后向刘秀分析当时形势，建议他"当今之计，莫如延揽英雄，务悦民心，立高祖大业，救万民生命"。刘秀遂与邓议定取天下的方针，军事上严明纪律，赏罚分明；政治上招揽人才，争取民心。最后目的是得天下。

刘秀深知，要得天下，首要的是争取民心，因此，他在河北，每到一处，"辄见二千石（郡守）、长吏、三老官属、下至佐史，考察黜徙，如州牧行部事"。河北不少豪强地主听说他是汉室后裔，也主动投靠他。刘秀逐步占据了一些地盘，扩大了队伍。刘玄深恐刘秀势大难制，遣侍御史持节封他为萧王，要他罢兵回长安。刘秀受爵后，借口"河北未平"，拒不回长安，决定独树一帜，公开与更始政权相对立。

刘秀与绿林军决裂，即在蒲阳山等地，以诱降、镇压等手段先后击破铜马、青犊等农民武装，得农民军几十万人，准备向黄河以南发展。与此同时，赤眉军也在发展自己的势力。更始二年（公元24年）冬，赤眉军西攻长安刘玄。途中，建立了自己的政权，立11岁的汉宗室刘盆子为帝，年号建业。公元25年，由于刘玄大肆屠杀起义军农民将领，陈牧、成丹等遭毒手，张印、王匡侥幸逃脱。王匡于八月率部分起义军投奔赤眉军。九月，赤眉军与王匡军合攻长安，刘玄被杀，更始政权覆灭。

刘秀见夺取关中的时机降临，便派邓禹为前将军引兵西进，派寇恂为河内太守，行大将军事，派冯异为孟津（今河南孟津县东北）将军，统领魏郡、河内郡兵马扼守孟津，以拒洛阳的朱鲔。他自己则亲率主力北上，镇压元氏等地的农民起义军。更始三年（公元25年）正月，经过数月战斗，整个河东被邓禹军占据。七月，刘秀趁赤眉军逼近长安同绿林军激战于新事（今陕西新丰镇）、绿林军无暇东顾之机，派吴汉为大司马，统率十一个将军围攻洛阳朱鲔守军，九月，朱鲔献城出降，至此，绿林军在关东的主力已全部被镇压。到公元27年二月，冯异抓住赤眉军乏食急于东归的致命弱点，先故意示弱诱其就范，后出伏兵突袭，终于击溃赤眉军。这年夏天，原赤眉军首领樊崇、逢安等虽然举兵又起，但终因势单力薄，为刘秀所杀。赤眉军兵败，西汉末年的农民大起义结束。

早在公元25年初，随着刘秀势力的扩大，声望的提高，刘秀部将开始议请刘秀尊号为帝，刘秀以为时机未成熟，不应过早称帝，拒绝了。其后诸将士几次三番地上言劝刘秀称帝。公元25年六月，刘秀在鄗（今河北柏乡）称皇帝，祭天告祖，建元建武，大赦天下，改鄗为高邑。十月，定都洛阳，建立东汉政权。是年，刘秀年仅31岁。

刘秀自小便受到大哥刘縯的多方照顾，一直把大哥当做自己最亲的人。虽然两人性格不同，但兄弟情深。

面对刘縯无故被杀，刘秀有两种选择：一是联合刘縯旧部起兵报仇，但在当时的绿林军中，新市、平林等其他派系力量远比刘氏族人强大的多，起兵只能给对方消灭自己的借口。于是，刘秀只剩下忍辱负重，徐图再起这一条路可走，而且还要在自己的仇人面前不动声色。

韬光养晦，以身事仇需要极强的忍耐力和坚毅的信心。缺乏忍耐就会给对方消灭自己的口实；丧失信心，则会使人因失望而堕落。可事实证明：刘秀不仅在战场上是一名智勇兼备的将领，面对变故也能够忍辱负重，保全自己。

当刘秀奉命经略河北后，便有一个发展属于自己势力的机会。首先，他在政治上招揽人才，建立了属于自己的人才班底，并严明军纪，争取民心。其次，他以汉室后裔的身份，通过联姻取得河北部分豪强地主的支持，逐步有了自己的地盘和军队。这时的刘秀名义上是更始政权的将领，实质已是独立一方的割据势力。

但这时，刘秀若贸然称帝会成为众矢之的。将遭到绿林、赤眉等势力的联合打击。所以，刘秀静观时局变化。一直等到赤眉军攻占长安，推翻更始政权，又打败赤眉军主力后才接受部将的建议即帝位。

○ 以柔治天下创造“光武中兴”的局面

我们说刘秀是个好皇帝，一方面因为立国之初即以“柔造”治天下，另一方面还因他当了皇帝之后仍像以前一样重用人才，“尊贤下士”，并且对曾经随他打天下的功臣予以厚待。

公元41年，刘秀做皇帝的第17年，他衣锦还乡，大摆酒宴，款待父老。酒酣之际，刘秀的婶娘乘兴而起，说：“文叔小时候老实得很，柔弱温顺，连交际都不会，没想到今天做了皇帝。”刘秀听了，鼓掌放声大笑：“我治理天下，还是用柔道呢！”引得大家欢腾起来，齐声高呼“万岁”！所谓“柔道”，即怀柔施德之政。这是光武革除新莽弊政、中兴汉室的大政。

早在称帝前，刘秀听从了主簿冯异的意见，查问民情，平反冤狱，释放囚犯，废除王莽时代苛刻的法令，恢复了西汉的官名、制度，深受河北一带人民的欢迎。接着，刘秀少年时代的朋友邓禹从洛阳徒步赶到邺城（今河南安阳北）来投奔他。当日刘秀同邓禹谈论到深夜。最后，邓禹建言：“依禹之见，明公一向有盛德大功，为天下所叹服。当今之计，不如延揽英雄，务悦民心，立高祖大业，救万民生命。以明公的才德，反掌之间，天下可定。”刘秀把邓禹的意见定为中兴大计，坚定不移，予以实现。在削平群雄，统一天下的过程中，他用的仍然是“柔道”。冯异率兵去攻占长安，刘秀亲自送到黄河边，赐他一辆车马，一把宝剑，嘱咐他：“长安一带老百姓受王莽、更始、赤眉的兵灾，穷困到了极点。将军此去，不一定要略地夺城，重要的是除暴安良，安定人心。你要记住：争取民心最重要。”

在进行征伐、削平割据势力战争的同时，他采取了一系列缓和阶级矛盾、巩固统治的政治经济措施。

首先，刘秀注意加强皇权，削弱相权，使专制主义的中央集权完备起来。刘秀加强皇权的方法是，仍设三公（司徒、司空、太尉）任宰相，但加重尚书职权，扩大尚书机构。在朝宫中设尚书六人，分掌全国政事。尚书尽管官位低微，但“天下枢要，在于尚书”，职权极为重大。实际上逐步变成了皇帝发号施令的执行机构。然后他把西汉时职权极大的三公，改为只是给那些有资望的功臣享受的名义上的尊荣，造成东汉政府，“虽置三公，事归台阁”的局面。这种尚书台制在东汉前期起到了加强皇权、削弱相权的作用。

在加强皇权的同时，还必须集中军权、把地方权力集中在皇帝身上，这样才能把专制主义的中央集权完备起来。罢除郡国都尉，是刘秀集中军权的一个措施。西汉初设南北二军，郡太守和郡都尉每年秋季检阅一次。刘秀建立政权后，下令罢除内地的郡都尉，其职务由郡太守兼任。其后，又下令地方军队解甲归田，需要时再行招募，并由中央统一指挥。这样，就减少了地方官吏控制军队的机会，突出了中央军队的地位，皇帝可一手操纵全国军事力量的调拨、调配。

对地方政权，刘秀采取将地方政权机构改为三级制的措施。秦和西汉时的政权机构是郡、县二级，西汉武帝时的十三州刺史属临时派遣，由丞相掌握，皇帝总揽。刘秀立国后，把刺史固定为州的一级长官，使地方政权形成州、郡、县三级制。刺史直接奏事皇帝，不再通过宰相。这样地方权力可集于皇帝一身。建武六年（公元30年）六月，刘秀下了一道命令："朝廷设立官吏原是为了人民。可如今县官和属吏多得无事可做。"一下子并掉了十个郡、四百多个县，削减了许多的官吏。这不仅节省了政府开支，而且提高了工作效率。

刘秀在确定政权制度的同时，努力扩大统治基础，实行封功臣、广泛吸收豪强地主参加政权的政策。刘秀在建立政权的第二年，封功臣为列侯，赐给食邑，最多的达四个县。对此，大博士丁恭曾劝阻刘秀，恐分封过大会影响"强干弱枝"的古制。刘秀却不以为然，认为"古之亡国，皆以无道，未尝闻功臣地多而灭亡者。"当公元37年全国平定后，刘秀大肆封功臣授爵位，共封功臣365人，外戚45人。这些原本是豪强地主的功臣们，经过分封，发展了政治经济势力，成为刘秀统治集团的中坚力量。

公元35年，刘秀采纳他人建议，采取两种办法选用官吏：察举制或任子制以及征辟制。"征"是皇帝下诏书特别征召"名流"做官；"辟"是公卿大臣及郡守自行启用有才德之人做属员。实行这种制度，使东汉政府吸收了一些有才能的人，扩大了东汉政权的统治基础。

奴婢问题，是西汉末年的一个严重社会问题。农民起义沉重打击了地主豪强占有奴婢制，使许多奴婢得到解放。刘秀顺应农民起义中许多奴婢已获解放的形势，提出"天地之性人为贵"，先后六次下令释放奴婢，三次下令禁止虐待奴婢。刘秀释放和禁止虐待奴婢的政策，在一定程度上解放了劳动生产力，对封建统治的赋税收入有一定好处。

国家的稳定、富强，还有赖于发展生产、减轻赋税、兴修水利、与民休息。刘秀曾说过："朕治天下，亦欲以柔道行之。"刘秀自天下平定后，偃武修文，不轻易兴兵，而是给百姓创造安定的环境，发展生产，休养生息。公元30年，刘秀宣布废除“什一税”制，恢复“三十税一”制。减轻赋税，提高了劳动者的生产积极性。刘秀还大力提倡兴修水利，减轻和恢复战争对农业生产造成的破坏。为了解决土地兼并问题，刘秀默许农民在起义中获得的部分土地。同时，为了解决国家与豪族之间地租分配及限制兼并土地，刘秀于公元39年颁布“度田令”，命令各州郡检查垦田亩数与户口、年龄实数。失败后，刘秀便改用移民屯垦的办法来缓和土地问题上的矛盾。建武二十一年（公元45年），他在边郡“建立三营，屯田殖谷，弛刑谪徒以充实之”。

刘秀重视节俭，他特别反对厚葬的陈规陋习。他为这件事专门发布诏书说：“人们都把厚葬当做美德，薄葬视为穷酸。富人的随葬品过于奢侈，穷人为了厚葬用尽了钱财，但是在丧乱之世，厚葬者往往被人挖掘，人们这才明白它的坏处。现在布告天下，使所有的忠臣、孝子、慈兄、悌弟都懂得薄葬送终的道理，不要再做那样的蠢事。”更难能可贵的是，刘秀还反对吹捧，不准史官把所谓祥瑞和自己的功德写进史书。

刘秀本人不仅好学，而且“尊贤下士”。他把尊贤看作国家治乱盛衰的大事。他对不仕王莽朝的学士名人，更是悉数召见。凡应征召见的，刘秀均亲躬下问，量才授职。凡不愿为官的，刘秀也不强求，以礼相待，虚心咨询。刘秀视建太学重于修饰宫室，又大力提倡经学。史称他“爱好经术，未及下车，而先访儒雅”。正是由于刘秀尊贤重学，因而儒生学士包括不仕王莽新朝的独行逸士也都愿为东汉服务了。刘秀还崇尚名节，允许知识分子结思义、讲气节、交相引、兴清议。如此提倡的结果，使东汉一代忠贞之气蔚然成风。

凡此种种，使刘秀统治时期国家政治清明，任贤使能，外戚、功臣自觉回避政治。如把365个功臣封列侯的方法，让功臣们既不干预朝政，保持荣耀，又防止功高擅权。大功臣邓禹，虽为云台二十八将之首，亦急流勇退。他在战争平息后，就食邑不问政事，潜读佛书。外戚阴兴坚决辞去被封列侯，认为“外戚家若不识谦退，富贵有极，人当知足”。政治稳定，使社会秩序安定，人民安居乐业。经过十几年的努力生产，东汉初经济有了很大的发展，人口及垦田数逐年增加，税收也随着增加。国家从战乱萧条中逐渐恢复元气，进而繁荣兴盛。由于有刘秀的10多年和平治国的基础，东汉前期的七八十年中，生产发展了，人口增加了，垦田数和高税者也随着增加。公元57年，全国人口仅2100万，到公元105年，全国已达到5300万余人。垦田数到东汉和帝时，达到七亿三千多万亩。手工业和商业也得到很大的发展。刘秀经过几十年的努力，把分裂割据的国家恢复了统一，并使国家从战乱萧条中逐渐走向繁荣兴盛。史学家把刘秀统治的这段时期称为“光武中兴”。

东汉政权是在豪强地主的支持下建立起来的。刘秀手下的“云台二十八将”绝大部分是豪强地主出身。刘秀对豪强地主的势力采取妥协和保护的方针，使豪强地主得以兼并大量土地财产，控制农民。这在一定程度上激化了地主阶级和农民的矛盾。但刘秀奉行柔道治国，采取一些积极的统治政策，促进了经济的发展，换来东汉的中兴局面。以德政来协调统治是他政治上维护豪强地主利益的一个补救，也是迫不得已而为之。度田令的失败是他政治上最大的遗憾，更是大封功臣消极作用的集中表现。作为太学生的刘秀偃武修文、礼贤重学、广揽人才，最终实现了中兴汉室。

2. 一代之治皆因一帝之明

○ 杀兄屠弟夺得皇位

历史就是这样充满了无奈和嘲讽：杀害自己的同胞兄弟，作为平常人无论从哪个角度讲都是个十恶不赦的大奸大恶之人，但李世民留给后人的却是一个大明大贤的光辉形象。也许在人们的潜意识里，两个死难者的个人悲剧与天下大治的伟业相比，有点微不足道吧。

李世民为秦王时，为夺取帝位与太子建成、齐王元吉展开了殊死的斗争。

玄武门即长安宫城北门，地位重要，是唐朝中央禁卫部队屯守之所。负责门卫的将领是常何，此人是李建成的旧属，后被李世民所收买，这就为李世民的举事提供了极大便利。此外，守卫玄武门的其他一些将领如敬君弘、吕世衡等，也被李世民收买。应当说，在京师处于劣势的李世民，在玄武门将领处打主意，是很有远见的一招。

为师出有名，李世民便寻机找借口。武德九年（公元626年）六月三日，太白复经天，太史令傅奕密奏高祖："太白见秦兮，秦王当有天下。"李渊将星状单独交给李世民，李世民便乘机密奏李建成、李元吉与尹德妃、张婕妤淫乱之事，并说："臣于兄弟无丝毫负之，今欲杀臣，似为世充、建德报仇。臣今枉死，永违君亲，魂归地下，实耻见诸贼！"

李世民的这番话，是在申明自己只是因平叛功显才被猜忌、不容的，这便把兄弟间"骨肉相残"的责任全部推到李建成与李元吉的身上了。高祖听后虽感愕然，但也不敢轻信，便说："明当鞫问，汝宜早参。"即令通知太子、齐王明天早朝，由诸大臣公断曲直。

第二天一早，李世民带着尉迟敬德、长孙无忌等人埋伏玄武门附近。玄武门是皇宫大门，是入宫必经之路，守卫玄武门的禁卫军统领常何，原来是李建成的心腹，此时已为李世民所收买，正欲帮助李世民展开行动。然而就在此时，后宫张婕妤探得了李世民的动机，立刻向李建成报告。李建成找李元吉商量，李元吉认为应暂避一下风头，托病不去上朝，观察一下形势再作打算。李建成认为只要布置好兵力，玄武门的守将又是自己人，还有嫔妃做内应，难道怕他胡来？不妨进宫看看动静再说。

两人骑马进入玄武门，叫亲信侍卫在宫外等候。李建成和李元吉走到临湖殿，发现情况异常，李元吉对李建成说："殿下，今天气氛怎么这样肃杀，连一个侍卫都不见，我们还是回去吧！"于是，两人拨马便往回走。

其实，李世民带领亲信将领早已进宫，这时见二人正要溜走，便从隐蔽处走了出来，喊道："殿下，别走！"李建成、李元吉料想不到李世民会在此时现身，而且全副武装，知道事情不妙，走得更快了。不一会儿便来到玄武门前，大喊："常何，快开门！"然而任凭他俩叫破嗓子，也无人答理。李元吉大骂："我们上当了，常何投靠了李世民。"说着，他弯弓搭箭射过城门，落在城外的草地上，在那里等候的亲随接到警报，立即驰马去东宫报信。

李建成也动起手来，他不问情由，一连向李世民连发三箭，因为心慌意乱，失去准头，皆未射中。李世民却早有准备，只一箭就把李建成射中落马，顿时气绝身亡。

李元吉急忙逃去，迎面碰上尉迟敬德，他回转马头逃跑，忽然一阵乱箭射来，他趁势滚下马鞍，想钻进附近的树林里躲藏，谁知李世民此时已绕过来堵住了他的退路。两人相见，立即扭在一起。李元吉拼着全身力气，压在世民身上，要用双手去扼他的脖子。恰在这时尉迟敬德赶到，李元吉放开了李世民，撒腿就跑，被尉迟敬德一箭射死。

此时玄武门外已聚集了不少兵马。东宫接到警报后，大将冯诩、冯立和齐王府的薛万彻带领二千多名卫士在攻打大门，常何急命人抵住大门，玄武门守将敬君弘、吕世衡出城作战，不幸战死。东宫、齐王府的人马又要分兵去攻打秦王府，一场更大的战乱就要酿成。正在此时，尉迟敬德走上城楼，扔下两颗带血的人头，大声喊道："太子和齐王联合谋反，奉皇上之命讨伐二贼，你们看，这就是他们的下场，你们要为谁卖命！"东宫和齐王府的人看见两颗人头果然是他们的主子，既然太子李建成和齐王李元吉已经被杀，除了作鸟兽散，他们还能为谁卖命，于是局势旋即平定下来。事后李世民对他们不予追究，并把他们争取过来为秦王府效力。所以这次兄弟相残之事并没引起更大的战事。

当三兄弟打得你死我活，李渊正带着大臣、妃嫔在太极宫中乘船游玩，此时尉迟敬德却一身豪气地前来"逼宫"："陛下，太子、齐王叛乱，已被秦王杀死，特派微臣前来为陛下保驾！"

李渊听到这个消息十分难过，一时无话，只赶紧吩咐船只靠岸，便问在侧的大臣裴寂："此事该如何收场？"

裴寂是个佞臣，忙推托说："这是陛下的家事。"萧瑀、陈叔达却趁机进言说："建成、元吉本不预义谋，又无功于天下，妒秦王功高望重，共为奸谋。今秦王已讨而诛之，秦王功盖宇宙，率上归心，陛下若处以元良，委之周事，无复事矣！"

李渊见大势已定，便顺势说："善，此吾之夙心也。"此时，宿卫及秦王府兵与东宫、齐王府兵的战斗尚未全部结束，李渊便写了"手敕"，命令所有的军队一律听秦王的处置。

玄武门之变就这样以李世民的成功而告结束。

李渊及时改立秦王为太子，并敕令军国庶事，无论大小悉要其处决。八月，高祖李渊退位为太上皇，传位于李世民，是为唐太宗。

凡做大事，不能总是犹豫不决，坐失举事良机；又不可草率行事，不计后果。一旦决定就要当机立断、付诸行动，这样才能使自己的重大决策取得更多的获胜把握。

在武德五年以前，因李世民的军功卓著，秦王府的威望远远高于东宫和齐王府，但在以后的三年多时间里，李世民既无新的战功，又屡遭兄弟的倾轧、妃嫔谗言，使秦王府的地位不如以前。从政治影响方面来看，因李建成身为太子，宫中妃嫔，朝中大臣和地方势力依附东宫的相对多些，秦王府处于劣势也是显而易见的。

在这种形式下，随着时间的推移，时局会对李世民越来越不利。以弱势而制强敌，就必须先发制人。

○ 任贤纳谏的旷世明君

有作为的封建帝王无不懂得人才是事业之根本，选拔和使用人才事关兴国安邦。李世民特别重视人才，他对原属东宫的杰出人才大胆地加以信任与拨用，将各类人才收拢到自己身边，形成了一支实力雄厚的人才群。

在帝王专制时代，君臣之间无民主可言，不懂得广开言路的君王无异于自塞两耳蒙蔽双眼。李世民是历史上一位不可多得的明君，正是他的兼听纳言，开创了贞观时期君臣之间互相依赖，互相信任，互相支持的清晰政治之风，在短短一二十年将大唐推向昌盛繁荣。

即位以后，李世民逐步建立起了以自己为核心的最高决策集团，汇集了当时最杰出的人才，以充满朝气和进取精神的政治面貌，开始励精图治，为开创贞观之治的昌盛局面奠定了良好的基础。

李世民深知：为政之要，唯在得人，用非其才，必难致治。于是，他首先采取了求贤纳才、知人善任的用人政策，不拘一格地广泛吸纳人才，把举贤荐能、广招人才视为刻不容缓的事情，对那些推荐人才不积极的大臣，则加以严厉批评。

有很长一段时间，宰相封德彝没有推荐一个人。李世民于是就责问他；封德彝却回答说是天下没有贤才可以推荐。

李世民不禁气愤地批评封德彝说：“用人就如同使用器物一样，只要各取所长，自然就不乏贤才奇士。你不善知人，怎能说是世上都没有贤能之才呢！”

李世民不仅让大臣们推荐选拔人才，他自己也处处留心和访求有才之士，一旦发现即破格提拔重用。只要是有才之士，李世民不计较资历地位和亲疏恩怨，都能够兼收并用，充分发挥他们的才能。

贞观三年（629年），在一次上朝的时候，中郎将常何所提出的二十多件事，全都符合朝政的情况。然而，常何是武将出身，不通经文，应该是不可能有这么高明的见解的，这不禁让李世民既高兴但又感到奇怪。

经过询问，李世民这才知道，常何所提交的议论其实都是他家中的食客马周代写的。于是李世民立即将马周召进宫，和他一番详谈之后，发现马周的确是个人才，不仅机智敏捷，深识事端，而且处事公允，敢于直言，当即就任命他为门下省官员，对他大加重赏，后来又任其为监察御史、中书舍人，直至中书侍郎、中书令等要职。

“玄武门之变”后，李世民不计较恩怨，大胆重用东宫集团的重要谋臣魏征、王珪、韦挺等人，对于自己的旧属和亲信，李世民也不滥加任用，而是量才授予官职。

李世民用人既注重才能，也十分重视德行。特别是地方官的选拔，尤其重视德才兼备，认为这些人是亲民之官，掌握着百姓的苦乐。李世民下诏规定，县令由五品以上的京官推荐，刺史则由自己亲自选任。为做好选任刺史的工作，李世民把全国各州刺史的姓名写在卧室内的屏风上，随时记下他们的善恶事迹，以备升迁和赏罚。

李世民还特别注意广开言路，虚怀纳谏。他谨记“兼听则明、偏信则暗”的告诫，不仅重赏那些敢于进谏的官吏，还要求大臣们从各个方面直言进谏，不要放过小事。

由于李世民虚心纳谏的开明作风，使朝廷中出现了一大批敢于直谏的大臣，贞观前期著名的有魏征、王珪、杜如晦、房玄龄等，后期著名的有马周、刘洎、褚遂良等。他们对当时的政治形势起了良好的作用和影响，其中最杰出的当数魏征。

魏征原来是太子李建成的重要谋士，“玄武门之变”后，李世民推崇他的才能，委之以宰相重任。他前后共向李世民进谏了200多件事，大多数都被采纳了，这对贞观前期的政治起了重要的影响。

魏征为人正直，敢于直言，凡是正确的意见，不但要说，而且要坚持到底，即使李世民大发雷霆，魏征坦然处之、神色不移，毫不退缩。

魏征死后，太宗十分痛心，无限感慨地说“用铜做镜子，可以端正衣冠；用历史作镜子，可以知道国家兴衰的道理；用人做镜子，可以看到自己的过错。现在魏征去世了，使我失去了一面很好的镜子。”

为了创造一个良好安定的社会环境，为实现大治天下的治国方针提供法律上的保障，李世民又进行了法制的改革和建设，采取了慎刑宽法的措施。

为了保证法令的贯彻执行，李世民亲自选拔了一批正直无私、断狱公平的人担任法官，并亲自检查法官对案件的处理情况。他一再告诫大臣们说：“死者不可复生，用法务在宽简。”并将死刑的终审权收归中央，以免出现冤案。同时，李世民还规定对死刑要三次上报中央，被批准后方可执行。

李世民以独特的政治家风度，积极推行科举制度，大力奖拔人才。因此，在唐初人才萃集，群英满堂。为开创贞观时期的大好局面，发挥了积极作用。

纳谏、兼听算不上开创性的政治举措，但对于帝王来说，绝对是值得大书特书的政治品质和智慧，其中包含的统驭学问也值得我们尤其是领导者深思。

3. 谁说女人不能当皇帝

○ 在后宫的斗争中脱颖而出

毫不夸张地说，中国历史上的唯一一位女皇武则天的皇位是靠耍心眼儿耍出来的。后宫是个是非之地，斗争的复杂性和残酷性绝不比男性主导的朝堂逊色。

贞观二十三年（公元649年）五月，唐太宗驾崩，武则天被削发为尼，送进感业寺。永徽元年太宗周年忌日，唐高宗李治来到感业寺进香，看到武则天哀怨的面容，唤起了昔日的爱恋之情，于是摒弃佛规礼教，把她接入宫中。

武则天再度入宫之时，高宗后宫内的矛盾非常激烈。皇后王氏是关陇大族的后代，是朝中掌权的关陇贵族势力向后宫的延伸。她素以淑静贤德闻名，不失为一个国母，但她又过于拘泥古板，加上没有生育，高宗并不喜欢她。高宗虽长期受唐太宗训导，要做一个有为之君，却无治政之能，对朝政事务难有自己的主张，不得不事事依赖于大臣，这颇使他羞愧自卑。高宗的心里话无处倾诉，只有一个女人可以让他暂时忘掉种种烦恼，这就是萧淑妃。萧淑妃原为良娣，美丽动人，撒娇撒痴，因而为高宗所喜。但淑妃任性娇纵，也只可供玩乐，不足语心声。而且萧淑妃受宠，为王皇后所妒，两人都在高宗面前互相攻讦，喋喋不休，高宗既不便袒后，又不便袒淑妃，因此在后宫也得不到清静。正是在这种心情之下，他与武则天重续旧情并将她接入宫中。

软弱无助的唐高宗在武则天的怀抱里得到了心理的安慰。刚毅而有见识、年长他4岁的武则天迎合了他的恋母情结。但高宗对武氏的痴情引来了王皇后和萧淑妃的嫉恨，她们又联合起来把矛头都对准了武则天。

在宫中历练多年的武则天对此并不惧怕，她开始运用其才智为命运而斗争。王皇后秉性严肃，不善笼络、俯就下人，武则天便反其道而行之，越是王皇后瞧不起的人，她越是示以亲热；自己所得之赏赐，不论厚薄，悉转赏六宫女史。武则天自己曾是宫人，能体谅宫人的痛苦，从不滥施威风，所以宫女们无不敬重、同情并效忠于正被封为昭仪的武则天，王皇后与萧淑妃的一举一动都在武昭仪的掌握之中。

宫中的斗争引起了朝堂大臣们的注意。为了压制武昭仪，免生是非，在宰相、王皇后之舅柳爽的建议下，长孙无忌、褚遂良、韩瑗等众宰相请高宗立宫人所生的燕王忠为太子，想堵绝武昭仪母以子贵的道路。此举极大地伤害了武则天，使她感到了王皇后背后强大的势力，她几乎失掉斗下去的勇气。但她知道，一旦她退缩，只有死路一条，倒不如冒险一搏，扳倒王皇后，自己取而代之。

武则天在震惊和伤心之余，开始把目光瞄向朝堂，她不认为朝中就是铁板一块，没有可打开的缺口。她每与高宗相聚，便有意无意地问起朝中的事，了解朝中局势。一次，唐高宗有件事决定不下来，想请武昭仪拿个主意。他告诉武昭仪：郑州刺史许敬宗送来了请求告退的表章。许敬宗是南方士族，很有文才，举秀才科，唐太宗闻其名，召用为秦王府十八学士之一。太宗征高丽时，许敬宗曾在马前受旨草写诏书，顷刻即成，词采华美，深受太宗赞赏。高宗即位后任其为礼部尚书。许敬宗曾是高宗李治任太子时的侍从官，但因不是关陇集团中人，在高宗朝历受排挤，因小事被贬郑州刺史。许敬宗告退，就是试探高宗对他是否重视。武昭仪听后，认为这是天赐良机，当即劝高宗说："许敬宗既然是个很出色的人才，又是皇上倚重之人，可先让他做修史的事，朝臣不会有异议。"高宗觉得此办法妥当，于是速将许敬宗召回，用为卫尉卿、加弘文馆学士、兼修国史。武昭仪派心腹告知许敬宗原委。许敬宗得知宫内斗争的内情后，也很快心领神会，入朝不久，就派人告诉武昭仪要效忠她。武昭仪终于在朝中也有了支持者。在宫中，武则天则致力于进一步打击王皇后。永徽五年武则天又生下了一个女儿。一日，王皇后亲临武昭仪的寝宫，由于武昭仪不在，她只看了看新生的小公主，便回宫去了。不久，武昭仪回寝宫，便惊呼公主已在寝宫内死去。高宗得报，便认定是“皇后杀我女”。虽查无实据，但王皇后的厄运就此注定。

此后不久，高宗为抬高武则天的地位，借追赠武德朝功臣之名，追赠武昭仪之父武士彟，向朝廷内外宣示武昭仪虽出身寒门，但也是唐开国功臣之女。为进一步向关陇集团和王皇后施加压力，武昭仪授意许敬宗上奏，请封武昭仪为“宸妃”。“宸妃”在宫制中本不存在，是武则天构想的杰作，即在皇帝后宫四妃之上加一宸妃名号，地位仅次于皇后。这无疑是夺取皇后之位的试探信号。此举迅速遭到关陇集团的宰相韩瑗、来济等人的反对，他们说：“前朝从没有这种称号和做法，这样做可能会对皇上的声誉不利啊！”

永徽六年初，处于惊恐状态的王皇后竟听从其母柳氏的劝说，用巫术来诅咒高宗和武昭仪。

但却加速了王皇后的倒台。事情败露后，王皇后被幽闭，柳氏被禁入宫。宰相柳奭先已被贬吏部尚书，这次又被贬遂州刺史，再贬荣州刺史。唐高宗决计要废王皇后了。

高宗废后的举动，遭到长孙无忌、褚遂良等元老重臣和其他许多大臣的强烈反对和竭力阻拦。由于心存幻想，也为了尽量不与身兼顾命大臣和国舅身份的朝中元老长孙无忌形成正面冲突，武则天最初还是力劝唐高宗以优礼来软化这位舅父，还伉俪相携，临驾长孙无忌的太尉府第，以家庭式的亲情来打动他。但长孙无忌对送来的礼物照单全收，而对皇后废立问题始终不提。在朝堂上废立皇后的争斗异常激烈，武则天的支持者许敬宗以及中书侍郎李义府与反武势力在朝堂上争吵起来。关陇实权派大臣大多站在长孙无忌等人的一边，他们不仅竭力维护王皇后的地位，还指斥武则天出身低贱，是狐媚惑主的祸根，不配立为皇后。褚遂良在朝堂上甚至以死来抗争，提出即使要改易皇后也要选择名门，而不能立武则天。

永徽六年九月，唐高宗与武宸妃商议，谈到李勣这位宰相在废后争议中称病不朝，没有表明态度。武宸妃认为，李勣是四朝元老、出将入相的重臣，声望极高，但在永徽以来，因关陇集团的操纵而没有实权，大概正因为如此，他在废后问题上不愿附和关陇集团。如果能得到他的支持，事情就好办了。高宗觉得有理，便在内廷召见了李勣，询问废后之事。李勣从容笑道：“此陛下家内私事，何必更问外人！”李勣一言九鼎，不仅表明了态度，而且暗示高宗可以采取断然的举动。

这年十月十三日，高宗在得到李勣的有力支持后，便发布诏书，将王皇后和萧淑妃废为庶人，立武宸妃为皇后，并于十一月一日举行册后大典。在隆重大典上，高宗为武后开一特例，让她乘坐重翟车，直抵皇宫西边的肃义门，接受文武百官、各族酋长的朝贺。

从此，唐朝的政坛上开始刻上武则天的烙印。

○ 削除异己巩固地位

对于凡是当初反对易后的人，武则天都施加残酷迫害；而对于拥护她的人，则无论其品质恶劣如“李勣”之流，也恩宠有加。执行明显的以“我”画线，顺者昌，逆者亡的结党营私用人方针。尽管此时，唐高宗已经察觉武则天的野心并对她的某些做法十分不满，但无奈武后羽翼已丰，从依仗唐高宗对她的宠信控制朝政到凭借自己的权势和智谋控制朝政。随着武则天权力不断巩固，朝廷中形成“天下大权悉归中宫，天子拱手而已”的局面。

皇后的位置，对封建社会的一般女性来说，应是追求的最高目标了，然而，武则天并不满足。此时，仇视她的政敌以长孙无忌为首仍控制着朝廷，随时随地都会颠覆她，残酷的现实使她深知权力的重要性。

在武则天的麾下，已形成了以许敬宗为首，包括中书侍郎李义府、御史中丞袁公瑜等人组成的拥戴武则天的势力。受到关陇集团排挤的以李勣为首的其他政治势力也拥护武则天。在此基础上，武则天开始打击把持朝政大权的关陇集团。首当其冲的当然是王皇后的舅父柳爽，他在王皇后被幽闭后，被迫辞去中书令之职，左迁吏部尚书，后又被贬为莱州刺史。显庆二年（公元657年），武则天将谋反罪强加于他，使之身首异处。永徽六年九月，当时最激烈反对立武则天为皇后的褚遂良，当即被贬为潭州都督，不久又迁桂州都督，显庆二年又以谋反罪名将他贬至爱州（今越南清化），次年他忧郁而死。中书令来济、侍中韩瑗等反武人士也次第被贬。在反武阵营的大臣中，现在就只剩长孙无忌这个孤家寡人了。

显庆四年（公元659年），有人控告太子洗马（太子宫中掌管图书的官员）韦季方等与朝廷权贵结党营私。高宗命许敬宗等审理此案。韦季方是长孙无忌的门生故旧，许敬宗便借机用酷刑逼韦季方招供与长孙无忌结党谋反。韦季方以自杀相抗争。但在许敬宗的精心炮制下，长孙无忌仍以谋反罪被削去太尉衔和赵国公爵位，流放至黔州，接着被迫自缢而死。结果，长孙氏与柳爽族共有13人被斩杀或遭流放。

武则天在大力削除政敌的同时，为提高自己的权势而大力扶持拥戴她的庶族官僚，她授意许敬宗奏请高宗修改唐太宗时修撰的《氏族志》为《姓氏录》。《姓氏录》把门第高下的意义加以淡化，按担任官品高下酌定氏姓等级，凡五品以上官员不论其出身一律列入士族，并以低微的武氏后族荣登第一等。此举较彻底地否定了旧的门第观念，笼络了大量庶族出身的新贵族，受到了大多数地主阶级人士的拥护。

唐高宗虚胖体弱，特别是自永徽五年起，便时常头晕，并伴有关节炎、背痛，显庆二年又出现双臂麻木症状，坐朝时精神不能专注。唐高宗便更依赖于武后，百事由她在后台裁决。坐朝而不决，渐成高宗的惯例。显庆五年（公元660年）六月，高宗头疼加剧，双目晕眩不能视，百司奏事更委武后办理。数月后，高宗病情更加恶化，武则天便代高宗上朝，坐在珠帘之后，处理政务。她表现出的智慧和干练，受到朝中大臣们的称赞。

武则天垂帘听政难免使其亲信飞扬跋扈起来，尤其是人称“李猫”的李义府。他无恶不作，受贿卖官，贪得无厌，而且在高宗面前也敢狂悖无礼。皇后势力的扩张，开始令高宗不安，帝后矛盾加剧。

麟德元年（公元664年），帝后斗争演变为一场废后风波。时长安蓬莱宫盛传王皇后与萧淑妃的幽灵时常出没。武则天召令道士郭行真到寝宫设坛驱鬼。高宗接到宦官王伏胜密报，非常气愤，认为皇后这样做有失大体。一气之下，他生出了废后的想法，密召西台侍郎、同东西台三品的上官仪，命他起草废后诏书。可是，武则天得到了消息，迅即赶到高宗面前，将墨迹未干的诏书撕毁，委屈地诘问高宗：“近来龙体欠安，为了国家和皇上，我不辞辛苦，尽心竭力处理政事，怕有丝毫差错，常致茶饭不思，夜不能寐。陛下却背着我，听信奴才之言，在这里商议废我！”秉性懦弱的高宗被问得无话可说，便推说是受了上官仪的挑唆。武则天闻之大怒，将上官仪投入大牢，又指使许敬宗等人诬上官仪、王伏胜与废太子李忠策划谋反。结果，上官仪惨死狱中，其子廷芝和宦官王伏胜被杀，上官一家被籍没宫中为奴。废太子李忠闻知消息，也自缢身亡。

从此，武后的地位更加巩固，高宗对此已无可奈何。武后继续在紫宸殿设下翠帘，与高宗共同听政。而实际上，高宗已成为一种象征，事无巨细悉交给武后处置。至此，天下吏民都称他们为“二圣”。

○ 为自己加冕的武周皇帝

在封建社会，女人没有地位，而武则天却做了中国古代历史上唯一的女皇帝。她辅佐唐高宗29年，临朝称制6年，当女皇15年，历50年政治生涯，极度戏弄和伤害了有着一整套伦理哲学来维系的男权社会。她做皇帝是对以男性为中心社会的一种冲击和震撼。历史上曾出现过许多女性把持封建朝政的局面，如汉初吕后、清末慈禧，但唯独武则天有胆量称帝。

唐高宗李治死后不久，武则天废黜唐中宗李显，改立第四子豫王李旦为皇帝，是为睿宗。她自己临轩问政，执掌朝纲，威慑群臣，成为唐王朝名副其实的最高统治者。

但高压并没有使一些反对女人当权的正统人士屈服。更可怕的是，武则天一手提拔起来的宰相刘祎之对太后执政也很不满，私下说："太后既然废昏君而立明主，就没必要临朝称制了。不如把政权交给皇帝（睿宗），以安天下之心。"武则天得知后非常气愤，对大臣们说："刘祎之是我从北门学士中起用为宰相的，如今他却背着我说这种话。"这时，有大臣告状说刘祎之有受贿行为，并曾与许敬宗的小老婆私通。武则天派人带她的诏敕去审问他，不料刘祎之竟傲慢地抗拒制使，对武则天的诏敕表示轻蔑。武则天一气之下，逼令刘祎之自尽。刘祎之对武则天的背叛，使武则天在政治态度上发生了很大转变。她认为，文武大臣都是靠不住的，只要是她作为一个女子在位掌权，她就要面对源源不断的反对者。自此以后，武则天便通过扶植武氏亲族来巩固她的地位，并将"制狱"处置的对象重点转向文武大臣。同时，对于阴阳之序、男女之教一套东西，武则天已恨之入骨，她决心彻底摆脱"臣妾"的地位，做一个名副其实的"女主"，向这套说教宣战。她认为，既然吕后临朝总是受后人辱骂，那就不如名正言顺、光明正大地称皇帝，统治天下。人不敢为，我偏要为之。

早在光宅元年（公元684年）九月，武则天图谋帝业的野心已显露出来，被提拔为春官尚书的武则天之侄武承嗣提请太后追封武士彠为王，并立武氏七庙（此乃天子之礼），遭到裴炎等人的反对，武则天不听，还是按诸侯之礼在并州文水设武氏五代祠堂，追尊武士彠为王，其侄武三思等五人都升了官，武氏族人在朝堂中已形成了一股很强的外戚势力。同时，武则天开始打击李唐宗室势力。

垂拱三年（公元688年）二月，武则天下令拆除乾元殿，改建为举行祭祀庆赏大典的明堂，让她的男宠、颇精通建筑绘画雕刻艺术的白马寺和尚薛怀义督造。明堂是一种与上天沟通、宣传皇权天授的象征性建筑，但它只在周朝时有过，后世并没有兴建明堂。武则天此举目的在为她当皇帝亦是天意做舆论准备。

这年四月，武承嗣指使人向武太后献上一块刻有“圣母临人，永昌帝业”的石头，说是从洛水中打捞出来的瑞石。武则天便又利用这块石头大造舆论，将它命名为“宝图”，并给自己加上了“圣母神皇”的尊号。既是圣母，又称神皇，这是武则天要称帝的信号。五月，武则天下诏亲拜洛水，以授“宝图”，并御临明堂庆祝，命诸州都督、刺史及宗室、外戚在拜洛水大典举行之前10天齐集神都洛阳。

可就在她庆祝“宝图”出现之时，李唐宗室沸沸扬扬流传着一个可怕谣言，使早已不满和愤怒的宗室诸王家族更躁动不安起来。谣言说：“太后正密谋改朝换代，要清除李唐宗室。在洛水授图之日，太后将借庆祝之名将李姓宗室一网打尽。”于是，韩王李元嘉之子、通州刺史黄国公李譔以及越王李贞、其子琅砑王、博州刺史李冲等商定，假冒睿宗名义，制作“玺书”：“神皇欲移李氏社稷以授武氏”，向诸王散发。随后，李冲一面招兵买马，一面向韩王李元嘉、霍王李元轨、鲁王李灵夔、纪王李慎、越王李贞约定共同发兵攻打神都洛阳。但是，李冲等宗亲早已丧失了祖先的胆略，他们因宗亲而封王，既贵且富，高高在上，鱼肉百姓，一个个都已变得脑满肠肥。他们在民众中毫无号召力。李冲仅招募到5000多人，攻打本州所属的武水（今山东聊城西）县城即受阻，部下迅速作鸟兽散。李冲仅率数十骑回博州城，在城门下被反戈一击的守城者打死。这时，越王李贞统领的7000多人，在豫州（今河南上蔡）城外，也被朝廷大军打得大败，李贞被部下逼迫饮鸩自杀。诸王起兵，前后不到10天就彻底失败了。平定叛乱后，李唐宗室受牵累致死者不计其数，甚至武则天的女儿太平公主之夫薛绍也因与李冲有密信往来而被投入大牢，受折磨而死。

永昌元年（公元689年），武则天对唐朝宗室诸王再次举起屠刀，以谋逆罪名，诛杀了汝南王李炜、纪王李慎等人。牵连达数百家，李唐宗室人员或被杀，或遭流放。至此，唐宗室已被清除殆尽。

经过一系列大清洗，武则天认为唐室再无人敢反对她了。于是，在永昌元年（公元689年）十一月下诏，改用“周历”，宣称周是武氏的远祖，以示武姓为王的源远流长。她还让远房内侄宗秦客创造了十几个在诏书、祭祀中常用的新字，表示更新。她自创名为“曌”，含“日月当空，恩被天下”之意。这一字巧在对男尊女卑观念的回击，表明武则天就是要阴（即月的寓意）处阳（即日的寓意）位，主宰天下。这些新字都颁行全国。为了给新王朝提供所需的人才，武则天在载初元年（公元689年）二月，亲临洛阳殿，首开最高统治者亲自主持贡士策问的先例，以期选拔一批富有朝气、锐意进取的新士。同时她还首创武举，选拔军事人才。她还派出宣抚使到全国各地搜集人才，破格任用，如狄仁杰、姚崇、宋璟、张九龄等都是经武则天之手选拔的。

武则天还进一步做舆论准备工作。当时，道教是李姓尊崇的宗教，无法借用来做文章。而儒家经典里充斥着对武则天这个女人不利的东西，这使武则天自然想到当时已很盛行的佛教。一些僧人便从佛教经典中找寻出了女子当国王的经文，用佛理把武则天打扮成一个转世圣王。于是“太后乃弥勒佛转世”的理论依据——《大云经》及其新注释被呈上了朝堂。武则天如获至宝，将《大云经》颁行天下，并敕各州都要建寺珍藏《大云经》，由高僧登高座讲解，进行全国的洗脑教育，并宣布佛教在道教之上。

舆论造好后，便是劝进。载初元年（公元689年）九月，由侍御史傅游艺组织的请愿队伍，上书朝廷请皇太后即皇帝位，改国号为周。几天后，劝进的人越来越多，包括文武百官、普通百姓、少数民族酋长使臣以及沙门道士等计6万余人。睿宗也表示让位，请求赐姓武。经三次上书，武则天便在九月七日宣布接受皇帝的禅让，自称圣神皇帝，改国号为周，改元天授，以皇帝李旦为皇嗣，赐姓武。这年武则天65岁，成为中国历代史上从未有过的女皇帝。

在中国历史上唯一女皇统治的年代里，武则天打击的锋芒主要针对的是李唐宗室及其追随者，似乎可以看作帝王的“家事”，牛亡马死与百姓关系都不大。其主要政策可以评价为乱了李唐之纲纪，而未乱治国之朝政。因此，武则天的统治堪称继“贞观之治”之后，在“开元盛世”之前我国封建社会仍然继续向前发展的时代。所以，对于武则天从争宠后宫，拼搏命运到权欲重心，南面称帝的所作所为，一千多年来，仁者见仁，智者见智，用不同的观点填写那块“无字碑”。毛泽东就曾用有治国之才，容人之量，识人之智，用人之术对武则天这个唯一的女皇帝进行了总结。

○ 女皇帝一手导演的白色恐怖剧

从临朝称制到称帝前期，武则天运用其强硬的手腕，残忍的性格，实行了十余年的酷吏政治。这固然是出于维护统治地位的目的，但如果从她不惜扼杀亲女加害王皇后的行为来看，何尝不是武则天迷信恐怖的高压的残忍本性。但由于武则天的放纵和重用，酷吏们无所忌惮地扰乱刑罚，滥杀无辜，为了邀功大肆制造冤假错案，十分猖狂。也许由于武则天毕竟信奉佛教，在其政权得以巩固之又开始“以恩止杀”，体现了她政治家的灵活性。

为了巩固自己的统治，武则天物色了一批酷吏，其中，索元礼、周兴、来俊臣最为臭名昭著。这些人大都出身无赖，性情残忍，专以告密陷害为事。来俊臣和万国俊等还专门编写了一部告密专著《罗织经》，作为培养新酷吏的教材。

他们创造了名目繁多的审案酷法，如“驴驹拔厥”、“犊子悬车”、“仙人献果”、“玉女登梯”、“方梁压髁”、“凤凰晒翅”、“猕猴钻火”等等。

除此之外，这些酷吏还发明了十个大枷，也命以不同的名堂：定百脉、喘不得、突地吼、着即承、失魂魄、实同反、反是实、死猪愁、求即死、求破家。这些骇人听闻的酷刑，使囚犯“战栗流汗，望风自诬”。

这样，一整套完整的执行恐怖政策的制度和机构建立起来了。在恐怖政策下，武则天放手任用酷吏，被杀和遭流放者动辄几十、几百，甚至上千人。

李唐宗室是酷吏们打击的主要对象。由于他们不甘心先帝的事业落在异族女性手里，因此极端仇视武则天。他们的反抗，招致了武则天残酷的镇压。宗室子孙除李显、李旦及其子女尚能保全外，只有李治的千金公主因百般献媚得以安宁，其余的或被杀、或自杀、或流放。

酷吏们打击的另一对象便是元老大臣。这些人每以唐家老臣自居，以匡救社稷为己任，对武则天的“倒行逆施”深恶痛绝。因此，武则天对他们防范甚严，只要稍露形迹，甚至只凭诬告，就对他们下手。

冯元常是李治的信重大臣。他曾密奏：“皇后权太重，应当抑损一下。”因此武则天怀恨在心。再加上他平时对武则天又多有不恭。因此，武则天对他极为反感。垂拱三年（公元687年），酷吏周兴罗列罪名，将他逮捕入狱，折磨而死。

第二年，周兴又诬告武将黑齿常谋反，逼他自缢而死。黑齿常是百济人，降唐后历任禁军将领，多次奉使御边，令吐蕃、突厥望而生畏，是当时仅存的几员名将之一。

右卫将军李安静是隋唐间名将李纲之孙，忠贞耿直。武则天改唐为周时，公卿百官皆上表劝进，参加闹剧，唯独李安静坚决反对。天授二年（公元691年），酷吏来俊臣逼他供认谋反，李安静回答说：“以我唐家老臣，须杀即杀！若问谋反，实无可对。”终于被来俊臣杀害。

据统计，武则天临朝称制期间，做宰相的共24人，在6年多的时间中，被杀或贬流罢相的就有17人。

但是，武则天毕竟是一位成熟的政治家，她任用酷吏是有限度的。27名酷吏除傅游艺外，即如周兴、来俊臣、丘神勣、索元礼等也无一授相职，只是让他们执法而不与他们执掌大权。在司法机构中又保留了狄仁杰、徐有功、杜景佳、李日知等一批执法平允的良吏。尽管这批能干优秀的大臣被酷吏们视为眼中钉，一再受到诬陷，但总是受到武则天的亲自保护，这对整个政局的稳定起了重要作用。武则天的统驭智慧从中可见一斑。

4. 赵匡胤以心智取胜

○ 心智之一：执新政用旧臣

俗话说：“一朝天子一朝臣”，而宋朝开国皇帝赵匡胤作为新任天子，却悉数留用旧臣。在当时人心不稳、臣心不服的背景下，无疑是笼络人心、稳定局面的高招，这一心智的运用，显然比挥起屠刀的高压政策要高明得多。

建隆元年（公元960年）正月，登基后的赵匡胤“车驾初出”，在城内巡视。随行的卤簿（仪仗队）较为简略，排在前面的是由禁军组成的“驾头”，随后就是皇帝乘坐的步辇，步辇之后是擎着扇和伞盖的方队。方队后面是公卿百官——他们本来都是后周旧臣，与端坐在步辇之上的“皇帝”乃是比肩多年的同事，而现在却要对他俯首称臣，这时的心情是可想而知了。当銮驾缓缓通过御街、跨上大溪桥时，就听得“嗖”的一声，一枝利箭紧擦着步辇飞了过去，射到了后面的扇上。卫士大惊，赵匡胤却显得十分镇定。他从步辇中探出身子笑道：“射死我，这皇位亦轮不到你！”这话笑中含刺，不单单是讲给刺客听的，步辇背后的一大批后周旧臣也不能不为所动。同时，此等气概、此等言语也真不是其他人能说得出的。

赵匡胤的捷足先登，只不过使后周旧臣失去了一次实现野心的机会，却没有打消他们的野心。他们有的在等待观望，希冀再起；有的则“日夜缮甲治兵”，准备与新王朝再来一番角逐。

面对这种局势，赵匡胤和赵普等人认为应采取以稳定京城、笼络后周旧臣为主的方针，以静制动。因为“京城若乱，四方必转生变”，“都城人心不摇，则四方自然静谧”。

依据这一方针，赵匡胤对后周旧臣实行了官位依旧、全部录用的政策，甚至连宰相也仍由旧相范质继任。当时，范质在听到陈桥兵变的消息时，曾抓着王溥的手说：“匆忙派赵匡胤出征，我们太糊涂了！”边说边用力握，指甲竟戳入王溥的肉中，流出鲜血，足见其恨意之深。在举行禅位大典时，范质也是在士兵的“举”刃胁迫下才带领后周群臣跪拜的。尽管如此，乾德二年（公元964年）二月赵匡胤才将其罢为太子太傅，同年九月范质病逝。范质临死前，告诫儿子不可为他立墓碑，不可向朝廷请求谥号，这说明他一直还有一种留恋旧朝、愧对前君的复杂情绪。但这种情绪既没有发展成为对新王朝的公开敌视，也没有导致他与宋王朝的不合作（如辞官归田），这又不能不归因于赵匡胤的优待笼络政策。

为了保证对后周旧臣笼络和收买的成功，对于那些恃势欺凌旧臣的新贵们，赵匡胤则毫不留情地严加处理。京城巡检王彦升是当年兵变入城时的先锋，自恃拥立有功，横行不法。一天半夜，他以巡检为名，去敲宰相王溥的门，不仅吓得王溥“惊悸而出”，还诈了王溥一大笔钱财。赵匡胤得知此事，甚是气恼，结果王彦升被贬为唐州刺史。赵匡胤的这些做法，对稳定后周旧臣的情绪、缓解他们对新王朝的疑惧，使他们放心地为新王朝服务，起了很好的作用。不过，并不是所有的后周旧臣都被笼络了。

建隆元年（公元960年）四月，昭义军节度使李筠举兵反宋。赵匡胤派遣石守信、高怀德率军前往征讨李筠，战幕正式拉开。但宋军刚刚出发，李筠就由潞州攻占了泽州，大有西下太行的可能。与此同时，北汉又出兵南下，声援李筠。正在局势日益严重之际，又传来了扬州李重进准备起兵响应李筠的消息。李重进是周太祖的外甥，周世宗死时，他以马步军都指挥的身份驻守扬州，实际上是与赵匡胤分掌内外禁兵的。李筠举兵反宋的消息传到扬州后，他决定从扬州起兵响应，南北夹攻，于是派翟守珣前往李筠处联络。但翟守珣却偷偷来到开封，将此事报告给了赵匡胤。赵匡胤分析到李重进既然追随李筠起兵，说明他可能只是为了富贵，而并不一定是像李筠那样想做天子，所以可考虑向他颁赐“铁券”，以示永保富贵、誓不相负；同时让翟守珣速回扬州，编造假情报，双管齐下，尽量延缓其起兵的时间。而对李筠，则只能施以重拳，将其歼灭。于是赵匡胤命令皇弟赵光义及赵普、吴延祚留守东京，赵匡胤本人亲自出马征讨李筠，以求速战速决。临行前，赵匡胤对赵光义说“此行，若朕胜则不言，万一不胜，则使赵普分兵守河阳，别作一家计度”，已经做了最坏的打算。

五月，赵匡胤由东京出发，渡黄河，进太行山与石守信等部会合。太行山区路陡坡险，乱石嵯峨，赵匡胤亲自带头搬石开路，将校及士兵自然更是人人争先、个个奋勇，行军速度大大加快。不久，宋军就越过太行，大败李筠于长平。六月，攻占泽州。李筠走投无路，自焚而死。

○ 心智之二：杯酒释兵权

赵匡胤的做法，跟明太祖朱元璋大杀功臣之举形成显明的对照：既解除了将权对皇权的威胁，又保留了曾经生死与共的君臣的情义，何乐而不为呢？

赵匡胤自己以陈桥兵变而代后周自立，深知掌握军权之重要。他认识到五代王朝频繁更替，主要是由于“方镇太重，君弱臣强”。为了使赵宋天下稳定长久，避免出现又一次陈桥兵变，宋太祖下决心亲自掌握军权，将军队归皇帝直接领导指挥。

北宋建隆二年（公元961年）闰三月，宋太祖首先废除了掌管精锐部队禁军的殿前都点检这一要害军职，将殿前都点检慕容延钊改任为节度使，迈开了皇帝掌握禁军的第一步。不久，宋太祖又采纳赵普对禁军重要将领“收其精兵”的建议，解除石守信等禁军军职。宋太祖解除石守信等人的军职，没有采取以武对武、兵戎相见的政策，而是采取喝酒谈心的方式实现的，因而史称“杯酒释兵权”。

建隆二年七月初七日晚，宋太祖留石守信、王审琦等禁军武将参加晚宴。饮酒至酣，宋太祖以秘密亲切的语气，对石守信等低声说：“我能当上天子，全靠你们出了大力，我非常感谢。然而你们哪里知道，当皇帝也难得很，弄得我天天睡不着。”石守信等不知是计，急忙问宋太祖还有什么难处。宋太祖说：“这有什么不好理解，谁不想当皇帝？你们说，我的皇位能坐稳吗？”石守信等听话听音，吓出了一身冷汗，赶紧向宋太祖发誓表忠心：“陛下当上皇帝，是天命，我们绝不会有异心。”宋太祖接着说：“你们确实不会有异心。但是，你们想，谁能保证你们的部属，不会为了贪图富贵，将黄袍加在你身上，拥立你当皇帝？”石守信等一听，十分害怕，流着泪对宋太祖说：“我们可没想到这一层，还望陛下给我们指一条出路。”宋太祖这才说出了早就想好的解除他们禁军职务的办法：“人生在世，无非是贪图荣华富贵，为子孙造福，我为你们考虑，最好的办法是放弃军权，离开京城，到外地去当个闲官，享清福，买田买屋，留给子孙。这样，你们可以永保富贵，饮酒作乐，以终天年；如此，我同你们之间，也就用不着互相猜疑提防，可以上下相安。”石守信等听了宋太祖这番话，知道自己再也不能掌军权，当面向宋太祖称谢指点迷津之恩。第二天，武将们都称病，请求免去禁军重职。宋太祖立即批准了他们的请求，罢去了原职，改命石守信、高怀德、王审琦，张令铎、赵彦徽等为节度使，并对他们加以重赏。从此，中央禁军的兵权，收归宋太祖直接掌管。

为了“安抚”被释去兵权的石守信等人，赵匡胤不但向他们赏赐了大量的钱财，而且表示要同他们结为亲戚，“约婚以示无间”。不久，太祖寡居在家的妹妹燕国长公主就嫁给了高怀德，女儿延庆公主、昭庆公主则分别下嫁石守信之子和王审琦之子。除年幼夭折的以外，太祖只有一妹三女，她们中竟有三位下嫁到了被释去兵权的禁军高级将领家，说明这种婚姻是有着强烈的政治色彩的。这不但使石守信等人在一失一得中获得了一种心理平衡，进而消除了“鸟尽弓藏，兔死狗烹”之类的疑惧，而且作为一种象征，也表明宋初皇帝与曾经拥立过皇帝的功臣宿将之间的矛盾也终于得到了较为合理的解决。

中央禁军的兵权问题解决后，宋太祖又着手解决地方军队的兵权问题。他采取相同的办法，召王彦超等掌军权的藩镇入朝参加宴会。席间，宋太祖对他们说：“你们都是功臣宿将，长期在地方忙于公务，很辛苦劳累，我对你们照顾关心不周，今后我要让你们少管事，多享福。”王彦超等心领神会，依照石守信等的做法，对宋太祖说：“我们本来没有什么大功劳，全靠陛下提拔重用，如今老了，实在想告老归乡。”但有的地方武将还在宋太祖面前陈说自己过去的战功，宋太祖不耐烦地说：“那是前朝的事，有什么可说的。”第二天，各重要藩镇的将领，也多被解职。之后，主管地方军队的官职，也多由文官来充任。

○ 心智之三：加强中央集权

宋太祖赵匡胤为了巩固统治，使赵宋王朝能够长治久安，采取了一系列加强专制主义中央集权的措施。

在古代中国，如果说能有对专制皇权起到一点制约作用的，那就是“一人之下，万人之上”的宰相，赵匡胤分化相权，降低宰相地位，更加突出皇权的高高在上。同时，对地方官吏的差遣，互制牵制，使他们无法在地方形成小势力。这样一来，上下相制，机构重叠的官僚体制形成了。条条势力渠道通向皇宫，国家大权集于皇帝一身。

唐末五代以来，拥有重兵的藩镇，往往兼领数州，不但操纵地方军事，也操纵着地方的政权、财权。藩镇在财政来源、征收办法方面，自成一个不受中央管束的体制。即藩镇不但控制了国赋主要来源——两税（在农村征收的夏、秋二税），并通过征收过境商税和自营贸易，为它们军事上的专横跋扈提供了雄厚的物质基础。相反，中央财政则因州县上供财物日见减弱而虚竭。这就构成了“君弱臣强”的经济基础。

宋太祖把改革军事机构的原则和经验，应用到改革政治经济制度上来。自建隆二年（公元961年）开始，宋太祖陆续采取果断而有成效的收回财权的措施：

首先，由中央直接派京官主持地方税收，不许藩镇亲吏插手。路设转运使，州委通判，管领诸州县财政。酒坊、盐场等国家专利单位，增设场务监官。以上官员均由中央直接差遣。

其次，明令地方财赋收入，除本地行政开支经费所需之外，其余全部输送京师，州县“不得占留”。

第三，限制州府官员私自贩卖牟利活动。

从此，地方财权收归中央。为了减少地方节镇的阻力，收回地方财权，宋太祖付出了一定的代价。他没有通过行政强迫的手段，而是采取像收兵权时尽量满足将帅物质需要的办法，即通过朝廷发“公使钱”给节镇大吏，供他们私人挥霍，以缓解矛盾。

在行政方面，为了加强皇权，扭转权力多中心的状况，宋太祖对中央和地方官僚体制采取了一些改革和临时权变的措施。

首先是降低宰相威望，分割和制约宰相权力，宰相原来所占的要害部门或实权，被朝廷新任命的官吏所顶替，实际上是一种巧妙的剥夺后周旧臣实权的策略，只是保持了他们原来所享受的待遇，不使他们感到“震动”而已。差遣，或者三年一任，或者二年一任，具有临时性质。由于名义不正，在位不久，做官的人不安其位，缺乏长远的打算，从而防止了官员所到之处生根盘踞的可能。至于地方州郡长官，统统由文臣担任，不许武臣插手，长官之外另设“通判”（州副长官、有监督长官之权），使其互相牵制。

○ 心智之四：扭转重武轻文的政治弊端

历朝历代，开国之初大多是武盛文衰，而解决不好“马上得”与“马下治”的关系，往往会形成积弊，遗患无穷。宋太祖认识到了这一点，所以他“杯酒释兵权”之外，又着力改变重武轻文的旧风气。特别是放宽科举考试的范围和创立皇帝亲自复试的殿试制度，使大批文人进入宋朝统治集团。

宋太祖对文臣的重用，便利统治集团内部畸形的文武关系由重武轻文转化为重文轻武。他这样做是针对五代混乱时期重武的一大变革，巩固了赵宋政权，曾被其子孙奉为“祖宗成规”而代代相传，以致形成了重文轻武的社会风气。造成宋朝军队战斗力低下，一直处于北方少数民族军事压力下。天下太平时期重文抑武是对的，但轻武不等于轻视国防，完全断绝了民间尚武青年的出路。片面重文，从一个极端走向另一个极端，是宋朝日后为北方政权所灭的原因之一。

当宋太祖统治了南方各国和北汉各地后，达到了基本上的和平统一，他便有了和泰安息的统治政策。鉴于唐末五代，都是武人篡权，因此形成了重武轻文的社会风气。后周郭威、柴荣开始注意到重武轻文构成了对中央政权的威胁，采取了一些奖用文臣、限制武将的做法。可是，他们在位时间短促，效果并不显著，后周政权最后仍被武将颠覆了。

宋太祖即位后，从根本上着手，彻底扭转了重武轻文的风气，开创了一直延续到明、清两代的重文轻武的时代，使北宋以后不再有武将拥立的现象出现；更重要的是推动了宋代文化、科技、教育的长足发展。中国封建文化在经历了唐末五代的沉闷之后，又掀起了一个光耀世界的高潮。

宋太祖赵匡胤沉默寡言，嗜好读书，即使在行军途中，也抓紧时间，手不释卷。一旦听到哪儿有奇书，不惜一掷千金，也要把它弄到手。跟随周世宗征伐南唐时，有人在周世宗面前毁谤他说：“赵某于攻克寿州城后，所掠取宝货甚多，装了好几车。”世宗连忙派人去检查，翻箱倒柜，搜出了数千卷书籍，此外别无他物。世宗备觉惊讶，疑惑不解地问道：“卿正为朕任职将帅，扩张疆土，理当以治戎装磨刀剑为急务，用这些书做什么用？”匡胤叩头回答道：“我没有奇谋可以赞助皇上，既受重任，常感到力不能胜。因此，我广购书籍，以广博见识，增加智慧。”宋太祖在那重武轻文的时代，尚能独立其中，重武不轻文，并着意于学文读史，重视接受历史上的经验教训，他的胸怀与抱负已不可等闲视之。事实表明，读书不但有助于他建功立业，也奠定了他称帝后致力于打破重武轻文积习的思想基础。

宋太祖在赵普等大臣的辅助下，制定了一系列重文轻武的政策方针。太祖采取的首要措施是：开辟儒馆，延用聂崇义、崔颂、尹拙等儒士，使他们位居清要、学府，以培育人才，劝励教化。他懂得读书人的重要，尊重读书人的人格，连儿时启蒙老师辛文悦也被他请到朝中做官。为了发达文教，针对五代学校大多废止的状况，宋太祖下诏拨款增修国子监（国家最高学府——太学所在地）学舍，派官员管理国子监，招选生徒讲学。太祖还派内侍代表他给太学生赐酒菜，以示劝学崇儒。这一切给人以宋代天子崇尚文治、奖盛儒学的强烈印象。历史记载说：太祖皇帝定天下，儒士学者，渐渐开始自奋，穿白袍的举子（被举荐当在京师应科举考试之人），大襟束带的士大夫，进出于骑马披甲的武人之中。老百姓见后纷纷议论说：这真是一副太平景象呀！

选拔大批文臣担任中央和地方官吏，打破武人擅权的局面，这是扭转重武轻文风气的根本。禁军统帅权力被分散以后，中央政府里，宰相的权力最重，宋太祖统统以文臣任宰相。他不止一次地对臣下讲：“做宰相须是读书人。”赵普、卢多逊等，都是以儒学得太祖赏识而获致相位。就连枢密使、三司使，也一律起用文臣担任。

五代以来，地方州县政权，多数为武人所把持。对此宋太祖一概任用文臣担任州、县长官，不许武人掌握地方政治。他说：“五代藩镇肆虐，老百姓深受其祸害。朕今用儒臣办事者百余人，分治大州、大县，纵然这些人都贪污浑浊，亦不及武臣十分之一那般成害。”宋太祖重文轻武的举措，被后世帝王奉为祖宗家法，代代相传。

重用文臣，官府机构就需要不断补充大批的儒臣。那么大批儒臣从哪儿来呢？其主要途径是科举取人。为此，宋太祖对科举制度也相应地加以改革。宋太祖规定不论家庭贫富、世族高低，有一定文化程度的人，都可以应举。科举考试范围的扩大，使有才学的人不至埋没沉沦；其次，确立殿试制度，以杜绝势家权贵私人请托的侥幸之门。

开宝八年（公元975年）起，宋太祖亲自主持殿试。他说：“以前登科及第的人，多为官僚势家所占，使得出身孤寒的读书人不容易获得做官的机会。如今朕亲自临试，以是否符合标准定进、退。”宋太祖以后，殿试即成为定制。经过这番改革，宋代科举，从此不重出身门第，因而得人，使大批有才能的读书人，进入政府机构。科举场，代替了战场，成为主要的名利角逐场所。孤寒之士，一旦进士及第，如登龙门，光宗耀祖，衣锦还乡，人人称羡。“天子重英豪，文章教尔曹，万般皆下品，唯有读书高。”宋朝儿童奉为金科玉律诵读的《神童诗》，正是对宋太祖这一历史活动的高度概括。

5. 对功臣最残忍的皇帝

○ 从最底层变身的一方诸侯

历来有远大志向、独立见解的人，多不会长久寄篱人下。因为依附他人，势必受人钳制，不利于贯彻主张，实现抱负，发展自我。明王朝的开国皇帝朱元璋就是这样一个人。

朱元璋最早依附于红巾军首领郭子兴，当时郭子兴注于濠州小城，五帅共主，没有一个强有力的权力中心。郭子兴本人能力有限，缺乏长远战略眼光，不是朱元璋可以长期依靠，共谋大事之人。于是他毅然出走定远，打开局面，从而开辟出一片新的天地。

要想发展，必须立足长远，重视根据地和政权的建设，是朱元璋策略思想的一大亮点。因此，朱元璋率军攻占应天，并称吴国公，很快组建起属于自己的江南政权，逐渐夯牢了江浙这个补充兵员和军需物资的富庶基地。

元朝末年，统治黑暗。各地相继爆发红巾军大起义，广大农民纷纷响应。朱元璋因生活无望而当和尚，这时也到濠州城参加了郭子兴领导的红巾军，这是他一生中的重要转折。

朱元璋参加起义军后，作战英勇机智，深得郭子兴赏识，很快被提升为亲兵和夫长。郭子兴见其才能出众，年轻有为，又把养女马氏嫁给他。贾鲁攻围濠州，朱元璋受命拼力拒敌。至正十三年五月，贾鲁死，元兵解围撤去。但濠州城内郭子兴、孙德崖、彭大、赵均用、张天佑五位正副元帅互不团结，而且郭子兴割据思想浓重，只想占据滁阳称王，并无远图。朱元璋觉得难与共图大业，必须发展自己的势力。于是他回到家乡去募兵，得徐达、周德兴等700余人，郭子兴大喜，提升他为镇抚。至正十四年六月，朱元璋挑选徐达、汤和、吴桢、花云、费聚、耿再成、唐胜宗、陆仲亨、郭英、周德兴等24员体己将士南略定远。在攻打定远中，他又用计降服张家堡驴牌寨民兵3000人，并在横涧山夜袭元将张知院，收编缪大亨的义兵2万余人，势力大增。

攻克定远后，当地儒士冯国用、冯国胜兄弟带着乡兵前来投附，并向朱元璋献进取天下之计。冯国用认为金陵（江苏南京）龙盘虎踞，是帝王建都立业之地。建议朱元璋先攻取金陵作为根据地，然后四出征伐，倡仁义，收人心，勿贪子女玉帛，天下不难平定。朱元璋听后大喜，当即把兄弟俩留在军中，参议军机大事。继而又在进军滁州（安徽滁县）途中遇儒士李善长，李善长建议他仿效汉高祖刘邦灭秦之法，朱元璋听毕连声称善，又任李善长作幕府掌书记，协助他出谋划策，协调诸将。在这些儒士的谋划下，朱元璋逐渐注意整饬军纪，严明赏罚，为统一天下打基础。随着队伍的扩大，其成分也越来越庞杂，部卒中既有投诚的元朝官兵，又有收编的各种地主武装，因而不少士兵沾染了抢掠奸淫的恶习。至正十五年春正月，郭子兴用朱元璋计，派大将张天佑攻取和州（安徽和县）传檄朱元璋统领诸将。朱元璋看到将士掠人妻女，下令把军中所掠妇女全部放回，百姓大悦，元兵10万反攻和州，朱元璋坚守三月，城中一度缺粮，遂严禁军士饮酒，大将胡大海的儿子触犯禁酒令，准备依法处置，有人提醒说胡大海正在浙江前线统兵作战，杀子恐怕不妥，朱元璋却斩钉截铁地说：宁可使胡大海叛我，也不可坏我军法！说完亲手将其杀掉。由于执法严明，注意安抚百姓，因此很快就打破元军的重围，遁使元兵渡江逃窜。至正十五年三月，郭子兴病死，朱元璋事实上已成为这支起义军的统帅。

其时刘福通已把韩林儿迎到亳州（安徽亳县）立为皇帝，国号称宋，年号为龙凤，并任命郭天叙为都元帅，朱元璋为左副元帅，张天佑为右副元帅。朱元璋愤然说道："大丈夫宁能受制于人耶！"意不欲受封。但他的部下将领和谋士提醒说，韩林儿势力尚可借为声援，于是朱元璋才接受了任命，军中纪年文告仍称龙凤，遇事则皆不受龙凤政权节制。同年五月，朱元璋收附了巢湖水师廖永安、俞通海的战船千艘。不久，猛将常遇春、邓愈也归附了朱元璋。于是舟楫具备，军威大振。这以后，朱元璋先后攻下太平、集庆、法南行口并在应天称吴国公，置江南行中书省，朱元璋兼总省事，置僚佐参议、左右司郎中、都事。并设行枢密院、理问所、提刑按察司、营田司等机构，分别掌管军政、刑狱、司法、监察、屯田、水利等事宜。朱元璋在应天很快组建起一整套军事、政治、经济机构，显然标志着江南政权已正式建立。

○ 群雄逐鹿智者胜

元末，刘福通领导红巾军北伐，元军主力无法南顾，处于长江中下游的各路起义军都趁机扩大自己的地盘，从而逐步形成朱元璋、陈友谅、张士诚三大势力。经过红巾军起义的打击，元朝主力已严重削弱。战争已由推翻元朝统治转为群雄逐鹿，争夺新的统治权。占领的地盘越大，则兵源、粮草就越丰裕，谁的实力雄厚，谁就有成为新王朝统治的可能。

当初反元起义的红巾军演变至此，早已无“义”可言，在老百姓眼中，是一群争食的虎狼。谁的军队对百姓好一点，百姓就盼望他早日争赢，尽快结束这战祸的噩梦。

朱元璋正是顺应了这一历史潮流才成就帝业。

公元1356年三月，朱元璋攻占应天，占有两浙，建立并巩固了以应天为中心的江南根据地，兵精粮足，人才济济，实力大增，和周边其他割据政权的矛盾日益尖锐。

此时，其东北有张士诚，西面有陈友谅，东南有方国珍、陈友定。很显然如不尽快消除这些敌对势力，就无法继续发展进而统一全国。在众多割据势力中，张士诚最富，陈友谅最强。但张士诚狡而懦，陈友谅剽而轻。因此，许多将领都建议先除掉懦弱的张士诚再攻打陈友谅，唯独刘基主张先消灭陈友谅，认为攻陈则张必不敢动，而先攻张则陈必乘机来犯，致我于两面与敌交战的不利境地。最后，朱元璋依据刘基的分析力排众议，确定了先陈后张的战略方针。

陈友谅出身于沔阳渔民家庭，本姓谢，因其祖赘于陈氏，故从陈姓，元末在县里当帖书，后参加了徐寿辉领导的蕲黄红巾军。他最初充当天完政权的丞相倪文俊的簿掾，不久因战功升为领兵元帅驻黄州。至正十七年八月，倪文俊想于汉阳谋杀徐寿辉未成，便率部分军队到了黄州，结果反被陈友谅所杀。至此，天完政权的大权转到陈友谅手中。至正二十年，陈友谅挟徐寿辉东下，向朱元璋的统治区进攻。

同年五月，攻占太平，接着驻兵采石矶。陈友谅满以为应天指日便可攻下，一心想当皇帝的他，于是派人击杀徐寿辉，自称皇帝，国号汉，改元大义。但他杀徐自立的行径不得人心，造成众叛亲离，外强内弱的结果。陈友谅称帝后即遣使约张士诚一道来攻，准备顺流而下，东西夹击南京。朱元璋和刘基分析了形势，决定先集中兵力打垮陈友谅，并利用康茂才与陈友谅曾是老朋友的关系，设计诈降，把陈友谅诱至龙湾伏击，一举将他打败，俘获所部2万多人及巨舰百余艘，乘胜收复太平，攻克安庆、信州（江西上饶）、袁州（江西宜春）等地。张士诚果如刘基所料，始终未敢出兵助战。第二年，陈友谅进行反扑，派兵攻夺信州、安庆，朱元璋亲率舟师溯江西上，直捣陈友谅的老巢江州，陈又惨败，逃奔武昌。其部将及江西郡县也相继降附。

正当朱元璋和陈友谅在江南争战不休之际，江北的局势陡变。刘福通派出的三路北伐军相继失败，元军反攻山东、河南，小明王韩林儿退保安丰。至正二十三年二月，张士诚派大将吕珍攻打安丰。刘福通不断派人向朱元璋求援，应天的文官武将多反对派兵增援，认为大兵一去，陈友谅若乘虚来攻，便进退无路。但朱元璋认为安丰是应天的屏障，救安丰便是保应天。因此，他亲自带兵救援安丰，东退吕珍，将小明王迎至滁州。四月，陈友谅果然乘救援安丰之机，大举出兵围攻洪都（江西南昌）。七月，朱元璋回兵救洪都，双方在鄱阳湖恶战36天之久，战斗十分激烈，最后陈军几乎全部覆没，陈友谅也在混战中因流矢贯睛及颅而丧命。其将张定边乘夜以小舟载友谅尸及其子陈理奔还武昌，立陈理为帝，改元德寿。朱元璋虽大获全胜，伤亡也很大，将领宋贵、张志雄、韩成、陈兆先、丁普郎等皆战死。至正二十四年正月，朱元璋于应天即吴王位，建百司官属，置中书省左右相国。二月，朱元璋因常遇春久围武昌未下，亲往督战，陈理遂率其太尉张定边等请降，汉亡。陈友谅势力彻底灭亡，朱元璋将其地设湖广行中书省进行管辖。

朱元璋消灭了陈氏父子后，回师东进，决定一举扑灭张士诚。张士诚建立大周政权，打败来攻元军，奠都隆平府（江苏苏州）后，便与朱元璋邻接，双方为争夺势力范围不断发生战争。不久，朱元璋攻占长兴、江阴等地，堵住了张士诚西进之路。南面又有苗军元帅杨完者驻守，无法南进。至正十七年八月，张士诚投降元朝，被封为太尉，每年自海道往大都输粮11万石。张士诚名义上接受了元朝政府的官爵，但实际上专擅甲兵土地如故。至正二十一年七月，张士诚乘元江浙左丞相达识帖睦尔与杨完者的矛盾，派兵袭取杭州，进一步扩张势力。至正二十三年，社会上流传着“但看羊儿年（公元1367年），便是吴家国。”的民谣，张士诚遂自立为吴王。第二年正月，朱元璋为迎合民谣，也称吴王。因此，当时人们便以金陵（朱元璋）为西吴，子江（张士诚）为东吴。东吴盛产粮米鱼盐，兼有蚕桑之利，物产丰富。张士诚全盛时期，势力南抵绍兴，北逾徐州，达于济宁之金沟，西距汝、颍、濠、泗，东临海，地跨2000余里，有军甲数十万。但张氏政权外强中干，张士诚的三弟张士信及参谋黄敬夫、蔡彦文和叶德新诸人朋比为奸，贪污无能，所以朱元璋在剪除陈友谅后很快将兵锋指向东吴。朱元璋对东吴的进攻分三个步骤：首先是扫除张士诚在淮河流域的据点。至正二十五年十月起，徐达相继攻取了通州、兴化、盐城、高邮、淮安、徐州、宿州、邳州、安丰等苏北和淮河下游地区。接着于至正二十六年五月，传檄声讨张士诚的八条罪状。十一月，大将军徐达、副将军常遇春、率师20万攻占了湖州、嘉兴、杭州、绍兴等外围之地，对苏州形成包围之势。张士诚几次想突围逃走，均被朱元璋的军队堵回。第三步于至正二十七年九月南北夹击，一举将平江攻克。徐达破葑门，常遇春破阊门，张士诚仓皇归府第，自缢未成被俘，解至金陵死，东吴灭亡。朱元璋得城中兵民20余万，改平江路为苏州府，命何质任知府。

消灭了陈友谅、张士诚，朱元璋就摆脱了东西两侧受敌夹攻的困境，可以放心地收拾盘踞在浙东的方国珍了。早在至正十八年，朱元璋攻占婺州与方国珍接壤后，就曾派使去诏谕方国珍。方国珍看到朱兵势强盛，难与为敌，便向其奉送金银绸缎，表示愿合力攻张士诚，又讲明朱元璋攻下杭州，就献出温州、台州、庆元。但当朱元璋攻取杭州后，方国珍怕被并吞，就暗地里北通扩廓帖木儿，南交陈友定，图谋顽抗。并连夜运珍宝，治船具，准备万一抵挡不住时就潜逃海上。至正二十七年九十月间，朱元璋调兵遣将，分三路进攻方国珍。一路由征南将军汤和、副将军吴桢攻庆元（浙江宁波），一路由参政朱亮祖率军攻台州，另一路由水师将领廖永忠从海道进袭，截断方国珍窜逃海上的退路。同年十一月，汤和进占庆元，方国珍逃入海岛，又被廖永的舟师击败。方国珍计穷势屈，只好投降。

至此，南方群雄中实力雄厚的割据势力已被消灭，朱元璋控制了南中国的大部分地区。

○ 尽诛功臣毫不手软

朱元璋出身贫苦农民，凭他的出身都可以当上皇帝，那么谁不可以做皇帝。因此，朱元璋对身边那群深知自己出身底细，不再迷信皇权天授而又颇有才干的文臣武将很不放心。这一点与汉高祖刘邦颇为类似。生怕有一天这些开国功臣们会夺取他的皇位，所以对他们大肆杀戮。“狡兔死，走狗烹；飞鸟尽，良弓藏；敌国破，谋臣亡”这个由汉代韩信用生命悟出的君王立国规则，在大明王朝建立后再一次得到体现。

为了巩固新生的政权，为了让朱家统治继续下去。朱元璋什么都可以付出，什么都可以抛弃，什么都可以不顾忌。

明朝初年，统治集团基本为淮西势力控制。淮西集团多为朱元璋的乡里故旧，这批人跟随朱元璋南征北战，为明王朝的建立立下了汗马功劳。淮西集团的中心人物是左相国李善长，继承其位的是胡惟庸。

这些从赤贫摇身变得有权有势，发达显赫的人，在生活中奢靡淫乐，贪婪横暴，欺压百姓，鱼肉地方；政治上独断专行，排挤他人，欺上瞒下，贪赃枉法。当时的另一政治集团浙东集团对淮西人的所作所为很是不满。浙东集团以刘基为首，多是精于宋儒理学的士人。淮西集团和浙东集团的对立，为朱元璋利用彼此互相牵制，从中掌握实权提供了条件。然而，淮西集团的势力还是出乎想象地难以控制。

1379年末，占城国派使来朝朝贡，胡惟庸将此事隐瞒不报。朱元璋发现真情后大为震怒，将胡惟庸的左右膀汪广洋处死，同时惩处了中书省中有关的一批官吏。这已暗示了清理胡党的先声。朱元璋早已对胡惟庸与罪臣陆仲亨、费聚关系密切不满，另外胡党势力在军队中也渗透颇深。1380年，利用中书涂节状告胡惟庸勾结蒙古、日本，试图弑君叛乱，处死了胡惟庸，并进行了整个官僚机构的大清洗。清洗扩大到全国，连坐族杀，从中央到地方，各级机构中大量官员被处死，其中包括李善长。

李善长对朱元璋当上皇帝起着至关重要的作用。李善长是朱元璋的淮西老乡，他比朱元璋大了十几岁，在朱元璋还寄人篱下的时候，他便看出这个年青的将领气度非凡，是汉高祖刘邦一类的人物，毅然投奔其麾下，在早期那松松散散、军纪不严的义军队伍中，他协调诸将、整顿军纪，为增强义军的团结，提高其战斗力，作了许多卓有成效的工作，但他更大的贡献还是在筹饷、理财、供应等后勤工作方面。在那些战乱频繁、饥荒连年的时代，他以其杰出的理财能力、管理能力和组织能力，将粮饷和兵员源源不断地输送到前方，使部队总是保持着充沛的战斗力，对朱元璋的胜利起了决定性的作用。而当大局已定，又是他带头劝进，请求朱元璋及时称帝，并主持了登基大典。

朱元璋在册封功臣时，李善长名列第一，封为银青荣禄大夫、上柱国、录军国重事、中书左丞相、宣国公，成为开国的第一位丞相。后来，又将自己的大女儿临安公主下嫁给李善长的儿子李祺，这是朱元璋的第一个女婿。二人在君臣关系之外，又成了一对亲家翁。

但几乎就在同时，朱元璋已对李善长戒备起来。原因很简单，李善长的种种能力、本事，在打天下时固然可以为我所用，而在自己坐天下以后，却可能是一种威胁，因此，在当上皇帝后的第三年，利用李善长受党祸牵连之机，他便毫不顾情面地将李善长从丞相的位置上拉了下来，赶回了凤阳，从此再也没有给他任何实权。可是，李善长老而不死，这不能不使朱元璋忧虑，于是，在胡惟庸一案已经过去10年以后，却以李善长是胡惟庸一党的罪名，将这个已经77岁的老战友逮捕入狱，同时被株连的还有妻女弟侄70余人。临刑的那一天，李善长手捧皇帝在开国之初赐给他的免死铁券悲愤地高呼："免死！免死！谋逆，谋逆！欲加之罪，何患无辞！"

1388年，朱元璋命令编撰了《昭示奸党录》，公布胡党罪状。淮西集团的政治势力从此大为削弱。

1393年，又发生了蓝玉党案，早在吴王时期，就发生过邵荣谋反，谢再兴投敌的事件，对这桩旧案，明末史家谈迁道："渡江勋旧，俱鱼服之侣，臣主未定，等夷相似，见兵柄独握，未免为所欲为耳。"建明后，虽然君臣名分早定，朱元璋又分设兵部、都督府，并委派封王执掌重兵，然而对执掌军权、拥有嫡系、威信早立的大将仍然深以为忌。

蓝玉案起于锦衣卫蒋瓛的揭举，蒋瓛指控蓝玉密谋兵变，并列举了其他罪状：滥用职权、非法惩处官兵、私自蓄奴、对皇帝心怀不满等。蓝玉被判肢解，株连人员达到15000人。几乎所有执掌军权的功臣战将都受到了清洗，被解除兵权，其中有朱元璋少年同伴徐达。

徐达，被视为明朝的韩信。就军事指挥才能、战功，他与韩信完全可以相提并论，但就与帝王的关系而言，韩信可就不能望其项背了。

他不同于韩信中途入伙，他是朱元璋同乡邻居，童年伙伴，小时候一块放牛、做游戏与朱元璋同时投身义军，真可谓情同手足，异姓兄弟。关于他的战功，实在难以一一备述，他几乎参加了朱元璋义军所有重大战役，从江南打到漠北，元朝的末代皇帝是被他逼逃的，元朝的首都北京是被他收复的，元军的主力是被他最后消灭的，绵亘在祖国大地上的万里长城，是在他的督建之下，才变得像今天所见到的那样坚固和宏伟的。

他不但战功卓绝，而且品德高尚，平时，他与士卒同甘共苦，打起仗来，冲锋在前，他不贪财，不贪色，沉稳大度，少言寡语，一心一意指挥打仗，对军中朝中大事，从来也不说长道短，更不参与大臣之间的派系之争。朱元璋对他十分赞赏，说："受命而出，成功而旋，不矜不恃，妇女无所爱，财宝无所取，中正无疵，昭明乎日月，大将军一人而已。"

像这样的大功臣，想找一个杀害的借口都不好找，但朱元璋依然不放过他。公元1385年，一辈子鞍马劳顿的徐达背上长了脓疮，这也是由于他常年衣不解甲，皮肤磨破，汗水浸渍所致，只要敷药调养，并不难好。可当朱元璋得知这个消息以后，却命令正驻防北京的徐达立刻回南京就医。试想千里迢迢，舟船鞍马，风餐露宿，对一个有病在身的人有什么好处呢？可是，徐达不能不遵旨，待回到南京后，病更加沉重了。

据说得了这种背疮的人，最怕吃蒸鹅，一吃蒸鹅必死。可朱元璋偏偏赐给徐达一只蒸鹅，并命他立刻吃下。徐达知道，这是皇帝对自己在下毒手，可他不能不吃，否则会给家人带来更大的灾难。于是他含泪谢恩，食鹅而死。

朱元璋就以这样卑劣的手段，杀害了他的童年伙伴，开国功臣。只有汤和及早交回兵权，得以幸免，安享晚年。蓝党案发后，又编纂了《逆臣录》，军队将领也彻底地大换血。朱元璋清除了军政两界的绊脚石。

○ 废除丞相加强集权

皇权的至高无上是实现皇帝独裁、大臣辅政的先决条件。元朝时于中央设中书省以总理全国政务，中书省的大权实际是在左右丞相手中掌握，中央权力必然会过分地集中于中书省，造成左、右丞相权力的膨胀，因而丞相虽然起到了辅政的作用，可同时又起到了限制政权发展的作用。而在地方设置行中书省，从建制上仿效中书省，掌握了各地的政、法、军权，号称"外政府"。正缘于此，元朝后期各自为政，往往擅权自专，不听朝廷调度，形成了分裂割据的局面。

朱元璋渡江后建立的江南行中书省，也仿效了元朝这种政体，因此一应军国大事均不需向小明王奏请，朱元璋得以江山坐大。因而可以说元制的种种弊端，是朱元璋亲历亲闻，所以他既然在前期从这种行政制度中得到了好处，后期自然担心部下起而仿效。

明朝建立以后，臣僚越礼非分、违法逾制的事件层出不穷。有鉴于此，朱元璋已经感觉到改革行政机构势在必行。

洪武三年，朱元璋指出："夫元氏之有天下，固由世祖之雄武，而其亡也，由委任权臣，上下蒙蔽故也。今礼所言不得隔越中书奏事，此正元之大弊也。君不能躬览庶政，故大臣得以专权自恣。"他所谓的"躬览庶政"，就是指皇帝要亲预朝政。本来如完全遵照元制，各种政事的处理在中书省便已基本定案，至皇帝处批准就行了。而将政事公文直接递交皇上，越过中书省，也就违背了元制逐级奏请的定制。朱元璋在这里提出要亲预朝政，就意味着他允许这种逾制，将一部分本由中书省处理的政事揽在身上，这标志着他着手削弱中书省的权力职能，进一步扩大皇权的开始。

至洪武九年六月，经过6年的准备之后，他下令改行中书省为承宣布政使司，废除行省平章政事、左右丞等官职，改参知政事为布政使，以"掌一省之政"。主要管民政和财政。布政使是皇朝派驻地方的使臣，朝廷的政策、法令和派给地方的多种任务，通过他们下达各府、州、县的地方官员。全国除南京为京师直辖外，分为浙江、江西、福建、北平、广西、四川、山东、广东、河南、陕西、湖广、山西十二个布政使司，随着云南的平定，又增设云南布政使司，共为十三个布政使司。各布政使司的管辖范围与元朝行中书省相仿，但不包括各处的卫所。相较而言，布政使司的职权比元朝的行中书省大大缩小，性质也发生了改变，布政使司的长官是朝廷分派各地的使臣，凡事皆需秉承皇帝意旨，使地方的权力集中于中央，有效地避免了各地的擅自专权。

在承宣布政使司之外，各行省还设提刑按察使司，以按察使为长官，掌一省刑名按劾之事；又设立都指挥使司，以都指挥使为长官，管辖所属卫地，掌一方军政。都指挥使司与布政使司，提刑按察使司同为朝廷设在地方的派出机构，合称"三司"。三司互不统属，在地方三司分立行使各自职权，均由皇帝直接指挥。凡遇重大政事均需由三司会议，上报给中央的部院。这样不仅削弱地方的权力，强化了中央集权，而且各地方机构职能专一，互相牵制，既加强了统治效能，又便于皇帝直接控制。对布政使司之下的地方政治机构，朱元璋也加以极大地简化。将元朝的路、府、州、县归并为府、县二级，除府、县外，个别保留州的建制，分府属州和直隶州，地位分别等同于县、府。这样，地方政权的层次简化减少，皇帝命令的逐级下达也就通畅起来。

接着，朱元璋又回过头来对中央机构进行进一步的改革。由于洪武初期先后发生的李善长为代表的淮西集团把持朝廷事件和胡惟庸党案，朱元璋感觉到元朝丞相制度是君主专政的障碍，为此他说：“昔秦皇去封建，异三公，以天下诸国合为郡县，朝廷设上、次二相，出纳君命，总理百僚。当是时，设法制度，皆非先圣先贤之道。为此，设相之后，臣张君王威福，乱自秦起。宰相权重，指鹿为马。自秦以下，人人君天下者，皆不鉴秦设相之患，相人而命之，往往病及于君国者。”及至洪武十三年正月，左丞相胡惟庸因“谋危社稷”被处死，朱元璋对大臣们宣布道：“朕欲革去中书省，升六部，仿古六卿之制，仰之各司所事，更五军都督府，以分领军卫。如此则权不专于一司，事不留于塞蔽。”接着便废除了中书省和丞相，将中书省的权力分属于吏、户、礼、兵、刑、工六部，将各部尚书由原先的正三品升至正二品，侍郎由正四品升为正三品，下属郎中、员外郎。

六部职权加重，同时又分司政务，取代中书省成为全国最高行政管理机构。至此，中国历史上相沿已久的丞相制度被彻底废除，皇权空前扩大了。后来，朱元璋经过十几年的政治实践，认为这一改革取得了成功，并足以法之万世，便作为遗训教诫后世子孙，道：“自古三公论道，六卿分职，并不曾设立丞相。自秦始置丞相，不旋踵而亡。汉、唐、宋因之，虽有贤相，然其间所用者多有小人，专权乱政……以后子孙做皇帝时，并不许立丞相。臣下敢有奏请设立者，文武群臣即时劾奏，将犯人凌迟，全家处死。”

丞相制度废除后，天下大事皆取决于朱元璋一人，日理万机，政务繁重。尽管他勤勉不怠，可仍感力不能支，遇到棘手之事时，又苦于无人商量，因而作为补充，于洪武十四年又设四辅官，以四季为号，用来协理政事。四辅官的职责是为朱元璋讲座治道，与部院官共同处理某些重大事务：“刑官议狱，四辅及谏院复核奏行。有疑激，四辅官封驳”和谏院官一起审查各地荐举的人才，“凡郡县所举诸科贤才至京者，日引至端门庑下，令四辅官、谏院官与之议论，以观其才能。”但是，这些四辅官多是来自山野的老儒，没有政治经验，起不到协助的作用，对此做了一年尝试后，朱元璋又觉无益于事，便下令予以废除。不用四辅官，政务繁重的压力又至，于是仿效宋制，置殿阁大学士，名义上的职责是辅导太子，实际上则是“授餐大内，常待天子殿阁下，避宰相之名，又名内阁”，“内阁”之称自此而来。不过，内阁只起参谋顾问作用，至于决策权，则仍然掌握在皇帝的手中。后来，经过建文、永乐洪熙、宣德诸朝的发展，内阁制度初步完善成熟起来。

在废除中书省的同时，朱元璋又撤销大都督府，改设前、后、左、右、中所谓的五军都督府，以分散中央军事机构的权力。并规定五军都督府管兵籍，掌军政，但无调动军队之权，兵部掌军官控选和军令，但无直接指挥军队的权力。“征伐则皇帝命充总兵官，调卫所军领之；既旋则上所佩印，官军各回卫所”，“兵部有出兵之令，而无统兵之权；五军有统军之权，而无出兵之令……合之则呼吸相通，分之则犬牙相制”，这样，军权也就会完全掌握在了皇帝手中。

御史台本是中央的监察机构，但在洪武十三年，朱元璋宣布废除，而于洪武十五年改置都察院，并赋予更大的职权，代表皇帝对行政和军事系统实行监督。都察院的长官为左、右都御史，负责“纠劾百司，辨明冤枉，提督各道”，凡“大臣奸邪，小人构党，作威福乱政者”、“百官偎葺贪冒，坏官纪者”、“学术不正，上书陈言变乱成宪，希进用者”，均可举发弹劾，遇有朝勤、考察，还可“同吏部司贤否陟黜。”朱元璋说：“以六部为朕总理庶务，都察院为朕耳目。”

都察院的监察职能扩大，更进一步地限制了朝臣擅权、结党营私的可能，扩大和强化了皇权。都察院以都御使为正二品，时称“台职”，与部职并重，故都御史与六部尚书合称“七卿”。都御史下设十三道监察御史，分散于全国十三布政使司，每道设七至十一人，共一百二十人，是朱元璋用以控制大官，“主察纠内外百司之官邪，或露章面劾或封章奏劾”，负监视与纠举职责的官员。都察院与六部分权并立，又互相牵制，更进一步产生了良性之效，有力地维护了皇权。

洪武十四年，朱元璋又置大理寺，长官为大理寺卿，“掌审理平反刑狱之政令”。刑部、都察院、五军断事官所推问的狱讼，均需将案牍和囚徒移交大理寺复审，“凡狱具，未经本寺评允，各司勿得发遣”。它与刑部、都察院合称三法司，组成了一个纠举、审理、复核的完整司法过程。这样，司法部门也被分散了权力，并互相牵制，利于皇帝操纵。

君主专制的强化固然巩固皇权，但弊端也显而易见：一方面，集权造成政务繁重，压于皇帝一身，若是明君尚能勤政，昏君则会造成延误；另一方面，社会风气受到影响，民主之风无法在中国兴起。所以，即使明中期在中国出现资本主义萌芽，但专制皇权的存在使中国没有像西方那样出现资产阶级革命。

○ 花大力气整肃吏治

明初整肃吏治的斗争是朱元璋出于集权专制的目的进行的，因而带有残暴特征。打击面大，处死极多，非刑酷刑屡见不鲜，因此有时也不难产生一些先入为主的冤假错案，枉杀了许多无辜官吏。由于官吏被杀极多，甚至造成了一些地方州县一时竟无人办公的尴尬局面。

朱元璋自幼生长于民间，对元代官吏压榨百姓了如指掌，也认识到元末吏治的腐败是农民大起义爆发的原因之一，认识到要保证他所建立起的政权不重蹈元代覆辙，就一定要整肃吏治，杜绝贪污受贿行为。他因此为贪官污吏设立了严法酷刑，而且由于他秉性狠毒，在实际实行过程中，还专门为贪官设立了一些法外非刑，以此来警戒天下官吏奉公守法。

对于官吏的公务性错误，朱元璋一般只是采用罢官、贬官、调职等办法来惩戒，即使处刑，一般也都较轻，很少以杀戮手段来处置。但是对贪赃舞弊行为，他则绝不轻饶。朱元璋认为，吏治之弊莫甚于贪虐，而庸鄙者次之，所以他说："朕于廉能之官或有罪，常加宥免，若贪虐之徒，虽小罪亦不赦也。"

官吏犯赃的，罪行较轻，朱元璋处以谪戍、屯田、工役之刑。如徐州丰县丞姜孔在任时，借口替犯人交纳赃款，挨家挨户敛钞，结果全都塞进了腰包。朱元璋查知此事，将姜孔发配去修城。

洪武九年，"官吏有罪者，笞以上悉谪之凤阳，至万数"，其中绝大多数是犯赃官吏。而对罪行严重的，则处以挑筋、挑膝盖、剁指、断手、刖足、刷洗、秤杆、抽肠、黥刺、墨、劓、阉割、锡蛇游、斩趾枷令、常号枷令、枷项游历、枭首、凌迟、发配广西拿象、全家抄没发配远方为奴、株连九族等重刑。户部尚书赵勉夫妻贪污，事发后夫妻二人同时被杀。工部侍郎韩铎上任不到半年，伙同本部官员先后卖放工匠二千五百五十名，得钱一万三千三百五十贯，克扣工匠伙食三千贯，盗卖芦柴二万八千捆，得钱一万四千贯，盗卖木炭八十万斤，私分入己，事发被杀。

同历代封建专制制度的通病一样，明代贪污受贿的官员腐败案并不少见。如：大名府开州通判刘汝霖，追索该州官吏代犯人藏匿的赃款，逼令各乡村百姓代为赔纳，被判枭首；凤阳临淮知县张泰、县丞林渊、主簿陈日新、典史吴学文及河南嵩县知县牛承、县丞母亨、主簿李显名、典史赵容安等收逃兵贿赂，使令他人代充军役，案发后两县官吏尽行典刑；福建东流江口河泊所官陈克素勾结同业户人，侵吞鱼课一万贯，又勾结东流、建德两县官吏王文质等，验了敛钞数万，被杀身死；进士张子恭、王朴奉命到昆山查勘水灾，接受昆山教谕漆居恭、酋径巡检姚诚宴请，收受缎匹、衣服等物及钞币一千三百贯，将他们的二万二千六百亩已成熟田地谎报为受灾农田，朱元璋查知后，命锦衣卫给他们送去兵刃、绳索，勒令自尽。当时官贪污到银六十两以上者，均处以枭首示众、剥皮楦草之刑。行刑多在各府州县及卫所衙门左首供祭祀的土地庙举行，因而当时土地庙得名为皮场庙。贪官被押至土地庙，枭首挂在旗杆上示众，再剥下尸身的皮，塞上稻草，做成皮人，摆在公座之右，以警戒后任。

在洪武年间，除了一些小型的惩贪案外，还有几次大规模地对贪官污吏的集中清洗，其中以空印案和郭桓案最为著名，声势也最为浩大，两案连坐被杀人数也最为惊人，累积共达七八万人。

空印案发生在洪武八年。当时规定各布政司和府、州、县每年都必须派计吏到户部报告地方财政的收支账目，县报府，府报布政司，布政司报户部，层层上报，经户部审核，数字与各布政司收支款项总和的数字相符，各布政司数字则需与所辖各府上报数字总和相符，才能结账。有分毫出入，整册驳回，重新填造。布政司和府离京师远的有六七千里，重造表册要加盖原衙门印信，来回跑一趟得花几个月甚至一年时间，就会错过报账日期。为了节省时间，各地计吏都随身带上已加盖官印的空白表册，以备表册被驳回时重新填造。这种空白表册，盖的是骑缝印，除了供报账之用，并无其他用途，因此谁也不认为这里面会有什么问题。各地计吏年年都这么办，已成惯例。部官也知道这种情形，因而也并不以为意，没有向朱元璋反映这种情况。到了洪武八年，被朱元璋知悉，他疑心部官与天下布政司勾结，伙同起来骗他，于是大发雷霆，道："如此作弊瞒我，此盖部官言私，所以布政司敢将空印纸填写，尚书与布政司官尽诛之。"于是发生了一场明代官场的空前灾难，"系郡国守相以下数千百人入狱，判以死罪"。户部尚书周萧及各地衙门长官全部处死，佐贰官杖一百充军边地。

郭桓案发生在洪武十八年。御史余敏、丁廷举告发北平布政使司。按察使官吏李彧、赵全德等与户部侍郎郭桓、胡益、王道亨等通同舞弊、侵盗官粮。朱元璋下令将他们逮捕审讯，牵连到礼部尚书赵瑁、刑部尚书王惠迪、兵部侍郎王志、工部侍郎麦王德等。于是赵瑁等主犯被判弃市，六部左右侍郎以下皆被处死，追回赃粮七百万石。犯人的供词不仅牵连了许多六部高官，而且也牵连到各布政司无数官吏，朱元璋概不轻恕，一日入狱被杀者竟达数万余人。御制《大法》中宣布郭桓等人罪状时说："其所盗仓粮以军卫言之，三年所积卖空。前者榜上若欲尽写，恐民心不信，但略写七百万耳。若将其余仓分并十二布政司通同盗卖见在仓粮，及接受浙西四府钞五十万张，卖米一百九十万石不上仓，通算诸色课程鱼盐等项及通同承运库官范朝宗偷盗金银、广惠库管张裕妄支钞六百万张，除盗库见在宝钞、金银不算外，其卖在仓税粮及未上仓该收税粮及鱼盐诸色等项课程，共折米算，所废者二千四百余万石粮。”此案规模极广，盗粮极多，牵连至巨，一时被杀者数万人，遍及天下各布政司、府州县及中央六部官员，引起明初官场极度恐慌，各地官僚地主为保性命，倒打一耙，纷纷攻击告发审案官员，埋怨朝廷，说朝廷用法太严，罪人玉石不分，一时全国哗然。为了防止矛盾扩大，朱元璋一面下诏公布郭桓等人罪状，一面将原审法官右审判吴庸等人牵出做了替罪羊，处以死刑，以平众怨。郭桓案至此终于告一段落。朱元璋同时下诏："朕诏有司除奸，顾复生奸扰吾民，今后有如此者遇赦不着。"

明初整肃吏治的斗争前后延续二三十年之久，打击面极广，甚至一些皇亲国戚，若是贪赃枉法，也在劫难逃。为了达成吏治清明的政局，朱元璋六亲不认。开国功臣华云龙、朱亮祖便因以权谋私、贪污受贿死于整肃吏治的斗争中。朱元璋的亲侄儿朱文正，在与陈友谅的战争中曾孤军坚守洪都八十五日，拖住了陈友谅，使朱元璋得暇做战争准备，为最终击败陈友谅立下了大功。但朱文正因不满朱元璋的赏赐过少，心存怨恨，朱元璋知道后心中不喜。后朱文正镇守江西，骄侈荒淫，搜罗强抢民女，淫乐数十日后，将女堕井淹死，毁尸灭迹。朱元璋欲将朱文正杀死，但因朱文正是马皇后从小看着长大的，待之如同己出，因为马皇后出面求情，才免朱文正一死，罢官安置凤阳守卫先人坟墓。后来朱文正逃跑，朱元璋终于将他杀了。驸马都尉欧阳伦是马皇后所生安庆公主的夫婿，指使家奴走私茶叶，牟取暴利。所谓"宰相门前七品官"，他的家奴个个狐假虎威，胡作非为，连封疆大吏也要怕这些家奴三分。洪武三十年，欧阳伦强迫陕西布政司发文叫下属州县派车替他贩运私茶，家奴周保所到之处，强迫地方官吏派车，官吏不敢不从，共索车五十辆。当时正值春耕大忙时节，车马紧缺，周保至兰县河桥巡检司，一时无法征集车辆，周保便肆虐打巡检司小吏，小吏不堪其虐，首告朝廷，顿时捅了马蜂窝，朱元璋下令："布政司官不言，并论赐死，欧阳伦、周保等皆伏诛，茶货没入于官。"欧阳伦虽高攀为皇亲贵胄、玉叶金枝，终于还是保不住性命，和很多布政司官员一起身首异处，周保等家奴也烟消云散。

○ 一个特务横行的朝代

朱元璋为加强皇权、控制群臣可以说无所不用其极。放着对他忠心耿耿的满朝文武不用，非要信任大批的特务，以至自他以后几百年的明王朝，备受特务、太监之流的蹂躏。可以说这是明白人办的又一桩糊涂事。

锦衣卫本是皇帝亲军中十二卫（后增至二十六卫）之一，不隶都督府，直属皇帝。它的设置早于东西厂。其前身是仪鸾司。明太祖于开国之初设拱卫司，不久改为亲军都尉府，下隶仪鸾司。洪武十五年罢府及司，改仪鸾司为锦衣卫。锦衣卫的禄物名号无异诸卫，统军亦与诸卫同。其与诸卫不同的是增设了北镇抚司，改原镇抚司为南镇抚司，时间在洪武十五年。于是北镇抚司专理诏狱，成为由皇帝亲自处理和管辖的重大刑狱。

秘密侦察大小官吏的活动，随时向朱元璋报告社会上的不公不法之事；同时，还授予锦衣卫以侦察、缉捕、审判、处罚罪犯官员的一切大权，在锦衣卫内设立了特殊的法庭和监狱，将锦衣卫变成了正式的特务机构。

朱元璋在位的30多年间，特务多如牛毛，遍布街巷路途，严密监视着朝野内外、文武官员的活动。吏部尚书吴琳已经告老回乡，但朱元璋对他仍不放心，便派锦衣卫特务到吴琳家乡去侦察其活动。特务来到稻田，只见一个农民模样的老人从小凳上站起来，便上前问道："这里有个吴尚书吗？"老人回答："敝人便是。"朱元璋听了特务的这一报告后非常高兴。

大学士宋濂一次在家设宴招待客人，第二天朱元璋问他："昨天请客，喝酒了吗？做的什么菜？"宋濂如实作了回答。朱元璋笑道："说得对，没骗我。"

国子监祭酒宋讷一天在家暗生闷气，偷偷监视他的特务竟把他这时的样子画了下来，上报皇上。朱元璋见了宋讷问道："昨天你在家生什么闷气呀？"宋讷很吃惊，照实做了回答，又问朱元璋如何知道此事。朱元璋将画像递给他，他展图一看，方才醒悟，慌忙磕头谢罪。有一个在外省任职的大官，身边有名仆人，做事聪明，勤快，善解人意，多年来任劳任怨，从未做错过一件事。主人对他也日见倚重，诸事都征求他的意见。忽然有一天，仆人来向主人告辞，主人极力挽留，并问他为什么坚持要走，仆人见主人挽留意诚，被逼无奈，才说明真相。原来他本不是仆人，而是锦衣卫派来的密探。主人万万想不到多年来一直倚重的奴仆竟然是潜伏在身边的特务要员，吓出了一身冷汗，庆幸并没有说过什么不妥的言语，也没有得罪这个仆人。从中可见，朱元璋后期任用的锦衣卫，特别为他倚重，权势极大，分布极广，行动也极为隐秘。

锦衣卫的成员都是小人物，本身没有社会地位可言，而授予他们某种特权，这就使他们足以扳倒大人物，这种成就感使他们受宠若惊，自然会摇尾邀功忠于君王。虽然，他们要整什么人，归根结底还得由朱元璋点头才行。但其行径卑劣、权愈三司，百官自危，民怨难伸，锦衣卫充当了明朝统治者超越司法的特殊工具。

6. 英武卓识的康熙帝

○ 小孩子也能成为政治家

如今当你听到某某人30岁就已成为正处级干部，会禁不住啧啧称羡。但是，政治素质的区分真的只能以年龄为标杆吗？15岁的玄烨既无生活历练又乏政治经验，却能在轻描淡写间摆平足以难倒任何一个政治大师的难题。

1661年，康熙帝即位后，由于年仅7岁，自然不能够亲自处理国家大政。本来，按照大清国的传统旧制，皇帝年幼，国家政务应由一两位宗室亲王摄理，但由于顺治帝时多尔衮擅权构成了对皇权的极大威胁，为了避免此类现象的再度发生，孝庄文皇太后乃决定不用旧制，而是改由更多的异姓大臣来共同辅政，确立了四辅臣制。这样，在同多尔衮斗争中有功的元老重臣索尼、苏克萨哈、遏必隆、鳌拜四人便出来共同辅政。四大臣本着协商一致的原则共同辅佐幼帝，最初几年尚相安无事，然而随着四辅臣内部势力的增长变化，本来排在四辅臣末尾的鳌拜的势力日益增长扩大，致使四辅臣之间的权力制衡被打破。鳌拜是个权力欲最为强烈的人，逐渐地由恃功自傲走向了欺君弄权。

康熙六年（公元1667年）六月，索尼去世。康熙帝鉴于四大臣辅政体制已经名存实亡，反而成为鳌拜专权的工具，便上奏祖母，请求亲政。祖母理解孙儿现在的处境，自然应允。康熙帝乃于七月七日，举行亲政大典。然而，康熙帝名义上虽然亲政，但鳌拜却仍然继续掌握着批理章疏的大权，并迫害死了苏克萨哈，使遏必隆亦依附于自己，他甚至对康熙帝有不轨的企图。有一次，鳌拜故意装病不朝，康熙帝亲自到他家里问候，在他的寝室里发现炕席上放了一把短刀。按照规定，臣属面见皇帝，身边不许携带任何兵器，否则即以图谋不轨论处，鳌拜根本就没把康熙帝放在眼里，毫无顾忌地把兵器放在身边。康熙帝装作并不介意，一边笑着，一边从容地说道："刀不离身，只是满洲的故俗罢了，不必大惊小怪。"慰劳了几句，便回宫去了。

鳌拜的所作所为，引起了康熙帝极大的忧虑。康熙帝有皇帝之名，而无皇帝之实；鳌拜身为辅臣，辄行皇帝之权威。对于康熙帝来说，鳌拜已到了不能不除的时候了。但鳌拜根深叶茂，亲信党羽遍布朝廷，控制了许多重要部门和中枢要害，如强行拘捕，可能反会招致不测，所以只能智取，不能力敌。

主意拿定后，康熙帝便开始了一系列的准备工作。首先是稳住鳌拜。表面上康熙帝饮酒作乐，不理朝政，特别是在有鳌拜及其死党聚集或参与的场合，便叹以人生几何、江山粪土，表示自己无心恋政。其次是培养一支自己信得过的侍卫队。满洲人有一种唤作"布库"（布库系满语，意为摔跤手）的摔跤游戏，康熙帝以玩耍为名，从皇帝直属的满洲上三旗贵族子弟当中，挑选了几十名身强力壮的少年，组成了善扑营，练习"布库"之术。善扑营既是准备用于擒拿鳌拜的格斗队，又是保卫康熙帝的侍卫队。鳌拜果真以为这都是小孩子们在闹着玩儿，就没往心里去。康熙帝通过和这些少年们一起嬉戏，摔跤踢打，不但武功有了长进，而且也和这些少年之间建立起了一种深厚的感情。经过一段时间的练习，这些脸上还带着稚气的少年们均成为擒拿格斗的好手。康熙帝又以寻找棋友为名，将自己信得过的很有组织能力并擅长于角扑之术的索额图（索尼之子，康熙帝皇后的叔叔）由吏部右侍郎调任为一等侍卫，放在自己身边，实际上是掌管善扑营，为执行擒拿鳌拜的任务做准备。

康熙八年（公元1669年）五月，康熙帝亲自擒拿鳌拜的一切准备工作已经就绪。为了确保万无一失，在正式行动之前，康熙帝即将鳌拜的党羽以各种名义先后派出，削弱他在京城的势力。全部部署完毕后，十六日的早晨，康熙帝集合了担任此次擒拿任务的善扑营全体队员，亲自做了战前动员。他用激昂的语调问这些少年伙伴们："你们都是我的左膀右臂、我的好朋友，你们是敬服我呢，还是敬服鳌拜？"这些少年伙伴们齐声回答："只敬服皇上一人！"见此，康熙帝大声宣布："好！我今天就交给大家一个任务：捉鳌拜！"接着，康熙帝向小伙伴们宣布了鳌拜的罪行，又向小伙伴们做了具体的布置，将他们隐藏在进宫大门的两厢。安排好了以后，康熙帝派人去请鳌拜进宫。鳌拜不知是计，一点戒心也没有，大摇大摆地来了。看到鳌拜仍然如此横行，康熙帝不禁怒火上冲，大声地喝道："来人！把这个逆臣给我拿下！"顿时冲出一群少年，把鳌拜团团围住，有的扭胳膊，有的拧大腿，有的搂脖子，有的抱后腰。鳌拜初时还以为这是在跟他开玩笑，待发觉情形不对之后，自恃勇猛，奋勇顽抗。无奈这些少年们都是经过专门训练的，人又多，自己已经年老力衰，挣扎了一会儿，就难以支持了，被这些少年们七手八脚地用绳子捆了个结结实实。康熙帝见鳌拜已经被拿住，便下令将他投入大牢，并马上升朝，宣布已经逮捕鳌拜，命令大臣们调查他的罪行，紧接着将鳌拜的党羽们也一个个地捕捉起来。

鉴于鳌拜所犯的罪行，康熙帝原拟将他革职处斩。在康熙帝亲自提审鳌拜时，鳌拜为求一活路，当着康熙帝的面脱下衣服，只见身上伤痕累累，那是他以往在搭救清太宗皇太极时留下来的。康熙帝见此亦感恻然，又考虑到鳌拜自清太宗以来一直为国家建立功勋，便赦免了他的死刑，改为终身软禁。康熙帝收回了辅政大臣批阅章疏之权，此后各处奏折所批朱笔谕旨，皆出自于他本人之手，而从无代书之人。这翻天覆地之举，竟出自于一个15岁的少年之手，表明康熙帝在政治上早熟，初步地显示了他的才华。

○ 平生最大的一次冒险

就像做生意一样，一个天大的机会砸在你面前，干不干？不干，会错失良机，难有大的起色；干，弄不好会赔个底朝天，但也有可能实现跨越式发展的机会。这就是冒险，你得有接受这两种结果的思想准备。在这种情况下，大多数人可能会选择保守的做法。康熙偏不，在大臣的一片反对声中，少年皇帝冒了平生最大一次险，结果，他赢了。

所谓"三藩"，是指顺治年间清廷派驻云南、广东和福建三地的平西王吴三桂、平南王尚可喜、靖南王耿继茂（后由其子耿精忠袭爵）。三藩之中，吴三桂势力最大，他十分骄横，不但掌握地方兵权，还控制财政，自派官吏，不把清朝廷放在眼里，直接威胁到清朝的统治。为此，康熙不得不考虑撤藩的问题。

在正式撤藩之前，康熙已开始逐步削减"三藩"权势，限制其不法行为。而三藩对此也有察觉，吴三桂和耿精忠（耿继茂之子，已经袭爵位）于康熙十二年（1673年）七月假意奏请上交藩王印信，以试探朝廷的意向。康熙立刻召集会议研究撤藩。大臣们有两种意见：一种主张不撤藩，另一种认为应该撤藩，反对撤藩的意见占了上风。康熙却认为，三藩手握重兵，财政自成体系，特别是吴三桂拥兵自重，若不早除，必酿成无穷后患。所以综合各方面因素考虑，康熙决定撤藩，并将三藩全部撤往山海关外。

吴三桂接到撤藩谕令，大大出乎他的预料。他自负劳苦功高，而且又有军队，上这个折子本来就是试探康熙的口气，心里认为康熙必然不会同意。不料康熙这个年轻的皇帝却决意撤藩，连一点回旋的余地都没有。他几十年苦心经营的一切将付诸流水，无论如何也不甘心，于是决意造反。

康熙十二年，吴三桂命令麾下官兵蓄发易服，发动叛乱。

吴三桂举兵叛乱后，闽、粤两藩也蠢蠢欲动，各地的吴氏党羽纷纷响应，各地告急文书频频传至北京。

康熙分析局势后认为：吴三桂是三藩的首领，消灭了吴三桂，其余乱党不攻自破。因此他采取了分化诱降、各个击破的方针。他先召回闽粤撤藩使，对耿、尚两藩暂行安抚，拆散他们与吴三桂的联盟，而对吴三桂采取重点打击的战略。康熙先派都统巴尔布等率3000精骑由荆州驰驻常德；都统珠满率兵3000由武昌进驻岳州，扼住湖广的咽喉要道；西安将军瓦尔喀率骑兵赴四川，形成了对吴三桂的包围；都督尼雅翰、赫叶、席布根特等率兵分往西安、汉中、安庆、兖州、郧阳、汝宁、南昌等要地，以保关中和中原后方的安全；诸路兵马均听宁南靖寇大将军勒尔锦节制。第二年又特派刑部尚书莫洛进驻西安，会同将军、总督便宜行事，巡抚、提督以下地方文武悉听节制。

战争初期，吴军气势汹汹，一些清军将领贪生怕死，长沙、岳州、衡州等要地先后失陷，吴军直抵湖北、四川，迫使瓦尔喀退守广元，勒尔锦和珠满困守荆州、武昌，都无力反击。吴三桂一面猛攻川楚，一面通过西藏的达赖喇嘛致书康熙，要求划江而治，被康熙断然拒绝。吴三桂议和不成，兵分两路：一路由他亲自挂帅，从长沙进江西，连续攻克30多座城池；另一路由悍将王屏藩督率，由四川进陕西，接应吴三桂养子王辅臣的叛军，攻克平凉、兰州、延安、绥德等地，一时间京师人心震动，吴三桂气焰嚣张，扬言进攻北京。

王辅臣本来是忠于康熙的，他的叛变使得形势骤然紧张起来。为了应对恶化的局面，康熙传谕总督哈占，要他保护好王辅臣的妻儿家产，又派王辅臣儿子王继贞携诏前往劝说，表示“往事一概不究”，只要及时回头，便可官复原职。六月，王辅臣兵败投降；王屏藩部也节节败退，逃回四川，陕甘全境告平。

西线战场传来捷报的同时，清军与吴军在湘、鄂、赣一带进行长期的拉锯战。康熙十七年（公元1678年），清军平定闽粤，耿精忠、尚之信先后投降，湘鄂一带吴军已成孤军。吴三桂怕部下解体，赶忙在衡阳草草修建了庐舍当宫殿。三月二十八日，吴三桂即位称帝，国号为“大周”。此举使他的政治处境更加不利，前线清军攻势日益猛烈。是年八月，吴三桂急病交加，死在衡州。

吴三桂死后，“皇太孙”吴世璠即位，这时的吴军已兵无斗志，一路溃退云贵。为了加快平叛进程，康熙下令：胁从叛乱，缴械投降者，宽大处理；反正立功者，将功折罪，论功行赏。这项决定从政治上瓦解了叛军士气，除少数顽固分子坚持与清军决战以外，大多数叛军接战即降。短短1年多的时间，湖北、湖南、四川等地很快落入清军之手。康熙二十年（公元1681年）吴氏叛军彻底被平灭。

康熙从开始削藩直到吴三桂败亡，历时8年。在这场平叛战争中，康熙显示出超凡的政治远见和军事指挥才华。他坚持擒贼先擒王的战略，始终把矛头指向吴三桂，对耿、尚二藩实行剿抚兼施的政策，分化瓦解三藩联盟，各个击破。这次关系大清江山安危的斗争，康熙赢得了战争的胜利。

○ 少有的一位学贯中西的皇帝

中国历史上有学问的皇帝不少，但像康熙这么有学问的皇帝不多。他不仅精通满汉文化，而且难得地对西方科学表现出极大的兴趣，并进行了深入的学习。放在今天，康熙绝对是个文理兼备、学贯中西的大学者，赢得博导、院士之类的头衔应该不难。

在康熙皇帝发奋学习的早期阶段，经筵日讲是一个主要的学习方式。作为中国封建社会君主自我教育的两种基本方式，经筵与日讲的主要内容是被尊为经典的几部儒家书籍和有关历代王朝兴废代替的一些历史著作。其中儒家经典如“五经”、“四书”，基本上都是成书于封建社会前期。由于这些书籍的作者或传授者都是儒家阵营中一些最杰出的思想家，因而其中所阐发的治世思想，对于封建君主施政，有着普遍的指导意义。正是因此，封建统治者经过长期的选择，将其确定为社会的正统思想。宋朝以后，又将之作为帝王自我教育的主要教材。至于有关历代王朝兴废的历史著作，则更为封建君主临政治国所必需。因而，凡是有政治责任心的君主，无不对之加以重视并将之作为自我教育的重要内容。在中国封建社会中，一些封建君主即曾通过努力学习儒家经典和历史著作并将之用于实际政治而取得了成功并成为千古称颂的明君，可见，学习儒家经典和历史著作，对于帝王自我教育和世道治理都有着重要的意义。

作为康熙皇帝长期坚持的一个重要的制度，经筵日讲对其本人思想及康熙朝政治都产生了重大的影响，概而言之，一是对其本人行为起到了一定的制约作用；二是为其巩固统治提供了丰富的经验；三是为其制定政策提供了依据。所有这些，都对清朝统治的巩固和康乾盛世的到来发挥了重要的作用。

在努力博习经史以学习传统治国理论的同时，根据社会发展的现实要求，康熙皇帝还积极学习和国计民生有关的自然科学知识。这些活动，不但在中国历代帝王中绝无仅有，使得康熙皇帝的政治成就大大超出了他的同行先辈，而且使其在中国自然科学发展史上也有着重要的地位。

早在亲政之初，康熙皇帝即已开始对自然科学产生了浓厚的兴趣。康熙初年，清朝政坛上曾经发生了一场有名的历法之争。明朝以来，由于长期袭用13世纪下半叶郭守敬制定的《大统历》，误差积累日益严重，交食不验时有发生，节气推算也常常发生差错。为此，崇祯年间，崇祯皇帝采纳大学士徐光启建议，聘请德国传教士汤若望主持改进历法并修成《崇祯历书》137卷，但是此历未及推行，明朝即已灭亡。清朝入关以后，顺治二年，摄政王多尔衮遂将此历改名《时宪历》，颁行于世。同时，还将历局与钦天监合并，任用汤若望掌钦天监监印。并谕“所属该监官员，嗣后一切进历、占候、选择等项，悉听掌印官举行”。顺治皇帝在位期间，对于汤若望更是宠信有加，尊为玛法（满语爷爷）而不名。利用顺治皇帝的信任，汤若望等积极传教，不长时间，教徒激增，影响迅速扩大，从而引起了正统封建儒生的不满。顺治皇帝去世后，四辅政大臣掌权，对于顺治时期的各项政策多所更动，借此机会，康熙三年，新安卫官生杨光先上疏，对汤若望所编新历加以非难和指责。为此，四辅政大臣将汤若望逮捕下狱，改以杨光先为钦天监监正，吴明隽为监副，废除时宪历，改行新历法。然而，由于杨光先无知不学，历法推算连年出错，甚至还出现了一年两春分、两秋分的笑话，并因此而受到西方传教士南怀仁的批评和攻击。此时康熙皇帝已经亲政，为了弄清是非，康熙七年十二月，康熙皇帝与议政王大臣等差大学士图海等会同监正马祜督同测验立春、雨水、太阳、火星、木星。结果，“南怀仁所指，逐款皆符，吴明隽所称，逐款不合。”康熙皇帝遂下令将杨光先、吴明隽革职，任命南怀仁为钦天监监副，复用时宪历。通过这一事件的处理，康熙皇帝感到，作为一个最高统治者，也必须通晓科学技术，才能更好地统治全国。后来，他对大臣回忆当时情形时说：“尔等唯知朕算术之精，却不知朕学算之故。朕幼时，钦天监汉官与西洋人不睦，互相参劾，几致大辟。杨光先、汤若望于午门外九卿前当面测睹日影，奈九卿中无一知其法者，朕思已不知，焉能断人之是非，因自愤而学焉。”正是在这种思想指导下，亲政之后不久，康熙皇帝开始学习自然科学。

数学是天文历算的基础和工具，为了使自己在天文历算上成为内行，康熙皇帝首先刻苦学习数学。中国古代的数学计算一直居于世界先进行列，但自宋元以后，由于统治者不加重视，科学不但发展十分缓慢，而且不少原已发明的计算方法也湮没失传。与之相反，随着资产阶级的兴起，西方各国数学知识迅速发展，后来居上。有鉴于此，康熙皇帝遂以供奉内廷的西方传教士南怀仁、安多为师，学习数学。当时，康熙皇帝已经开始经筵日讲，学习传统治国理论的任务已经十分沉重，但是，为了掌握数学知识，三藩之叛前两年多的时间里，康熙皇帝仍然以极大的热情把完成计划内的学业以外的时间完全用于研究数学，以浓厚的兴趣连续两年专心致志地投身于这项研究工作。在这两年中，康熙皇帝了解了主要天文仪器、数学仪器的用法，学习到了几何学、静力学、天文学中的一些基础知识。后来虽因三藩之叛爆发，迫使康熙皇帝暂时中断了自己的学习，但是，出于对自然科学知识十分浓厚的兴趣，康熙皇帝“一有空闲时间就练习已经学过的知识”。三藩叛乱平定之后，清朝统治日益巩固，中国社会进入了和平发展的新时期，因为紧急政务相对减少，康熙皇帝比以前更加热心地学习西洋科学。为了达到这一目的，除南怀仁、安多之外，他又将西方传教士徐日升、张诚、白晋、苏霖等请入宫中，讲解天文历算以及与之有关的《欧几里得原理》与阿基米德几何学。为了消除语言障碍，康熙皇帝还为他们专门配备满、汉教师，辅导他们学习满汉文字。为了使讲课收到满意的效果，还下令内廷官员将他们进讲内容整理成稿，由传教士在进讲时口授文稿内容。在进讲过程中，康熙皇帝态度认真，不但聚精会神地听讲，不懂就问，而且还于课后认真复习。法国传教士白晋于《康熙皇帝》一书中，曾经记载康熙皇帝认真学习的详细情景：

“康熙皇帝传旨，每天早上由上驷院备马接我们进宫，傍晚送我们返回寓所。

还指派两位擅长满语和汉语的内廷官员协助我们准备进讲的文稿，并令书法家把草稿誊写清楚。皇上旨谕我们每天进宫口授文稿内容。皇上认真听讲，反复练习，亲手绘图，对不懂的地方立刻提出问题，就这样整整几小时和我们在一起学习，然后把文稿留在身边，在内室里反复阅读。同时，皇上还经常练习运算和仪器的用法，复习欧几里得的主要定律，并努力记住其推理过程。这样学习了五六个月，康熙皇帝精通了几何学原理，取得了很大的进步，以至于一看到某个定律的几何图形，就能立即想到这个定律及其证明。有一天皇上说，他打算把这些定律从头至尾阅读12遍以上。我们用满语把这些原理写出来，并在草稿中补充欧几里得和阿基米德著作中的必要而有价值的定律和图形。除上述课外，康熙皇帝还掌握了比例规的全部操作法、主要数学仪器的用法和几何学及算术的应用法。”

“康熙皇帝令人难以置信地深切注意而且细心地从事这些研究工作。尽管这些原理中包含着极其复杂的问题，而且我们在进讲时，也不够注意礼节，但皇上从不感到厌烦。最初，我们解释的某些证明，皇上还不能理解，这可能是由于证明题本身确实难懂，更确切说，也许是由于我们不能灵活地运用适当的词汇清楚地表达自己的思想。不论什么原因，一碰到这类证明题，皇上总是不辞辛苦地时而向这个传教士，时而向那个传教士再三垂问题解。遗憾的是我们往往不能像我们想的那样使皇上把这些问题理解十分透彻。在这种情况下，皇上就要求我们改日再做解释。当时他约束自己专心致志地听我们讲课的情形，是非常令人钦佩的。有一天，皇上在谈到他自己时，曾经涉及到这个问题。谈到刻苦学习的问题时，他说对于刻苦学习科学知识，他从不感到苦恼，并颇有感触地追述，他从少年时代起，就以坚韧不拔的毅力，专心致志地学习规定的一切知识。”

“康熙皇帝充分领会了几何学原理之后，还希望用满语起草一本包括全部理论的几何学问题集，并以讲解原理时所用的方法，进讲应用几何学。同时，皇上旨谕安多神甫用汉语起草一本算术和几何计算问题集，它该是西洋和中国书籍中内容最丰富的。”

“皇上在研究数学的过程中，已感到最大的乐趣。因此，他每天和我们在一起度过两三个小时。此外，在内室里，不论白天还是夜晚，皇上都把更多的时间用于研究数学。由于这位皇帝特别厌烦委靡不振的、无所事事的生活，所以即使工作到深夜，次日清晨也一定起得很早。因此，尽管我们经常注意要早进宫谒见圣上，但仍有好几次在我们动身之前，皇上就已传旨令我们进宫。有时只是为了让我们审阅他在前一天晚上所做的算题。因为每当学习到几何学中最有价值的知识时，皇上总是怀着浓厚的兴趣，把这些知识应用于实际，并练习数学仪器的操作。由此可见，康熙皇帝为了独立解决与我们以往讲过的相类似的问题，曾经做出何等努力，实在令人钦佩之至。”

随着康熙皇帝学习自然科学知识的日渐深入，他对有关国计民生的各种自然科学知识如兵器制造、地图测绘、医学、农学等也都产业了广泛的兴趣。为此，他多次表示欢迎懂科学的西方传教士前来中国。在他的授意下，康熙二十一年，南怀仁在致西欧耶稣会教士的一封信中呼吁道：“凡擅长天文学、光学、静力学、重力学等物质科学之耶稣会教士，中国无不欢迎。”在康熙皇帝的招徕下，洪若翰、白晋、张诚、苏霖同时来华，供奉内廷。康熙三十六年，康熙皇帝又以法国传教士白晋为使，回欧招聘教士。于是，康熙三十八年，又有马若瑟、雷孝思、巴多明等人来华。即使在清朝政府因教规问题和罗马教皇严重对峙期间，康熙皇帝也没有放松争取西方科学人士来华的努力，并先后授意西方传教士沙国安、德里格、马国贤等致书罗马教皇，要他“选极有学问天文、律吕、算法、画工、内科、外科几人来中国以效力”。在此同时，康熙皇帝则如饥似渴地投身于各种自然科学知识的学习和试验之中。据白晋、张诚等法国传教士所见，康熙皇帝出巡，经常利用刚会使用的天文仪器，在朝臣们面前愉快地进行各种测量学和天文学方面的观测。他有时用照准仪测定太阳子午线的高度，用大型子午仪测定时分，并推算所测地的地极高度。他也常测定塔和山的高度或是感兴趣的两个地点的距离。对于和民生攸关的农学，他也极感兴趣并做过深入的研究，他亲自培育过御稻米和白粟米两种优良品种。其中御稻米不仅气香味腴，而且生长期短，北方也能种植，南方则可以连收两季。他还做过南北作物移植的试验，北京丰泽园、热河避暑山庄种有南方的修竹、关外的人参，山庄的千林岛遍植东北的樱额（沙果），每到夏天，硕果累累。对于医学，他也极有兴趣，为了学习有关知识并进行研究，他在宫中专门建立化验室，从事医学的研究。对于一些先进的医疗技术，他还极力加以推广。如他发现点种牛痘，对于防治天花极为有效，即在边外四十九旗及喀尔喀蒙古积极推广。“初种时年老人尚以为怪”，但是由于他“坚意为之”，收到了很好的效果。他还冲破封建礼教束缚，谕令西方传教士巴多明将《人体解剖学》一书以满汉两种文字译出。至于兴修水利、兵器制造、地图测绘等项知识因为和巩固统治关系极为密切，更为他所十分关心，如对治理黄河，他不但于“前代有关河务之书，无不披阅”，而且还乘六次南巡之机，实地视察河工，同时又广咨舆情，经过10多年的努力，终于摸索出了一套治理黄河行之有效的好方法。从而改变了黄河连年溃决的现状，出现了40年的安然局面，对于地理测量，他的态度也十分积极，每次巡幸或者出征，他都注意携带仪器进行测量，在此基础上，从康熙四十六年至五十六年，他又组织一批中西学者对全国进行实测，编制了《康熙皇舆全览图》。在此同时，他也极为重视军事科技的发展，三藩叛乱期间，他曾命西方传教士南怀仁研制改制火炮，并亲至卢沟桥阅视新炮的实弹演习。三藩叛乱平定后，他仍对之表示重视并下令继续铸造，分别配备于全国各战略要地。由于长期坚持钻研自然科学，在其中一些领域中，他还颇有发现。如康熙四十三年十一月，他根据实测结果认定据西洋新历推算本月初一日食时刻略有失误。并怀疑可能是“算者有误，将零数去之太多”。康熙五十年，他又根据实测发现当年夏至是在“午初三刻九分”，而不像西洋历推算的“午初三刻”。总之，在康熙年间，康熙皇帝对于自然科学的兴趣始终不衰，学习自然科学成了康熙皇帝终身爱好的事业。

作为康熙皇帝终生爱好的一项事业，和经筵日讲一样，学习自然科学也对康熙朝政治产生了一定的影响。首先，通过学习，康熙皇帝使自己在自然科学领域内成为内行，取得了主动权，从而在各种政策决策以至具体事务处理中都比较容易分清是非，接近实际，避免或少走了不少弯路，即以黄河治理而言，清朝初年“决溢之灾无岁不告”，河患成了一个极大的社会问题。虽然国家每次拨出大量金银修治，但都收效甚微。所以如此，最高统治者对治河规律盲目无知当是一个重要原因。为此，三藩叛乱平定之后，康熙皇帝集中精力研究河务，他一方面博考前代文献，另一方面又多次前往视察，其中关键环节并亲自动手测量，与此同时，还屡集廷议，综观全局，从而在治河中收到了较好的效果，也产生了巨大的社会效益。其次，康熙皇帝重视自然科学也在一定程度上改变了长期以来封建士人的“重道轻艺”的错误倾向。两千多年以来，中国历代帝王大多只重视政治军事和思想，只研究治人，不研究治物；只研究驾驭人类，不研究征服自然。受此影响，封建士人皆以为儒家经典无所不包，兼以“就易畏难，以功名仕宦为重”，从而形成了一种顽固的“重道轻艺”的错误倾向，严重地阻碍了生产力的发展和社会的进步。而康熙皇帝却以帝王之尊对自然科学表示重视，努力学习，积极推广，在当时社会上产生了深远的影响。在他的带动下，许多士人投入数学、天文学、医学、水利、工艺等自然科学各领域的研究，他们有的努力发掘中国古代科学遗产，有的刻意创新，不但大大缩小了中西科技之间的差距，同时，对于自然科学的发展和中国社会的进步，也起了积极推动作用。

○ 勤政务实的工作作风

清朝前期的皇太极、康熙、雍正、乾隆这四位皇帝有一个共同特点：既调明世事，又勤于政务，而康熙皇帝又多了一条作风踏实、不慕虚名。能够在一片马屁与颂歌当中始终保持清醒的头脑，就这一点来说就称得上伟大。

康熙皇帝御门听政始于康熙六年七月亲政之日，自此之后，每日辨色而起，未明求衣，逐日视朝，一直坚持几十年之久。因为康熙皇帝视朝过早，各级官员为了不迟到，必须于“三四鼓趋赴朝会”，因而平定三藩之后，一个低级官吏大理寺司务赵时楫代表广大官员上书康熙皇帝，指出“自古人君，从未尝每日亲御听政，即定期视朝，亦未有甚早者”。为此，他建议视朝时间改在辰时，视朝时，只令“满汉正左轮流”，“其余无事官员及闲散衙门官员，停其每日上朝，照旧一月三次上朝”。考虑到广大官员的实际困难，康熙皇帝将御门听政时间推迟到辰时，朝见官员也相应减少到有关官员，但是他自己却仍然坚持御门听政。后来，出于对康熙皇帝身体的爱护和关心，康熙二十三年、二十九年、三十二年时，又先后有许多臣下上疏，要求康熙皇帝不必逐日御门听政。如康熙二十三年五月，御史卫执蒲上书康熙皇帝，奏请“御门听政，或以五日，或以二三日为期”。康熙二十九年十月，户科给事中何金蘭上书康熙皇帝，“请定御门之期，或三日，或五日”。“日烦临御，臣谊难安。”康熙三十二年十二月，大学士等奏请“每日奏章，交送内阁，皇上隔三、四日御门一次，听理引见人员与绿头牌启奏诸事”。对于广大臣工的一番美意，康熙皇帝表示感谢，但是考虑到自己身为帝王，应该“先人而忧，后人而乐”、“政治之道，务在精勤，励始图终，勿宜有间”，而不予接受。由于长期御门听政，形成了固定的生活和工作规律，如不御门听政，他就觉得不安。如康熙三十二年时他说：“朕听政三十余年，已成常规，不日日御门，即觉不安。若隔三、四日，恐渐至倦怠，不能始终如一矣。”即使是在生病期间，他也坚持御门听政，偶因病重，不能临御乾清门听政，他也因为“与诸大臣悬隔，思之如有所失”而谕令臣下进奏乾清宫。他还表示：“朕三十年来，每晨听政，面见诸臣，咨询得失，习以为常，今若行更改，非励精求治初终罔间之道，且与诸臣接见稍疏，朕衷亦深眷念。”康熙三十四年冬，在他生病期间，大学士伊桑阿等奏请“暂停御乾清门听政”时，他又表示“朕每日听政，从无间断，闲坐宫中，反觉怀抱不适，你诸大臣面奏政事，朕意甚快，体中亦佳，今灼艾视前已愈，国政紧要，朕仍照常御门听政”。在逐日听政的同时，康熙皇帝还极为注意提高听政的效率和质量，极力避免形式主义。在他看来，听政主要内容是君臣共同处理国家事务，因而在视朝时，十分重视臣下的意见，多次表示他自己“从来不惮改过，惟善是从，即如乾清门听政时，虽朕意已定之事，但视何人之言为是，朕即择而纳之”。因此，他要求奏事官员“各抒胸臆，直言无隐，但求事当于理，互相商酌，即小有得失，亦复何伤，朕焉有因议事而加罪者乎”？对于一些官员“不以所见直陈，一切附会，迎合朕意”则加以批评。即使是在休息时间，他也时时将“天下大事，经营筹划于胸中”，以便御门听政时能正确处理。御门听政之外，阅览处理各地各衙门所上奏章也是一重要的政务活动。一般情况下，每日奏章不下百十来本。这些奏章，例由内阁大学士先行览讫，并拟出初步处理意见呈送康熙皇帝，由他最后决定。对此，康熙皇帝不是不负责任地不看奏章内容便在内阁所拟票签上打勾画圈，而是将所有奏章通通详加阅览，不遗一字，“见有错字，必行改正，其翻译不堪者，亦改削之”。在此同时，还对内阁票拟，详加审核，以定可否。即使在病中，也坚持不辍。如康熙二十九年二月，康熙皇帝身体违和，移居瀛台养病，仍令“部院各衙门奏章，俱交内阁转奏”。当年十月，康熙皇帝患病期间，也“日理奏章，未尝废事”。有时，康熙皇帝外出巡幸，批阅奏章便成了他处理政务的主要方式。因而，一般情况下，他下令京中奏章三日一达御前，有时，还下令两日一送。奏章一到，“随即听览，未尝一有稽留”。如果递本人员迟延时日，还严加处分。如康熙二十三年春，康熙皇帝视察畿甸，因为当时“户、刑二部启奏之事最为繁冗，皆钱粮刑名所关，若一时不加详阅，恐有贻误”，因而他下令改变前此三日一送而为两日一送。当年十月，康熙皇帝东巡曲阜途中，京中奏章至时未至，康熙皇帝异常焦急，深夜不眠，坐待奏章，并且下令“今日奏章，不拘时刻，一到，尔等即行呈进，朕宵兴省览”。一直等到四更时分，奏章始到，康熙皇帝立刻摊开批阅，一直到天亮方才处理完毕。康熙四十年六月，康熙皇帝巡幸塞外，因为京中本章未能按时抵达御前，康熙皇帝还特别指示派人调查原因，予以处理。巡幸回京后，为了处理在外巡幸期间积起来的待理政务，康熙皇帝更是繁忙异常。他说：“朕历年夏日避暑，九月回銮，所积四月内口外不能办理之事，日夜料理，必在岁内完结。至次年开印，又复速为办理，无致壅积。”康熙五十六年冬，康熙皇帝老境来临，大病

70余日，两脚水肿，右手不能写字，但是为了批答奏章，仍坚持用左手批阅而不假手于人。多年勤政，使他饱尝了帝王生活的甘苦与艰辛。康熙五十八年四月，他特地为此向大学士、九卿、詹事、科道官员尽掏肺腑。他说，“我自亲政以来，一切重要事务，都是亲自动手处理，从来不敢偷懒。在少壮时期，精力充沛，并不觉得劳苦，而今老境来临，精神渐减，办起事来便觉得十分疲惫不堪，批答奏章手也发颤。如想还像当年那样办事精详，则力所不及；如果草率处理，心中又非常不安。从来读书人议论历代帝王，多加指责他们的过失，批评他们安享富贵，耽于逸乐，我多年披阅史籍，对历代帝王为人行事也颇留心，觉得做一个国君极为不易。不说别人，即以我而言，在位60年，昼夜勤政，即使铁打的身子，也要拖垮，何况血肉之躯。现在在朝供职的年老大臣，年岁大约和我不相上下。在衙门办事，不过一两个时辰，就可回家安息，有病还可以告假，有的人还无病装病，他的同僚和属员决不会强迫他继续上班。往年考试武进士，左都御史赵申乔竟然在考场上打瞌睡，侍卫们几次把他唤醒。有我在场尚且如此，在自己衙门办公就更不用说了。现在天下大小事务，都是由我一人处理，无可推诿，如果把重要事务交人办理，则断然不可。因此，我昼夜劳累，须发皆白。虽然如此，也不敢偷懒，从早至晚，没有一点空闲，真是强打精神，硬加支撑啊！我如此勤政，你们臣下却没有一个人肯为我实心效力，不但如此，说不定还有不肖之徒见我年老，精力不够，乘机徇私舞弊，这都是你们应该十分留心的。见我百般勤劳，你们只不过在口头上要我安静休养，再不就是搬弄一些颂圣套语，什么‘励精图治’、‘健行不息’、‘圣不自圣，安愈求安’，这些话，如果对不读书的君主来说，也许他们爱听；我多年读书，明白事理，这些粉饰之词，60年来，听得耳朵上都起了茧子。所以我劝你们还是多办实事，少说废话，才对国家治理有所裨益。”由于长期勤政，康熙皇帝养成了反对虚夸、讲究务实的作风，对于各地上陈祥瑞，他向不热心，从来不曾将之宣付史馆。对于不事生产的僧道，康熙皇帝早年时期极为鄙薄，认为他们都是一批游手好闲之徒。他还认为秦始皇、汉武帝迷信方术，梁武帝、唐宪宗信佛都是愚蠢的行为。后来，他对僧道的看法虽然有所变化，但是也是敬而远之，从未加以提倡。因而，他在位期间，佛道势力始终没有得到发展，更未能影响中枢决策。他尤其反对无益实政的庆寿典、上尊号等。因而在他在位前期，凡逢他本人寿诞，他一般都下令停止朝贺，更不搞什么筵宴。三藩叛乱、噶尔丹叛乱平定之后，群臣想给他上尊号，他也都推给了他的祖母孝庄文皇后和嫡母孝惠章皇后。康熙四十二年，康熙皇帝50寿辰届期，臣下又想搞庆典、上尊号，还要进贡鞍马缎匹等物，康熙皇帝一概拒绝，他说，如果在京官员如此，地方督抚也一定会效法，后果不堪设想。后来，群臣进贡万寿无疆围屏，他也只收下颂辞，而将围屏退还。在此同时，他还颁发长篇谕旨指出自己在位40多年来，“亲历饥馑者不知其几，南北用兵者不知其几，人心向背者不知其几，天变地震者不知其几”。居安思危，自己不应“以名誉称尚为荣”，而当“以海内富庶为心”。康熙五十一年十月，礼部诸臣以次年恭逢康熙皇帝六旬万寿，特地会同大学士、九卿、詹事、科道等官议上庆寿章程。康熙皇帝览奏后，又情辞恳切地向上奏群臣说了一番话。他说，“我自即位以来，一心盼望着天下太平，在历史上留一个好名声。几十年来，我夙夜勤劳，以致须发皆白，心血耗尽，克服了数不清的困难。自古帝王在位时间都极为短暂，享年不永，人们往往说成是别的原因，其实这是不了解历代帝王一生何等辛勤啊！我的才能和德行本来极其普通，只是赖有祖宗荫庇，才得以在位50余年，年寿也将及60。现在为国事更加忧劳，精力愈益不支，只害怕长此下去，以致不能始终如一，使得一生勤劳，付之东流。因而兢兢业业，并没有祈求60大寿的想法，看到你们的奏章，我觉得都是不讲实际的虚言套语。我十分希望做臣下的能够清廉自持，做儿子的能够孝敬父母，兄弟之间也互相友爱，人人都读正经书籍，各自尽心于自己的职责，国家太平，人民幸福，盗贼宁息，这就是对我60寿辰的最大贺礼了。此外一切仪式，我并不喜欢。”后来，只是群臣瞒着康熙皇帝，先期召请直省官员绅士耆庶入京庆贺。造成既成事实，盛意难却，为了答谢士民好意，康熙皇帝才举办了一次大型宴会招待向他祝寿的耆老。但是在内心中，对于这种行动，他却是不以为然的。除此之外，对于臣下“陈奏国家之事辄用称颂套语”，康熙皇帝也十分反感并多次提出批评。认为他们这样做“于朕躬并无裨益”，并要求他们以后“当尽删除称颂套语，将有益于朕躬之外事，速为指陈，使事务不致壅积，可以知诸臣之实心报效，而朕之病体亦得调护矣”。这种勤政务实的作风，不但使得康熙皇帝的成就超过了中国历史上的多数帝王，而且也对雍正以后清朝各代帝王产生了重要的影响，对于清朝统治的巩固和中国历史的发展也起了重要作用。

○ 一个无比英明的决策

在可弃可取之间，康熙选择了取。如果说康熙是一位英明的皇帝的话，恢复台湾并将之纳入大清版图就是他无数个英明决策中至为耀眼的一个。台湾对于中国的重要性在今天不言而喻，但在康熙之后的长时间里并没有被充分认识到，这更显示出一个顶尖政治家能见人所未见的政治素质。

顺治十八年（公元1661年）二月至十二月，南明延平郡王郑成功命世子郑经留守金门、厦门等地，他亲自率师东征，驱逐荷兰殖民主义者，收复台湾。但郑氏政权坚持抗清立场，占据东南沿海。郑成功病死于台湾后，世子郑经继承王位，依然与清廷对抗。

康熙皇帝亲政以后，一心想收复台湾，但是因为“三藩”作乱，他忙于平定叛乱，所以对台湾郑氏主要采用招抚政策，但是郑经始终没有接受招抚。“三藩”之乱平定以后，康熙皇帝开始全心收台。在收复台湾的过程中，有两个人所起的作用最大，一个是姚启圣，一个是施琅。

姚启圣，字熙之，一字忧庵，原为浙江会稽人，后附族入籍，隶属汉军镶红旗。康熙二年考中了举人，当了广东香山知县，不久因故被革职。“三藩”叛乱后，他投进康亲王杰书军中，屡献奇谋，康亲王很器重他，官职也从代理知县升到了布政使。

康熙十七年（公元1678年）春，郑经为给清朝施加压力，以争取和谈中的有利地位，遣骁将刘国轩连败清兵，进围海澄。清廷驻守官吏对全局缺乏统一规划，遇事惊慌失措。康熙见他们“庸懦无才，职业不修”，便于五月初十将他们解职，通过康亲王荐举，破格提升姚启圣为福建总督。

姚启圣于六月初接任，认真贯彻康熙招抚郑经下属官兵民众谕旨，为争取投诚，特别注意对其家属及其亲族落实政策，并任用海上投诚人员。这一保护郑氏、团结海上投诚人员的政策，立即产生巨大效果。

姚启圣为了准备攻打台湾的武力，还整顿充实绿旗兵。过去“镇将各官，多以食粮兵刁民充伴当、书记、军牢等役，至临阵十不得七”。因此，他首先从直属总督之督标做起，革除了无用的兵员，新招募了一批生力军。康熙帝得知，予以表彰，认为此法很好，下令推广其他各省。

由于姚启圣采取有力措施，并与巡抚、提督、满洲将领、外省援军齐心合力，至康熙十七年九月，福建军事形势大为好转。九月二十日，姚启圣与将军赖塔等于漳州附近大败郑军主力，相继收复长泰、同安。此后又连败郑军于江东桥、潮沟等地，刘国轩逃回海澄。姚启圣见海澄深沟高垒，难以突然攻下，便全力开展招抚工作。他派遣漳州进士张雄赍书去厦门招抚。郑经以“海澄为厦门门户，不肯让还”。姚启圣于十月又遣泉州绅士黄志美赍书再次往厦门劝谕。郑经仍执前辞，拒不受抚。

康熙二十年（公元1681年）四月，姚启圣先后接到台湾傅为霖、廖康方密禀：郑经已于本年正月二十八日病故；其长子监国郑克也于三十日被绞死；年仅12岁的次子郑克塽即延平王位，现在台湾岛内人心浮动，可以乘机武力收复。姚启圣根据秘报上书康熙皇帝要求发兵收复台湾。可是，姚启圣的建议却遭到了很多人的反对。反对者中，竟包括闽海前线最高军事长官都统宁海将军喇哈达。而内阁学士李光地却坚决支持武力收复台湾。李光地是福建安溪人，他曾以在籍官蜡丸密封向康熙上平闽之策，因此深得康熙信任。他当上内阁学士后，积极推荐施琅。

施琅，福建晋江人，初为明总兵郑芝龙（郑成功的父亲）部下骁将，顺治二年十一月，随郑芝龙降清。因坚决不从郑成功抗清，他的父亲、兄弟和儿子都被郑成功所杀。康熙元年，被提拔为福建水师提督。他自幼生长海上，深悉水性及郑氏情形，一贯主张以武力围剿郑氏，攻取台湾。曾经于康熙初年上书，要求武力收复台湾，但是鉴于当时的条件还不成熟，他的建议被否决，并且裁撤福建水师提督，战船也被尽数烧毁，海上投诚官兵到外省垦荒，授施琅为内大臣，编入汉军镶黄旗，留于京师。

姚启圣上任之初也曾一再上疏保举施琅担任福建水师提督。但是因为他的长子施齐（化名工世泽）、族侄施亥都还在郑经手下当官，朝廷不太放心，所以迟迟未予任用。后经姚启圣核实施齐、施亥因“擒郑逆献厦门以报本朝”，于康熙十九年二月被杀，两家73口同时遇难。施琅这才重新得到朝廷的信任。康熙二十年七月，李光地再次推荐施琅，康熙皇帝也深感原来的福建水师提督万正色难当重任，便采纳李光地的建议，以施琅替换万正色。

康熙皇帝启用施琅之后，放手使用，大力支持。施琅为了能在征剿过程中加强与皇帝的联系，题请吴启爵“随征台湾”。兵部不准。康熙特批：“爵在京不过一侍卫，有何用处？若发往福建，依施琅所请行。”施琅任内大臣10余年，深知吴启爵受皇帝信任，请他随征，无异于钦差大臣。后来吴启爵在关键时刻往来于福建与北京，呈报前线情况，传达皇帝指示，对统一台湾起了重要作用。

施琅吸取前三四年间进军台湾失利的教训，为防止总督和水师提督之间彼此掣肘，极为重视专征大权。康熙二十一年（公元1682年）二月初一，施琅上《密陈专征疏》，再次要求康熙为自己颁发专征台湾之敕谕，康熙皇帝考虑到自己远在北京，对前敌的形势不熟悉，于是放权给施琅，让他总管攻台的军事作战，总督姚启圣负责管理政务，李光地负责管理钱粮后勤。这样，三个人分工明确，便于随机应变，处理各种事务。

经过几次大战，台湾军队放弃抵抗，郑克塽宣布投降。康熙二十二年（公元1683年）八月十一日施琅率官兵前往台湾受降。郑克塽闻讯，坐小船出鹿耳门迎接，并亲率刘国轩、冯锡范等重要文武官员，齐集海边，列队恭迎王师，然后会见于天妃宫。

施琅领兵登陆以后，禁止军兵骚扰百姓，维护社会秩序。十八日，郑克塽等剃发，施琅当众宣读皇帝赦诏。郑克塽等遥向北京叩头谢恩。从此，台湾回归祖国怀抱，与大陆重新统一。

施琅入台之后，不负康熙的期望，未对郑氏进行报复，却前往郑成功的庙宇行告祭之礼。他知道郑成功在台湾官兵心目中的地位。在台湾政权变换、人心浮动的时刻，这一举动，对于安定郑氏官兵的情绪、稳定社会秩序无疑产生了重要的社会效果。

捷报传到北京后，康熙精神异常振奋。将收到捷报那天所穿的衣物赐给施琅，并赐五律一首，写道：

岛屿全军入，沧溟一战收。
降帆来蜃市，露布彻龙楼。
上将能宣力，奇功本伐谋。
伏波名共美，南纪尽安流。

伏波指东汉名将马援，曾封伏波将军。康熙称赞施琅智勇双全，建立奇功，可与马援齐名，流芳百世，封施琅为靖海侯，世袭爵位。

康熙二十二年（公元1683年）十二月，郑克塽等奉旨进京。康熙对原台湾的官员都给予封赏，让他们在朝中为官。尤其值得一提的是康熙对郑成功子女的态度，他不但认为郑成功、郑经并非“乱臣贼子”，命将其父子灵柩归葬南安，还亲自赠送了一副对联：“四镇多二心，两岛屯师，敢向东南争半壁；诸王无寸土，一隅抗志，方知海外有孤忠。”挽念郑成功收复中华故土的不朽业绩。

7. 精明勤政的雍正帝

○ 勤政严苛的雍正皇帝

清朝雍正皇帝的才能、性格，对于他的政治表现具有重大影响，政治像人，也有鲜明的个性，雍正如果不是那样的性格，他的时代的面貌也将不完全是那个样子。

雍正处理事务，非常仔细认真。即使是细微之处，雍正也明察秋毫，屡屡发现臣下的疏忽大意、草率从事或掩饰过愆之处。雍正元年，年羹尧上一奏折，大学士已经议论回复；后蔡珽有同样内容的折子上奏，大学士没有察觉，呈交雍正，雍正注意到了，批评他们“漫不经心”。

雍正六年，署理浙江总督蔡桂上奏折说明侦稽甘风池之事，雍正阅后批示：“前既奏过，今又照样抄誊渎奏，是何意耶？”具体上奏人忘了这是重复奏报，但日理万机的皇帝对其前折倒是印象很深。

雍正办事之小心处处可见。

他说：“朕于政事，从来不惮细密，非过为搜求也。”

可见，他不是挑大臣们的刺，而是他本身办事认真精细的习惯使然，并不断因此要臣下和他一样紧张忙碌。

雍正不许官员设立戏班，原因是多方面的。怕他们贪污腐化，耽于朝政，败坏风俗；担心“以看戏为事，诸务俱以废弛”。

由于官员们办事拖沓，因循迟延，加上个别怠惰早退，使雍正极为恼火，于是命令他们每天到圆明园值班，日未出时就要到宫门，日落以后才准下班。他们都住在城里，如此往返疲惫不堪。

雍正每日召见大臣，议决事情。当西北两路用兵时，一日面见军机大臣数次，晚上也要召见，他看官员的本章、奏折，认真而外，处理及时。今天的事今天了结是雍正的风格。

如在河南巡抚田文镜雍正三年四月十七日奏折上朱批，询问年羹尧向河南运送资财的去向和河北镇总兵纪成斌的为人。五月初七日田文镜回奏报告说已派人了解年的问题，并谈了对纪的印象。四月十六日至五月初六日，头尾算上才20天，他们君臣的笔谈，就进行了一个来回。

五月二十六日，田文镜进一步上奏说明年、纪二人的情况。雍正阅后，在朱批中又问及道员佟世鳞的为人。同一天，田文镜还进呈了一谢恩折，雍正也写了朱批，到六月十三日，田文镜就见到这份朱批了。田文镜随后于二十一日向雍正奏报了佟世鳞的问题。这其中总共16天。

开封到北京的路程是1600里，来回3200里。这些奏折，都由田文镜家人呈递，不可能像驿站传送公文那样，可以日行达三四百里、四五百里，所以这16天，主要是路上来回占用了。

雍正一收到奏折马上批阅，随即发出。他常以不过夜的态度看臣下的折子，因而很快掌握了各方面的情况。并不因为是些平常的事情而拖延，可见行政效率之高。

对雍正事无巨细均亲自处理的作风，有些大臣不以为然。认为雍正胡子眉毛一把抓，太“烦苛琐细”，希望人君不要亲理庶务。

雍正对此辩解说，他是效法康熙60余年的勤政精神，并且强调自己正当年富力强之时，不可稍图暇逸。

他说：“如果大家都效忠为国，努力做事。奏章再多，我个人也乐于浏览，并不觉得是一件辛苦的事。如果众人都苟且颓唐，导致政务废弛，一天没有一份奏章，我心里倒是忐忑不安。”

雍正二年七月，在《御制朋党论》中，雍正把反对他躬理细务的人归之朋党，认为他们担心当今君主英明，只是想方设法蒙蔽君主来谋取个人的私利，实在可恶。

话都这么说了，谁还敢非议雍正亲理庶务？朝乾夕惕，励精图治，雍正是当之无愧的。

雍正的性格刚毅果断，他对一件事情的利弊，一旦有所把握，就做出裁决，力求达到目的。

雍正五年，雍正朱批指出浙闽总督高其倬办事优柔寡断，于是写了一段话来训勉他，现在来看，这个批示不仅道理讲得极透彻，比喻用得很好。且文字很是优美顺畅，逻辑性强。不妨全文录下，与读者诸君共赏：

“观汝办理诸务，必先将两边情理论一精详，周围弊效讲一透彻，方欲兴此一利，而又虑彼一害，甫欲除彼一害，而又不忍弃此一利，辗转游移，毫无定见。若是则天下无可办之事矣。夫人之处世如行路，然断不能自始至终尽遇坦途顺境，既无风雨困顿，又无山川险阻，所以古人多咏行路难，盖大有寓意存焉。凡举一事，他人之扰乱阻挠已不可当，何堪自复犹豫疑难，百端交集，如蚕吐丝，以缚其身耶！世间事，要当审择一是处，力行之，其余利害是非，概弗左盼右顾，一切扰乱阻挠，不为纤毫摇动，操此坚耐不拔之志以往，庶几有成。及事成后，害者利矣，非者是矣。无知阻挠之辈，不屏自息矣。今汝则不然。一味优柔不断，依违莫决，朕甚忧汝不克胜任，有关国家用人之得失，奈何！奈何！”

与其说雍正在教导部下，不如说是雍正在勉励自己。教训手下不要优柔寡断，其意是在说明自己刚毅果断。

雍正性格的刚毅果断，表现在政治上就是决策果断。如果对一件事情的利弊，一旦有所把握，就做出裁决。

如实行摊丁入亩，又如倡议耗羡归公，最先都遭到廷臣的强烈反对，但正是雍正的极力坚持，才全面推行。

雍正在推行新政策和整顿吏治期间，大批地罢黜不称职官员，同时破格提升了不少人才，别人批评他“进人太骤，退人太速”，但雍正对此毫无顾忌，坚持到底。正是雍正的坚毅果断，才使得他的许多重大的社会政策能延续下来。

所谓物极必反，刚毅果断过头，不免要急躁匆忙。

雍正少年时代就有性格不定的倾向，忽喜忽怒，性格暴躁难以控制。康熙对这四王爷的性格不敢恭维，说他喜怒不定，并教训他要“戒急用忍”，后雍正把父亲的教诲置于床前，每日揣摩思考，以“动心忍性”。

后来，雍正认为自己已过而立之年，居心行事，性格已经稳定，不再像年轻时那样喜怒无常，特向父亲说明，并请求不要把当时的谕旨记载在档案里。康熙同意了雍正的请求，说这十几年来四阿哥确实没有这种情况了，可以免于记载。

至于雍正是否已经彻底改变，或者仅仅是迫于父亲威严而动心忍性，现在不得而知，但从其后来的执政倾向，不难看到年轻时雍正的影子。

当然，雍正是在努力改变他的急脾气，如在储位斗争时，雍正大搞佛学研究，大概也有动心忍性的意思。在当上皇帝以后，在给李绂的朱批中雍正写道："朕经历世故多年，所以动心忍性处实不寻常。"

可见，雍正还是留心不犯老毛病。并且表示："朕不甘为轻举妄动之人主。"

看来，经多年磨砺，雍正的自控能力还是很强的。

然而，雍正的许多政策现在来看，往往有一时冲动的嫌疑。如强迫福建和广东人学习官话，坚持到处宣讲他的《圣谕广训》，停止浙江人的乡会试等等，都是一时发怒的结果。并没有通盘考虑。

对待官员，雍正更是喜怒不定，让手下官员个个胆战心惊。"伴君如伴虎"，此话不假，更不要说天性暴躁的雍正了。

如雍正对福建陆路提督丁士杰原是赏识提拔，后因小事遭到雍正的破口大骂，过了十几天，雍正又重新夸奖起他来。雍正喜怒无常的性格由此可见。

著名清史专家冯尔康先生如此概括雍正的性格：雍正的自信心有助于他的坚强果敢，但是自信太过，作为皇帝，就容易阻塞言路，影响了政治的改良。

雍正的刚愎自用，当时朝中颇有微词，说他"性高傲而又猜忌，自以为天下事无不知无不能者"，"群臣莫能矫其非"，"为人自圣"等等。

有人说雍正听不得不同意见，不能采纳臣下的建议，这有一定依据，但不完全符合事实，其实，雍正对于自己所犯的错误还是常常勇于承认的。

如雍正四年九月，甘肃巡抚石文焯为了禁绝私钱，建议在甘肃开炉铸钱。雍正最初朱批不允。但不久，雍正就改变了态度。

他写道："禁止私钱一事，果如所议，钱法既清，而民用亦裕，区画甚属妥协。彼时朕虑未周详，故谕暂缓，今已准部议矣。"

老老实实承认自己原来考虑不周全，对于一向圣明的皇帝来讲，殊为难得。这样，雍正很自然地把事情改过来。

雍正标榜说："朕非文过饰非之人。人非圣贤，孰能无过。尔等果能指摘朕过，朕心甚喜。君子之过也如日月之食，人皆见之，及其更也，人皆仰之。改过是天下第一等好事，有何系吝。"

雍正是个为政务实的君主，不可能事事都文过饰非、刚愎自用。但是他确实有许多过于自信而匆忙行动的措施。大概是由于改革心切而又未能动员各方力量所致，他的勇于认错也多少弥补了这点不足。

总之，雍正时代因为雍正鲜明的个性而打上强势改革的印记，这是后人无法否认的事实。

○ 雍正是个不折不扣的改革皇帝

社会风气的好坏决定和影响着一个国家的前途和命运，同时也是一代政治家们政治主张成功的标志。当时，由于吏治改革直接与现有官僚阶层及众多既得利益阶层直接产生尖锐的冲突，一方不愿放弃，顽抗到底是情理之中，一方雄心勃勃，箭在弦上又不得不发。并且，改革不会因为调整之中没有武力破坏性因素，其激烈动荡程度就会降低。相反，一场成功的改革往往就是和平状态下的一场革命。雍正以坚定不移的决心实施变革，以强硬的手段让所有的障碍清除掉。

雍正改革的两大措施一是改土归流，一是耗羡归公。

雍正四年四月，鄂尔泰奉命对贵州府广顺州长寨用兵，不久又亲至贵州，到长寨等地巡视。事定之后，在那里设立了长寨厅（今长顺县）。长寨用兵，成为雍正时期大规模改土归流的开端。

同年十月，雍正实授鄂尔泰为云贵总督，并加兵部尚书衔，以利于他在辖区推行改土归流的政策。在改土归流的过程中，因广西与贵州接壤，改土归流的事务也较多，雍正于是将它从两广总督辖下划出，归云贵总督管理。雍正六年十二月，又特授鄂尔泰云南、贵州、广西三省总督。

鄂尔泰受命后，奏称广西情形与云南稍异，请容他酌实情去料理，办事的速度可能迟缓一些。雍正对鄂尔泰无限信任，对鄂尔泰所奏一一照准，并说："卿自有次第料理措置之道，实不烦朕南顾之怀也。"正是这种君臣间的充分信赖，西南改土归流事业才能得以大力的推行。

在改土归流过程中，滇沅土司刀瀚、沾益土司安于蕃，是一伙势重地广的积恶土官，他们视人命为儿戏，私占横征，任其苛索，从而成严惩对象。雍正四年六月，鄂尔泰发兵擒拿刀瀚和安于蕃二人，在其地分设镇沅州（今镇沅县），沾益州（今沾益县）。同年冬天，鄂尔泰因乌蒙土司禄万钟攻掠东川府，镇雄土司陇庆侯帮助禄万钟作歹施虐，于是命游击（清军官职的一种）哈元生率军讨伐，在四川清军一部配合下获得全胜，即将其地改设乌蒙府（后改称昭通府）和镇雄州（今镇雄县）。这次乌蒙之役，哈元生立下战功，雍正随即命鄂尔泰具奏，即打报告，将哈元生提拔为副将。就是这样，雍正对有功者必奖励，及时提拔，使得哈元生再立新功，几年间升至云南提督。

雍正五年，广西泗城土司岑映良的力量较强大，聚兵4000，耀武于南盘江以北地区。直到闻知乌蒙改土归流的消息后，才撤兵敛迹。鄂尔泰巡察到贵州南部安笼镇，准备对他进剿，岑映良害怕战死，只好投降。鄂尔泰就此又把南盘江以北划归贵州省管辖，设立永丰州（后改称贞丰州，今贞丰布依族、苗族自治县），又改泗城为府（今凌云县）。到此，梧州、柳州、庆远等地的土民，为反对土舍的酷虐压迫而竞相备粮请兵，推动了广西苗族地区改土归流工作的进展。从雍正六年八月至雍正八年，清军先后在思陵州、思明等地进剿，节节胜利，远近土司、土舍于是呈缴军械，纷纷投降，广西局势至此终于稳定了下来。

雍正六年，鄂尔泰认为清理黔东南土民的诸种问题，重点应放在都匀府，其次是黎平府，再次为镇沅，要分别轻重缓急，次第解决。于是鄂尔泰命贵州按察使张广泗带兵深入黎平府古州（今榕江县）地区的古州江（今都柳江）流域、都匀府丹江（今雷山县）地区小丹江（九股河上游）流域和八寨（今丹寨县），在坚决有力地镇压了这些地区的土舍后，顺利将这些地区改土归流。

随着西南改土归流的深入进行，云南、贵州、广西、湖南、湖北、四川六省交界地区土司、土舍在声势浩大的改土归流运动的猛烈冲击下产生社会震荡，引发了巨大的变革，不仅这一地区的土民纷纷投奔官府，请求改流。连土司、土舍也在内外强大的压力下，相继呈请交出世袭印信，让出了领地。雍正七年，六省交界地区改土归流完成，设立了永顺府，并设桑植、保靖二县。

当永顺府建立之时，邻近的湖北容美土司田曼如心怀疑惧，先是表示自己要改恶从善，但仍恃远自恣，依旧私征，土民怨恨，相继逃亡。雍正命田土司进京询问，但他拒不应召。于是雍正下令湖广、四川总督做好进军准备。不久，鄂尔泰奏请将容美改归贵州，奏准后下令湖南按察使王柔、总兵刘策各赴苗疆宣谕，当地土民也投交印信令箭，催促田曼如自首。田曼如畏罪自缢死。于是清政府将田曼如家属分别安插到别省居住。将其地改置为鹤峰州（今湖北鹤峰县）。不久，在强大的政策攻势下，湖北施南土司被觉悟起来的土民押交官府；忠峒土司与其他15个土司畏惧于政策，相继赶赴武昌城，恳请归流，于是在施南改设宣恩县。

与此同时，四川也实行了改土归流，将天全土司领地改为天全州、黎大所改为清溪县，在酉阳土司领地改置县制。

至此，作为雍正时期的一项重大举措，西南地区改土归流基本完成，改流后的土司远离原来的领地，安插到别处，而改流后的土民负担减轻，成为最大的获益者。土民自报田产，然后计亩征银，革去了“有田无粮，无粮输赋”的弊病。改流后的原土司、土舍地区与内地政治、经济联系密切了，文化也相应得到了发展。

雍正八年，鄂尔泰在云、贵边界筑桥，由于这一年是庚戌年，雍正皇帝于是将其命名为“庚戌桥”，以纪念鄂尔泰推行改土归流政策的功绩。雍正大帝对鄂尔泰给予高度信任，君臣相合，是改土归流能够顺利完成的因素。这种信任，从雍正皇帝对鄂尔泰所说的那句“有何可谕”，即可看得出来，君对臣如此信赖，成为盛传一时的佳话，如此，改土归流之事能办不好吗?

在改土归流中，发挥作用的命官首推鄂尔泰，次为哈元生、张广泗等。九年，雍正皇帝颁诏说：鄂尔泰为军机大臣、大学士，赏赐伯爵。对哈元生不秩拔擢，召见时解衣赐之，命其为军机大臣。把张广泗由知府重用为巡抚。

耗羡是一种附加税。清初，官吏薪俸低，不足以养家糊口，办公费不足，督抚索取节礼，而囊中羞涩拿不出钱，地方官吏便通过增加田赋来增加收入。这种收入就叫“耗羡”或“火耗”。这种任意加赋的做法，增加了农民的负担，也助长官吏的腐化。康熙帝认可这种做法，于是耗羡问题没能解决。雍正二年，山西巡抚诺岷请求将全省一年所得耗银提解司库，耗羡归公，以20万两留补无着，其余分给官员。六年七月，雍正帝令各省全面办理养廉，一面又严词禁止各种陋规。以后火耗一分为三：一份给地方官养廉，一份弥补地方亏空，一份留地方公用。这样，既增加了财政收入，又有助于廉政。

○ 雍正的两项举措把中央集权推向高峰

似乎可以这样说，雍正在顺治以后的所有皇帝中是采取有效的改革创新措施最多的。中国历史上的改革家并不少，但是由帝王亲自设计、主导的改革却不多见，因为有改革的意识未必有改革的勇气，有改革的勇气未必有主导改革的见识。雍正有意识、有勇气、有见识，所以，他主导的两项极富创新意义的改革得以顺利推进，并影响了中国历史的进程。

先说一说军机处的设立。

清代的中央机构大致可分为中枢机构、执行机构、监察机构、特殊机构4部分。中枢机构负责协助皇帝处理军国大政，包括议政王会议、内阁和军机处。军机处是清代最重要、存在时间最长的中央最高辅弼机构，然而在成立时间上，学术界尚有分歧，有雍正四年、七年、八年、十年说。大部分学者认为，雍正七年（公元1729年），清廷对西北准噶尔用兵，为方便皇帝随时召见大臣研究军政大事并能保守军事机密，在隆宗门内设置“军机房”，作为临时军事指挥机构。雍正十年（公元1732年）军机房正式改称“办理军机处”，简称“军机处”。准噶尔叛乱平定后，本应裁撤军机处，但因它便于发挥君主专制独裁，承旨办理机务，取代议政王大臣会议，剥夺了诸王议政的权力，结果不但未被撤销，反而进一步扩大了军机处的权力，使其成为处理全国军政大事的常设核心机构，成为凌驾于内阁之上的国家真正的政务中心。

军机处的主要职责是：撰拟谕旨和处理奏折；议大政，议后提出处理意见，奏报皇帝裁夺；谳大狱，参与重大案件审拟；参与对重要官员的任免和考核；随侍皇帝出巡，奉旨出京查办事件等。

军机处的职官有军机大臣，俗称“大军机”；军机章京，俗称“小军机”。军机大臣由皇帝从满、汉大学士、尚书、侍郎等官员内特选，有些也由军机章京升任。军机大臣的任命，其名目为“军机处行走”，或“军机大臣上行走”。所谓“行走者”，即入值办事之意。为首者称为“领班”，亦称“首枢”。凡被选入军机处的，都是皇帝的亲信，完全听命于皇帝。皇帝通过军机处将机密谕旨直接寄给地方督抚，称为“廷寄”；各地督抚也将重大问题径寄军机处交皇帝审批，称为“奏折”。中间既不再经过内阁这道手续（“明发上谕”仍通过内阁下达），对军国大政的处理更无需议政王大臣会议的议决。军机大臣没有定额，军机处初设时为3人，以后增加到四五人至八九人，最多至11人。军机章京初无定额，至嘉庆初年，始定为满、汉章京各16人，共32人，满、汉章京又各分两班值班，每班8人。军机章京的任命，称为“军机司员上行走”，或“军机章京上行走”。军机大臣须每天值班，等候皇帝随时召见。当天必须处理完毕下面送达的奏章，以保证军机处处理政务的极高效率。宣统三年（公元1911年）责任内阁成立后，军机处被撤销。

雍正设立军机处，是为了将权力高度集中于己手，因此，在设立军机处的同时，他又制定了一些制度限制军机处的权力。如把“办理军机处”银印收贮内廷，凡需钤印的文件，须由值班章京亲到内奏事处“请印”，用毕缴回。又如实行“廷寄”的办法，即“凡机事虑漏泄不便抄发者，则军机大臣面承撰拟进呈，发出即封入纸函，用办理军机处银印钤之，交兵部加封，发驿驰递”。这样做减少了中间环节，便于皇帝直接指挥地方官吏。可以说，军机处的设立是皇权高度集中于皇帝手中的一个重要标志。

与此同时，雍正又在太和门外设立了稽查钦奉上谕事件处，稽查、督促皇帝交各部院、八旗办理的事情。其管理大臣仍由满汉大学士兼任。这个机构的设立有助于各项上谕的落实。自此之后，各部院衙门，凡有钦奉上谕特交事件，当天就要交稽查处查核，每月还要检查存案，年终再行汇奏。这样，皇权的运用和发挥有了进一步的保证。

议政王大臣会议于乾隆五十六年（公元1791年）废止了，内阁变成只是办理例行事务的机构，一切机密大政均归于军机处办理。军机处总揽军、政大权二端，真正成为执政的最高国家机关。军机大臣无日不被召见，无日不承命办事，出没于宫廷之间。皇帝行动所到的地方，军机大臣也无不随从在侧。军机处在权力上是执政的最高国家机关，而在形式上始终处于临时机构的地位，不像正式国家机关的样子。军机处办公的地方不称衙署，仅称“值房”。军机大臣的值房称为“军机堂”，初仅板屋数间，后来才改建瓦屋。军机章京的值房，最初仅屋一间半，后来才有屋五间。军机处也无专官，军机大臣、军机章京都是以原官兼职，皇帝可以随时令其离开军机处，回本衙门。军机大臣既无品级，也无俸禄。军机大臣之任命，并无制度上的规定可供遵循，完全出于皇帝的自由意志。军机大臣的职务也没有制度上的规定，一切都是皇帝临时交办的，所以军机大臣只是承旨办事而已。这些都说明军机处是皇帝集权的最好的工具。

另一项举措是密折制的创新与完善。

告密，向来为君子所不齿，因为这是不正当的手段。可是在雍正属下官员互相告密却是官员的常课，被视作为本职工作的一部分。雍正二年，封疆大吏浙闽总督觉罗保、山西巡抚诺珉、江苏布政使鄂尔泰、云南巡抚杨名时突然遭到雍正严厉的斥责，紧接着宣布停止他们给皇帝上奏的权利。作为一个封建官僚，除了降罪撤职，再也没有什么比被剥夺其参政言事的权利更为严重了。那么，他们是为何事获罪的呢？原来，觉罗保们是因为向外人透露给皇帝奏章的内容被惩罚的。这种不得让第三者知道的奏章，不是题本、奏本，而是雍正朝的一种特殊的文书制度——密折。

古代时，臣对君的报告名目繁多，常用的有章、表、议、疏、启、书、记、札子、封事等。清代沿袭前明制度，用题本和奏本两种形式。题本是较正式的报告，由通政司转送内阁申请拟旨，再呈送皇帝，手续繁复，又易泄密。奏本不用印，手续较简，但也要做公文旅行，毫无机密可言。密折的要旨就在一个“密”字，它由皇上亲拆亲行，任何第三者都无权拆看，有很强的保密性。因此，雍正登基的第14天，便下了一道收缴前朝密折的谕旨，使密折逐步形成了一种固定的文书制度。在雍正钦定的规章里，从缮折、装匣、传递、批阅、发回本人，再缴进宫中，都有一定的程序。按照密折的内容，分别规定用素纸、黄纸、黄绫面纸、白绫面纸四种缮写，并使用统一规格的封套。密折须本人亲笔，不得外传，否则治罪。臣工缮写完后，加以封套、固封，装入特制的折匣，用宫廷锁匠特制的铜锁锁住，坊间锁匠配制的钥匙是绝对打不开密折匣的。

在密折的内容上，较之以前更为丰富了，最重要的是他们利用它商讨政务。雍正皇帝说：“本章所不能尽者，则奏折可以详陈；而朕谕旨所不能尽者，亦可于奏折中详悉批示，以定行止。”臣下可以将拿不准的问题提出来，请皇帝裁夺；皇帝对不了解的或不懂得的问题，可以询问臣下，以增长见识，做出决断。雍正朝的许多重大政事，如前述的摊丁入亩政策，就是在雍正与黄炳、李维钧等疆吏、中央九卿间通过密折反复筹商而最后定下来的。

自雍正把密折制度化以后，地方官有机要事务都撰拟奏折，经过皇帝朱批，认可了，才写题本做正式报告。这样题本就成了官样文章，价值大大降低。密折代替了原来题本的作用。官员上密折的也越来越多，使它成为主要的官方文书。这一制度坚持到清末。

给皇帝上密折是一种特权更是一种荣誉。现存最早的奏折是康熙三十二年的奏折。当时有资格上奏的只是由中央派到地方上的常设官员，他们大多是皇帝家臣。如江宁、苏州织造。终康熙一朝密奏者只有百余人。而雍正朝却多达1100多名，并逐步扩大到各省督抚、藩、臬、提、镇等。何等官职才有资格密奏，谁也说不清。与其说依品级，不如说是与皇帝的关系而定。到了雍正后期，甚至连知府、同知副将等一些微职也可特许准奏。

上密折是特权，有权力就有义务，臣子们在洋洋得意于自己恩宠的同时，不知不觉中把前程也付之于这一奏折了。奏折的内容千殊万别，上自军国要务，下至身边琐事，无所不包。雍正朝的密折不但用来陈事，还用来荐人。雍正对官员的选用、罢黜极为留意，他曾一再透露：“朕唯治天下之道，首重用人。”雍正考察地方的吏治，着重点是对地方的官吏的检查。他给官员授权，允许越境奏事；可以越级监视，上下牵制，这种方法使雍正了解到很多的情况。诸如地方政事的好坏，官员中谁认真负责，谁搪塞敷衍。也使为官者人人震慑，不敢轻蹈法网。但是，雍正很讲究体制，他不允许下级超越职权。他一再告诫臣子："今许汝密折奏事，切毋藉此挟制上司，而失属官之体。"

密折作为君臣间的私人通讯，可以无话不谈；臣下献议，皇帝先睹为快，可以通达下情，直接批上自己的意见；国家有所兴荣，臣下有不同看法，也可以婉转谏劝。密折制只是一种文书制度。它虽是无形的，但比之某个官衙的设置所产生的影响，却远远超出一般的衙门的兴废。

第五编

反思进退方圆的学问

进与退、方与圆是中国历史上一个永恒的命题。因为对进退、方圆的认识不足或把握不到位，导致了许许多多令人扼腕的历史悲剧，尤其是在特定历史条件下当退时求进，当圆时求方令多少英雄竞折腰，反思这样一个命题，会大大增长我们做人做事的学问。

1. 谋国与谋身兼得的智者

○ 功成不居，全身退隐

范蠡是春秋时期越国一位卓越的政治家。

范蠡曾以应天顺时的理论来指导越国的政治实践，他同样用这种思想来指导个人的生活行为。越国灭吴称霸后，范蠡即乘扁舟而遁。范蠡懂得，只有在敌国存在的环境中，君主心目中才有谋臣的价值，敌国破亡了，客观环境变化了，谋臣的价值就会自然丧失，一个没有价值的智谋之士必然被君王视作威胁统治的心头祸患。这一现象不是根源于某一君主的心术，而是君主专制制度下政治运动的一条规律。能够明察天人之道、隐居一方，以避免成为下一步政治斗争的牺牲品，越王另一功臣文种的最终遭遇从反面说明了范蠡这一选择的正确性。

越王勾践战败后，大夫范蠡劝谏并主动跟随越王臣事吴王。勾践在质吴数年之后，终于回到故国，勾践念念不忘亡国之耻，一心想要复仇雪恨，在范蠡和文种的辅佐下，他卧薪尝胆、励精图治，终于使越国复兴强盛。

周敬王三十八年（公元前482年），夫差亲率国中精兵由邗沟北上，大会诸侯于黄池（今河南封丘县西南），准备与晋国争做天下霸主，国内仅留下太子友和王子地及老弱病残者居守。于是，勾践又召范蠡问道："你看现在可以兴兵伐吴了吧？"范蠡说："唯君命是从！顺时成事，犹如救火，当果决疾行，唯恐不及。"勾践大悦，下令兴师伐吴。

是年六月，越军派出流放的罪人2000人，经过训练的精兵4万人，贤良6000人，军官1000余人，兵分两路，向吴国发起进攻，一路由海道迂回入淮河，切断吴王的归路；一路从陆路北上，直捣吴国都城姑苏（今江苏苏州）。越兵训练多年，武器精良，将士同仇敌忾，双方交战后，吴兵顿时阵势大乱，太子友身陷重围，身中数箭，倒地而死。王子地慌忙命人关紧城门，率民夫上城把守，同时派人到夫差处告急。

吴王夫差闻知越国兴师伐吴，又急又恨，但又唯恐这一凶信泄露出去会动摇他刚刚得到的霸主地位，于是暗遣使者，一如越国当年兵败椒山一样，卑词厚礼，请求勾践赦免吴国。范蠡见勾践犹豫不决，劝道："目前还难以使吴国彻底灭亡，大王可以姑且准和，等待时机再给予毁灭性的打击。"于是，勾践依计而行，赦吴班师。

吴王夫差获得喘息机会，佯装"息民不戒"，表示放弃武力报复越国，实则欲师勾践故智，暗做准备，伺机东山再起。这一点越国君臣心里十分明白，采取了积极备战的方针，4年以后，即周敬王四十二年（公元前467年），越军再次兴兵伐吴，越、吴两军在笠泽（今江苏吴江）夹江对阵。此时的吴国已非同往昔，在北上伐齐、晋战役中，损失了一部分精锐兵力，在同越国作战中，又消耗了一部分兵力，国力大大削弱。再加上吴国多年不修内政，连年灾荒，民穷财乏。结果一战即败。越军乘胜挥师，将吴都姑苏团团围住。勾践依范蠡之计，高筑营垒，围而不战，竟达三年之久。

周元王元年（即公元前470年），越王勾践增调大军继续围吴。为了激励全军将士奋勇杀敌，勾践诏示军中：父子俱在军中者，父归；兄弟俱在军中者，兄归；独生子者，归养；有疾病者，给以医药治疗。军中闻令欢声如雷，个个感奋忘死，拼死向前，军威空前强盛。这样，至周元王三年（公元前473年），吴王夫差在越军的强大攻势下，势穷力尽，退守于姑苏孤城，再派人向勾践求和，恳求勾践像当年会稽被赦一样，赦免吴王。勾践不忍，有意准降。站在一旁的范蠡连忙劝道："当年大王兵败会稽，天以越赐吴，吴国不取，致有今日。现在天又以吴赐越，越岂可逆天行事？况且，大王早晚勤劳国事，不是为了报吴国的仇吗？难道大王忘了昔日的困辱了吗？"接着范蠡当机立断，对吴使说："越王已任政于我，使者如不尽快离开，我将失礼，有所得罪了！"说罢，他击鼓传令，大张声势。吴使知求和无望，痛哭流涕而去。

不久，越军攻入姑苏城，吴国灭亡。勾践下令诛杀了奸臣伯嚭并派人对吴王夫差说："寡人考虑到昔日之情，可免你一死。你可到甬东（会稽以东的一个海中小洲）一隅之地，君临百家，作为衣食之费。"夫差对来人说："我老了，不能再侍候大王。"他难当此辱，悔恨交加，待来人退去，哭着对左右说道："我深悔当初不听子胥之言，死后还有什么面目和这些忠良之士相见呢？”于是用三寸帛掩住脸面，拔剑自刎。

灭吴之后，越王勾践率兵北渡淮河，与齐、晋等诸侯会盟于徐州（今山东滕县南），同时纳贡于周。周元王派人赐勾践兖冕、圭璧、彤弓、孤矢，命为东方之伯。当此之时，越军横行于江淮之间，诸侯见其势大，尽皆悦服，尊越为霸，成为春秋、战国之交争雄于天下的强国。勾践兴越灭吴，报了会稽之耻。范蠡“苦身戮力”，与之“深谋二十余年”，立有汗马功劳，被尊为上将军，功成名就。

但此时的范蠡并没有被功勋荣誉冲昏头脑。他居安思危，位尊不贪恋，以为盛名之下，难以久居，应该适时而退，他久随勾践，竭诚辅佐，然而在长期共处中，对勾践的为人有非常深刻的认识。在范蠡看来，在以往的艰难日子里，勾践身处逆境，吃尽苦头，虽能忍辱负重，礼贤下士，辛勤工作，表现出英明君主的风度，但他有一个很大的弱点，即“可与同患，难以处安”。在灭吴之后的一次庆祝胜利酒会上，群臣毕贺，颂赞君臣协力，国家万福，“大悦而笑”。可是越王勾践却表现异常，时而“默默无言”，时而“面无喜色”。眼光敏锐的范蠡马上意识到这是一个危险的信号，他料定勾践为了扩展疆土可以不惜群臣的生命，如今谋成国定，也不愿意就这样返国和封赏功臣了。因此，与勾践再相处下去，是很危险的。范蠡即定下主意，决心辞官隐退。在一次随越王征伐途中经五湖时，范蠡乘此向越王告辞说：“君王好自勉之，臣不复入越国矣。”越王对范蠡的举动感到非常意外，一时感情冲动，竟掉下眼泪，竭力说服范蠡改变主意，继续辅佐自己，甚至不惜硬软兼施地说，如范蠡能够留下，愿意“分国共之”，与其平分天下；若去，则“妻子受戮”。但范蠡不为所动，不久之后，即携妻挈子，“乘扁舟，出三江，入五湖”，一时不知去向。

表面看来，方圆进退是为人处世的技巧。对一个政治家来说只不过是雕虫小技。其实不然，因为有时它关系到一生的成就，更关系到生死存亡。范蠡的高明正在于方圆有道、进退有据。

2. 忠诚反被忠诚误

○ 深谋远虑的政治家

文种是春秋时期在越国与范蠡共事的政治家。

在说服吴国权臣伯嚭的过程中，文种处于被动的客体位置，但就活动本身而言，文种以他机敏的才智和练达的手段，明显地处于事情的主体地位。文种在活动中达到了自己的目的，为越国图存完成了关键的步骤，显示了一位成熟的政治家的睿智。

春秋时期文种在越国长期主持国政，在和吴国的政治交往中，他能看清全局，把握与吴关系的方式与发展进程，提出对付吴国具体的战略策略。吴王夫差上台不久，兴倾国之兵伐越复仇，文种建议说："以愚见，莫若卑词谢罪，以乞其和，俟其兵退而后图之。"吴军当时有丧君之愤，又经数年训练，确有锐不可当之势，文种的建议不失为一种较好的应敌策略，可惜未被勾践采纳，导致越国大败临亡。这时，又是文种提出了乞降请和的策略，并亲自赴吴实施，收买伯嚭，才为越国保存了一线生机。后来勾践受赦回国，图谋复仇，文种听说吴王准备扩建姑苏台，遂进见越王说："臣闻'高飞之鸟，死于美食；深泉之鱼，锴于芳饵'。今王志在报吴，必先其所好，然后得制其命。"根据这一思想，他向越王提出了削弱吴势、阴图其国的战略方针，以求逐步扭转吴强越弱的局面，最后制敌之命。

文种在后期的政务活动中将破吴复仇作为中心目标，他为此向越王提议说："臣所以破吴者有七术：一曰捐货币，以悦其君臣；二曰贵籴粟谷，以虚其积聚；三曰遗美女，以惑其心志；四曰遗之巧工良材，使做官室，以罄其财；五曰遗之谀臣，以乱其谋；六曰强其谏臣使自杀，以弱其辅；七曰积财练兵，以承其弊。"后来越国向吴王进巨木、献西施、借贷粮食、贡物不绝，其对吴交往基本上是对这些策略方针的实施。

文种在政务活动中力求彻底、全面地实施上述战略方针。例如：为了空虚吴国积聚，文种对越王说："臣闻'国以民为本，民以食为天。'今岁年谷欠收，粟米将贵，君可请贷于吴，以救民饥，天若弃吴，必许我贷。"越国带着制服吴国的政治目的向其借粮，不想吴王还欣然应允了。第二年，越国丰收，越王有心不还吴粮，恐怕失信；有心还之，又怕虚吴之计落空，文种建议说："宜择粮粟，蒸而与之，彼爱吾粟，而用以布种，吾计乃得矣。"

文种费尽心思，努力保证自己大计方针的彻底实施。越国伐吴的条件基本成熟时，越王即欲兴兵出征，文种劝谏说："时未至也，其忠臣尚在。"他要保证自己大计方针的全面实施，必须剔除一切不利因素。因此他一边耐心地等待时机，一边实施反间计，直到吴王杀掉伍子胥后，他才支持越王伐吴。而这一次，由于准备充分，伐吴一举取得了成功。

○ 功成受疑，下场可悲

从在越国被吴国打败到重新打败吴国复仇翻身这个过程中，应该说文种的每一个决策，无论是关于内政还是外交，是关于强国还是削敌，几乎无一不是正确的，都收到极好的效果。但这一次，在关处他自己前途命运的"个人"决策上，他却是大大失算了，他在当时，并没有意识到形势和环境的改变对于其性命前途所产生的影响力，甚至对于范蠡的提醒也加以拒绝，就这样，他陷入了由他一手营造的"大好形势"所变成的牢笼里。

文种对越国的事业倾注了很深的感情，对越王勾践始终忠诚如一。勾践赴吴前，君臣非常伤悲，文种忍泪劝勾践说："夫艰苦之境，天之所以开王伯也。王善承天意，自有兴期，何必过伤，以自损其志乎？"他举觞为越王祝辞说："皇天佑助，前沉后扬；祸为德根，忧为福堂；威人者灭，服人者昌。"表达了他在困难境地中对越国中兴事业的信心。

三年后，他听说越王被赦回国，率领守国群臣和城中百姓拜迎勾践于浙水之上，欢声动地，表达了他对越王的一片忠诚。

文种深受传统文化的影响，其中的君臣观念深深扎根于他的意识。吴国被越国打败后，吴王途穷无路，勾践让文种将其诛杀，文种回答说："人臣不敢加诛于君，愿主公自命之！"强烈的君臣意识使他不敢对一个战败的敌国君王下手。

文种用传统的君臣观念看待一切君臣关系，在攻破吴国前，他做了一个特殊的梦。这天，越军兵临吴城（今江苏苏州），夜间突然暴风骤起，大雨如注，雷鸣电闪，飞石扬砂。文种一下子想到了吴国忠臣伍子胥，因迷信观念作祟，他怀疑是伍子胥的忠魂暗中保护吴国，于是约下范蠡，二人肉袒冒雨，前往安置伍子胥头骨的南门稽颡谢罪，风雨止息后，文种坐于帐中休息，他梦见伍子胥乘车而至，如同生时，开言说："吾前知越兵必至，故求置吾头于东门，以观汝之入吴。吴王置吾头于南门，吾忠心未绝，不忍汝从吾头下而入，故为风雨，以退汝军。然越之有吴，此乃天定，吾安能止哉？汝如欲入，更从东门。"暴风骤雨本来是沿海常见的现象，文种却把它和吴国亡臣的忠心联系了起来，迷信观念和传统的道理意识使他将伍子胥看成了吴国的守护神。梦是满足愿望的潜意识活动。在晚上的梦中，文种把越国灭吴想象成上天所定，并假托伍子胥本人表达出来，既不灭吴国亡臣的忠心，又在更高的层次上满足了自己灭亡吴国的对越忠诚。

文种的忠诚意识，使他把自己所忠诚的对象也想象地太美好了。在灭亡吴国、振兴越国的过程中，他和另一位重臣范蠡都立下了汗马功劳，但范蠡比他的聪明之处在于，范蠡能够看清勾践的为人，更对胜利之后的险恶政治斗争有着深刻的了解。他在举国上下都在欢庆胜利的氛围中，携妻带子悄悄离开了越国。而此时文种正准备以满腔热忱投入到把越国治理得更繁荣的事业中去。

范蠡来到了齐国，他给自己的老朋友文种写了一封信，信中说："我曾听人说，飞鸟射完了，良弓就要藏起来；狡猾的兔子被抓光了，猎狗就要被煮着吃了。越王的脖子长得很长，嘴像鸟喙一样尖，我看可以和他共患难，却不可和他共享乐，我劝你还不如早早地离开。"

文种接到了这封奇妙的信，虽然心有所思，但旋即对范蠡的这种意见大不以为然，然叹说："范蠡也太过多虑了。"但随后不久，文种也感到勾践对于自己不再像前那样热情了，他有些疑惑，但仍相信勾践不会不重用他的。于是他试着称病不去上朝，以期勾践能回心转意。但他没料到的是，就在这段时间里，就有人在越王面前进谗言，说文种想谋反，因为那些奸佞之徒实在嫉妒他的才能和功绩。

而勾践也感到，越霸业已成，留着他已没有什么用了，说不定还会生出许多事来，就把文种叫到自己的身边，对他说："你教给我攻打吴国的七条计谋，我还没有用完就灭了吴国，还有四条在你那儿，你还不如跟着吴国的国王去，试试你的计谋看是不是能救了他们。"

说完就给了他一把剑，让他自杀。此时，文种此恍然大悟，追悔莫及。他手持御剑，涕泪横流，但勾践早已铁青着脸回宫去了。

就这样，这位胸藏韬略、功勋卓著的精忠老臣含恨自刎死去了。

当退时而不退，与范蠡之间一个看似微小的差别，却葬送了自己的性命，也分出了作为政治家的高下。

3. 被皇帝出卖的大臣

○ 不计小节的大臣

晁错是西汉名臣，他因忠被诛，正是不懂得方圆进退造成的。

作为一个“贤良文学”之士，晁错不仅忠诚事君，心怀社稷，而且有着为实现这种政治措施敢作敢为的精神。从他上书文、景二帝的奏疏中，可以看出他忧心国事、希冀一朝臻于郅治的迫切愿望。为了这些，他完全不顾个人私利，不念自身安危。这种具有强烈责任感的胸怀无疑是令人敬佩的。但同时也应看到，晁错的为政态度和决策方式带有很大的危险性。他虽然充分预见了削藩政策所能引起的连锁反应，但对皇帝本人与被“削”者之间关系的复杂性及相关利益者的反应的考虑，则远远不够。诚如其父所担忧的，他这种不知稳中求进、注意保护自己的做法，势必要引来杀身大祸。

文帝十五年（前165年），诏令全国推举贤良、方正、文学之士，晁错被选中。文帝就“直言极谏”等问题提出征询，在参加对策的一百多人当中，晁错回答得最为出色。晁错在对策中提出了一个尖锐的问题，他指出：文帝即位已经十六年了，可是百姓仍然没有富起来，盗贼没有减少，边境也不安宁，原因就在于皇帝没有能够亲自听取群臣的意见。同时晁错还进言应对诸侯的王予以削夺。对此文帝没有采纳，但很重视，提升晁错为中大夫，掌谏议顾问。

西汉诸侯王问题由来已久。刘邦在消灭了韩信等异姓诸侯王以后，分封刘氏宗室子弟为诸侯王，希望这些同姓诸侯王能够像群星拱卫太阳一样捍卫皇室，保持刘氏江山万古永存。诸侯王拥有很大权力，可以在封国内自行征发兵役徭役、调动军队、征收赋税和任命官员。他们占据了全国大部分领土和近三分之二的人口，形成了弱干强枝的局面。

刘邦在世时，各王年龄尚小，羽翼未丰，对中央政府还未构成威胁。到文景之时，尤其是文帝时，由于他自己就是以诸侯王身份被大臣拥立即位的，为笼络刘氏宗室，又分封了许多诸侯王，此时诸侯王多已长大，其势力也迅速膨胀起来，开始不服从中央约束，自己制定法令，大肆僭越各种仪式，甚至搞分裂割据和武装叛乱。文帝三年（公元前177年），济北王刘兴居起兵反叛；三年后，淮南王刘长又勾结匈奴和闽越，密谋造反；吴王刘濞因其子被皇太子误伤致死一事二十多年不来朝贡……这一切都表明诸侯王国对汉朝中央已构成了严重威胁。

公元前174年，文帝去世，景帝即位。晁错又多次向景帝疾呼，请求削藩。他以吴王刘濞为例，对景帝说："二十多年来，吴王一直不来朝贡，按律早就应当治罪，先帝百般容忍，不忍加罪，并说他年纪大了，不便跋山涉水，还封赐给他几、杖，希望他改过自新，可是他却越来越狂傲骄横，私自开采铜山铸钱，煮海水制盐，大肆招诱亡命之徒，阴谋叛乱，如果不及早削夺其封地，将来就没有办法对付他了。"

景帝何尝不知道诸侯王的威胁，也非常愿意削夺诸侯王的封地，但又顾虑诸侯王们造反，迟迟不能下定决心，为此，晁错说："如果削夺他们的封地，他们会造反，但即使现在不削夺他们的封地，他们将来也一定会造反，不如趁早动手，祸患还小点。现在不削夺其封地，将来造起反来，祸患就大了。"

景帝最终还是下定了决心，支持晁错强行削藩，但这要冒着极大的风险，不仅诸侯王人心浮动，惶惶不安，而且朝廷中也有不少官员强烈反对。晁错一心只为削藩，但却把自己置于了非常危险的境地。朝中一些主张削藩者也都暗暗地为晁错捏着一把汗，劝晁错一定要谨慎从事，免遭不测。就连晁错白发苍苍的老父亲也感受到了其中的危险，他不远千里，特地从颍川赶到长安劝说晁错："皇上刚刚即位，就让你当了御史大夫，地位已经够高了，怎么还不安分守己，多管闲事呢？你好好想想，诸侯王都是皇上的亲骨肉，他们怎样，与你有什么关系？你天天嚷着要削夺他们的封地，他们哪一个不对你恨之入骨！你就是不为自己着想，也该为我想想吧！"

谁知晁错在沉默了一会儿后却说："父亲，您说的我都懂，但是如果不这样做，天子的权威就无法树立，国家也将处于动荡之中，我这样做，就是为了尊天子安社稷啊！"

"你这样做，刘氏江山可能安定了，而我们晁家却危险了！"老人知道自己也无法劝动儿子，便摇了摇头，叹了口气说："我已老了，不愿看到大祸临头的那一天，你好自为之吧！"说罢，老人不顾儿子的挽留，头也不回地走了。晁错望着父亲苍老的背影渐渐远去，禁不住热泪盈眶。没过几天，就从家乡传来了父亲回家后服毒自尽的消息。

晁错把悲痛强压在了心间，为了国家安宁，他把种种非难、恐吓及个人的生死全都置之度外，毅然开始实施削藩计划，在景帝三年（公元前154年）一场影响深远的削藩运动拉开了帷幕。

○ 屈死东市的冤魂

晁错所置身的环境情况错综复杂，仿佛两军拼杀的沙场。在这种境况之下，作为最显眼的人物，晁错却没有一件可以防身的"盔甲"。不仅如此，这位天真刚直的政治家还到处树敌，与人因公结怨。这样一人，不仅自己的政治措施得不到支持，而且还招到了各种明枪暗箭。因此，在政敌袁盎的谗惑之下，年轻的景帝就完全忘记了晁错舍生忘死究竟是为了什么，忘记了晁错与他的师生之谊，而决定以牺牲晁错的办法来试图保全皇位。

晁错凭着自己的卓越才识，文帝时就颇受赏识。景帝即位以后，立即提升他做了京都长安地区的最高行政长官——内史，对他更加宠信，言听计从，程度丝毫不亚于丞相和九卿，许多法令也是经他之手制定的，这引起了许多同僚的忌妒和不满。

晁错的内史府设在汉高祖的父亲太上皇庙围墙外的一片空地上，中间与太上皇庙还隔着一道矮墙。内史府原来向东开门，出入极不方便。晁错便命人将那道矮墙凿开，向南开门。申屠嘉对晁错一直不满，得知后，觉得机会终于来了，想借此事好好惩罚晁错一下，便连夜起草奏章，弹劾晁错，说他蔑视太上皇，罪当处死。谁知，申的奏章尚未发出，便被人得知并连夜通知了晁错。晁错听到风声后便即刻进宫，向景帝坦白了擅开太上皇庙围墙之罪，景帝很爽快地原谅了他。

第二天上朝时，申屠嘉便弹劾晁错毁坏太上皇庙的围墙，请求处死晁错。景帝看完奏章后说："晁错因府门不便，另开新门，凿穿的不是真正的宗庙围墙，只是宗庙空地外边的一道矮墙，并没有损及宗庙，况且这是朕让他干的，不能算犯法。"申屠嘉本以为抓住了晁错的一个大把柄，一定可以置他于死地，没想到却碰了个钉子，窘迫地涨红了脸，心里知道被晁错抢先了一步，虽愤愤不已，却无处发泄。

散朝后，申屠嘉回到相府，越想越气不住地大口吐起血来，虽几经名医调治，但心病未除，最终不愈而亡。

申屠嘉死后，景帝提任御史大夫陶青为丞相，升晁错为御史大夫。这样一来，晁错更加显贵了。

景帝曾经将晁错削藩之策交给群臣讨论，大臣们都知道皇帝支持晁错，虽然心里有不同意见，但当着景帝的面，又不敢公开与晁错争辩。只有窦太后的堂侄魏其侯窦婴站出来反对，他指责晁错别有用心，想挑拨刘氏宗室子弟间的关系，并劝景帝不要理会晁错的建议，结果被晁错当众驳斥得张口结舌，从此对晁错心怀怨恨。

晁错与中郎将袁盎的关系也势如水火。每到一处，只要晁错在场，袁盎扭头便走；袁盎如果在场，晁错也会立刻抽身返回。虽然同朝为官多年，二人竟从未在一起说过话。袁盎曾任过吴国相，晁错升任御史大夫后，就秘密派人调查袁盎，结果发现他曾收受过吴王贿赂。于是晁错便上奏景帝，请求重治其罪。景帝没有同意，只是下诏革去其一切官职，贬为庶人。

景帝三年（公元前154年），晁错开始将自己的计划付诸实施。诸侯王平日里大都骄纵跋扈，要想抓住他们的把柄实在是太容易了。楚王刘戊在薄太后大丧期内仍与宫女寻欢作乐，虽被免除死罪，却被趁机削夺了东海郡；胶西王刘印收受贿赂，卖官鬻爵，被削去六个县；赵王刘遂因为过失被削去了常山郡。随后，晁错又请景帝下令削夺实力最强的吴王刘濞的会稽、豫章两郡，他也知道，此举事关削藩大局，如果成功，再削其他诸侯王就会易如反掌，否则必将战乱四起，难以收拾。

朝廷中讨论削夺吴王封地的消息传到吴国后，刘濞迅速派人联络了胶西、楚、赵及胶东、淄川、济南等国，约定联合叛乱。景帝三年（公元前154年）正月，刘濞征集了20万人首先在广陵发难。他以"清君侧"为借口，向全国发出布告，声称汉朝中央出了奸臣，无功于天下，却侵夺诸侯封地，离间刘氏骨肉，排斥先朝功臣，惑乱天下，皇帝因体弱多病不能明察，故诸侯起兵清君侧，以安定天下。另外六国迅速响应，一起反叛。

叛军攻势很猛。吴军渡过淮水后与楚军会合，并力攻梁，企图解除西进的后顾之忧；胶西、胶东、济南、淄川四国合力攻齐；赵国屯兵境内，伺机与匈奴勾结南下，叛军势力遍及关东，一时间天下震动。各地的告急文书像雪片一样一封接一封地送往长安。年轻的景帝被吓得惊慌失措，立即召集群臣商议对策，可大臣们谁也不作声，最后全都把目光集中到晁错一人身上。晁错十分从容地分析了形势，指出吴楚叛军虽然一时势大，但名不正，言不顺，内部矛盾重重，各怀鬼胎，难成大事，当前的关键是要止住吴楚进攻。他建议景帝亲征荥阳，激励士气，自己留守关内，然而此时的景帝已经被叛军吓坏了，不仅根本听不进晁错的建议，还对他提出亲征一事产生了怀疑。

叛乱发生以后，晁错还提出要进一步治袁盎的罪。他对属下说："袁盎受过刘濞贿赂，多次保庇他，说他不会造反，现在刘濞却带头造反了，应该追究他知情不举之罪。"属下听了后却说："现在这样做也没有什么用处，况且袁盎作为国家大臣，似乎不可能参与吴楚的阴谋。"

此事被袁盎知道了，他惊恐万分，于是连夜求见对晁错也心怀不满的窦婴，对他讲了一通吴王之所以谋反的原因，并表示自己有办法平定叛乱，请求窦婴帮助他面见景帝。

这天晚上，晁错正在宫中与景帝商量调兵之事。二人正计议间，忽然窦婴入宫，说袁盎有平叛良策，请求景帝召见袁盎。景帝答应了，不一会儿袁盎来到宫中，

景帝抬眼问："你曾担任过吴国相，一定了解吴国的情况。现在吴楚叛乱，你可淯良策解决吗？"

袁盎抬起头来左右看了看，一言不发。景帝以为他有重要机密禀告，便命随从全部退下，又催促袁盎快讲。袁盎又抬起头看了晁错几眼，吞吞吐吐地说："臣所要说的计策，除了陛下，任何人都不能知道！"景帝只好示意晁错也暂且退下，晁错气得七窍生烟，只好愤愤地退了下去。

这时屋内只剩下袁盎和景帝两个人了，袁盎才缓缓说道："陛下您难道不知道，吴楚等国发布的文告上明确的说，当年高祖皇帝分封子弟为王，以拱卫中央，但如今贼臣晁错却屡屡寻找借口，一点一点地削夺他们的封地，他们才被迫起兵的；他们的目的实际上是要联合起来诛杀晁错，请求恢复封地。如今之计，只有斩杀晁错，并派使节把这一消息通知诸王国，叛乱就可兵不血刃地被平定！

请陛下三思。”

景帝听了，觉得他说的也有道理，沉默了好长时间，才说：“如果真是这样的话，朕决不会因为爱惜一个人而得罪诸侯，让百姓再受刀兵之灾。”

10多天后，丞相陶青等上书弹劾晁错，指责他建议皇帝亲征，自己留守，有失臣礼，大逆不道，应当处以腰斩之刑，并株连全家。景帝为了一时苟安，批准了这一奏章，接着，派中尉去召晁错，诡称一起乘车去巡视市集。就这样，晁错穿着朝服被腰斩于东市。

应该说，晁错的悲剧，昏庸的汉景帝应负主要责任。但是，如果晁错为人低调一点，懂得方圆进退，这样的悲剧完全是可以避免的。

4. 功臣之首不居功

○ 光武帝的契友

有的人并没有一往无前的资本却硬要往前冲，如晁错，有的人功高盖世却依然谨慎自守，如东汉的邓禹。

邓禹投奔刘秀时，正是刘秀开创自己势力的开始。面对其他兵强马壮的群雄，刘秀几乎什么也没有。邓禹冷静地给刘秀分析了形势，从长远考虑提出了发展自己势力、延揽人才、争取民心的政治主张。这些都成为以后刘秀夺取天下的根本策略。

邓禹是南阳郡新野人，在长安从师学习时认识刘秀。两人都有才学见识，脾胃相投，成为契友。

王莽篡汉建立新朝以后，社会矛盾日趋尖锐。王莽的“托古改制”违反了经济规律，给社会经济造成极大混乱，“农商失业，食货俱废”，加上连年灾荒，百姓纷纷揭竿而起。新莽天凤四年（公元17年），在距刘秀家乡不远的绿林山（今湖北随州大洪山）就爆发了王匡、王凤领导的饥民起义，号称“绿林军”。次年，在今山东境内则爆发了樊崇等领导的“赤眉军”起义。天下大乱，仕途无望，刘秀、邓禹等人便自长安返归故里——南阳郡。

当各地义兵纷起，有才干的人都乘机一试身手，施展抱负时，蛰伏家乡的奇士邓禹却没有贸然行动。这时，他年方20岁，心中暗思：大丈夫相时而动，如果所托非人，满腹的才华谋略就会付诸东流、无从施展。刘玄称帝后，绿林军势力发展很快，邓禹的家乡新野也为其所占据。许多了解邓禹学识的人都劝他加入绿林军，一展宏图。但邓禹见刘玄乃平庸之辈，绿林军诸将胸无大志，散漫放纵，像一群乌合之众。他认为，这样的帝王和将士无法承担平定天下的大任。昆阳之战，刘秀初露锋芒，邓禹得知后，觉得自己没有看错人，但他仍没有投奔这位契友，因为刘秀尚在刘玄手下，受制于人，也难有一番作为。直到听说刘秀任破虏将军兼行大司马事去了河北，邓禹觉得施展抱负的机会到了，这才急速赶来与刘秀相会。

刘秀面对多年未见的朋友，对他的突然光临难免心存疑惑，便激将他说：“我现在有专封专任之权，你远道而来，难道是想做官吗？”邓禹摇摇头，微笑地说：“否。”刘秀很奇怪，于是又问道：“你既不想为官，那么风尘仆仆到我这支孤军里来，难道只为了叙旧？”邓禹面色庄重地回答：“我来这里，只希望你的威信恩德能够遍于四海，我可以尽我微薄之力，使你的功名留传于史册。”刘秀颓丧地说：“当初起兵，尚想有一番作为，如今我效命于更始皇帝，势力微弱，会成什么气候？”胸有成竹的邓禹见刘秀有些气馁，沉默片刻，便带着笑容为他打气，冷静地给他分析形势，希望他撇开刘玄的旗号，独立发展自己的势力。他向刘秀陈以利害，说：“刘玄虽然在洛阳定都，并攻下了长安，但现今广大东部地区尚未平定。各路群雄，占城据地，刘玄内部不稳，他是庸才一个，根本控制不了大局。其部下只知道掠夺钱财，寻欢作乐，刘玄身边没有一个是深谋远虑、忠良明智之人，更谈不上安定四方。你如今不如乘势而起，如果老是在刘玄的辖制下，辅佐这样一个无能皇帝，会有什么作为呢？”

接着，邓禹向刘秀陈述方略：“中兴大业，不是一般人所能胜任的。你是非凡之人，要成就大业，不如现在就作打算，广泛延揽英雄，尽力取悦民心，建立像汉高祖那样的功业，拯救万民于水火。你的德才，足以谋取天下。”

刘秀听了邓禹的建议，恍然觉悟，连连称是。他感到有深谋远虑的邓禹辅助他，是天佑于己。随即，他命左右称邓禹为“将军”，把他当做军师看待，常留他同宿，商讨军情，制定谋略。从此，刘秀决心参与群雄逐鹿，争夺天下，并把“延揽英雄，务悦民心”作为他夺取天下的根本策略。

在以后的征战中，邓禹作为统帅为东汉政权的建立上立下了汗马功劳，应该说，邓禹成为最有资格在新政权里享受这些功劳的人。

○ 恬然自守的开国元勋

东汉政权一统天下后，邓禹作为一名从一开始就扶助刘秀的重臣，位高权重。他从前朝汉高祖杀戮功臣中吸取教训，深知“功高震主者危”的道理。没有将自己沉浸在开国元勋第一功臣的盛名中，而是居安思危，退避名位，收敛锋芒。将自己的政治天赋和日臻成熟的政治经验与自己一起隐藏。在东汉初年的政治舞台上不做任何建树，以避免刘秀的猜忌。同时，他还教养子孙，整饬家规，恬然自守。这种明智的姿态使上无猜忌，同僚不嫉妒，小人无可乘之隙。不仅明哲保身，而且惠及子孙后代，可谓智者。成为后人效仿的榜样。

建武十三年（公元37年），自王莽后期就纷乱的天下终于沉寂了下来。为了表彰那些南征北战、佐定江山的功勋之臣，刘秀大加封赏，增其食邑。邓禹以佐命元勋改封高密侯，食邑4个县。

但刘秀为了堵塞少数位尊权重的大臣把持朝政的前朝弊端，加强皇帝个人的权力，对功臣实行以列侯奉朝请的政策，即让他们享受优厚的待遇，而不参与政治。当时功臣能够参议国家大事的仅邓禹等3人。这说明刘秀对邓禹的钟爱和对其才干学识的借重。但邓禹并不以位极人臣、功成名就自喜，从不居功自傲。邓禹深知刘秀不愿让这些功臣拥众京师，高居官位，威胁他的皇权，便主动辞去右将军职位。尽管刘秀令他参与朝政，还常召他入宫中参议国家大事，但邓禹尽量少言多听，收敛锋芒，自我谦抑。他退避名位，在府中悉心读儒学经书，借以自娱。其时，邓禹正当壮年，在政治生涯中却这样过早萎谢了，以至在东汉初年的政治舞台上没有任何建树，这与他的政治天赋和日臻成熟的政治经验形成强烈的反差。

邓禹生活远避奢华，从不倚仗权势搜刮钱财。他在家中的一切用度都取之于封地，从不经营财利和田地以聚敛财富。

在君王和同僚面前，邓禹从不提往年的功劳，保持谦虚的态度。一次朝宴，刘秀大会功臣，问他们：“你们如果没有遇到我，爵位会不会像今天这样高？”邓禹回答说：“我在少年时代曾读诗书，可以当州郡的文学博士。”刘秀笑笑对其他人说：“邓禹未免太谦虚了。”正因为邓禹的谦逊态度和仁厚淳朴，或者说明哲保身，他赢得了刘秀的信赖和敬重。中元元年（公元56年），刘秀打破不让功臣担任宰相的惯例，以邓禹出任代理大司徒之职。

邓禹不仅自己远避名位，深居简出，还悉心教养子孙，整饬家规，不让他们以功臣之子孙自居，躺在前辈的功劳簿上坐享其成。邓禹有子女13人，他都让他们每人学一门安身立命的本领，并教育子孙后代，男儿必须读书，女子则操作家事，邓禹的这些做法被后世的士大夫认为是可以效仿的榜样。邓禹的后代在东汉累世贵宠，家族中共出了侯29人，公2人，大将军13人，中二千石者14人，列校22人，州牧、郡守48人，其余像侍中、将、大夫、郎等官职者不计其数。这恐怕与邓禹的教育不无关系。这似乎给后人这样一个启示：对富贵能谨守者，富贵反而更长远。

中元二年（公元57年），刘秀死，其子刘庄立。因邓禹是东汉开国元勋，遂被刘庄封为太傅，位居郡国上公，备受尊重。其他大臣都面北朝见天子，而刘庄对邓禹尊如宾客，让他面东站立，不需行君臣大礼。水平元年（公元58年）五月，57岁的邓禹病逝，谥为“元侯”。

5. 德才兼备却难保一命

○ 得罪了不该得罪的人

在现代社会中，一对夫妻吵架，闹得不可开交，作为一方的朋友，以劝慰的同时攻击另一方，结果等人家和好的时候，自己却因这些攻击成了不受欢迎的人了。高颎得罪独孤皇后的情形即与此相类似，这一事件成为他“背运”的肇始。

由于高颎的品德和功劳，隋文帝杨坚对他一直恩宠有加，其恩宠的程度超过朝臣中所有的人。但高颎的权势地位，以及他耿直无私的性格，也必然招致某些人的忌恨。因此不断有人向杨坚进谗言，说高颎有谋反之心，好在杨坚信任他，这些人的阴谋才没有得逞。在平陈返朝后，杨坚对高颎说：“爱卿出征陈国后，有人在我面前说你要造反，我已下令将他斩首。咱们君臣志同道合，齐心协力，不是那些蝇营小人所能离间得了的。”不久，左卫将军庞晃等人多次向杨坚数落高颎的罪状，都遭到杨坚的大声责骂，并把他们赶出了朝廷。

杨坚要巡视并州，放心地让高颎留守京师。高颎的夫人病重，杨坚派内廷的宦官一批又一批地前去探视，还亲临府第慰问；不久，又把太子杨勇的女儿许配给高颎的儿子表仁。杨坚对高颎的宠爱，已到了无以复加的地步。

但是，这种君臣之间的亲密关系并没有长久下去。到了开皇末年，随着杨坚的年老昏庸以及独孤皇后对高颎的忌恨，高颎逐渐失去了杨坚的信任和恩宠。

与高颎家一直来往密切且十分赞赏高颎的独孤皇后，是一位精明强干的女人，杨坚从篡周夺权开始，遇事总是与她商量，“往往不谋而合，宫中称二圣”，可见独孤氏对朝政有很大的影响力。平时，杨坚也十分怕她，而高颎的性格使他偏偏得罪了这个谁也惹不起的人物。

独孤氏生性爱嫉妒，不准杨坚亲近别的女人。尉迟迥有一女儿长得绰约如仙子，因父亲叛乱被株连投入后宫。一日正好被杨坚撞见，两人乘独孤氏病卧在床亲近了几日。独孤氏得知后，气得七窍生烟，待杨坚上朝时，令人将此女打死。杨坚下朝后见此惨状，非常气恼，又不敢发作，悲愤交加，转身上马，狂奔而去。独孤氏急召高颎、杨素二位宰相率人去追，足足赶了二三十里，才在一山间小村追上杨坚。二人急忙下马跪地进谏。杨坚长叹道：“自古以来，帝王莫不三宫九嫔，朕喜欢的一个宫女都被皇后杀死。朕虽贵为天子，还比不上一个平民百姓。不如到民间去当个百姓，倒也逍遥自在。”高颎劝杨坚道：“陛下拼着身家性命，好不容易才得到天下，岂能因为生一个妇人的气而轻易抛弃呢？”杨坚消气回家了，可高颎的这几句话却传到了独孤皇后的耳中。独孤氏认为高颎藐视她这个妇道人家，心中暗恨高颎，并对心腹之人说：“我因高颎一家是我父亲的亲信，时常关心他，敬重他，不料他反倒如此藐视我。我堂堂国母，岂能让人随意轻视。”自此再也不与高家往来了。

在太子的废立问题上，高颎也与独孤氏的意见相反。杨坚生活历来节俭，独孤皇后深恨男人有三妻四妾，用情不专。而太子杨勇却喜欢奢华的生活，讲究排场，迷恋女色，使得皇帝和皇后都不喜欢他。而晋王杨广却借机在父母面前表现自己，装得清心寡欲、谦逊有礼，骗得他们以为他杨广不好声色，勤俭朴素，因此越来越喜欢他，渐渐产生了废立太子的意向。尤其是独孤氏，多次在杨坚面前提及此事。

有一天，杨坚试探高颎的态度，说："有神灵告诉晋王妃，说晋王必定要统治天下，爱卿认为怎样办才好？"高颎郑重告诫道："太子之位已定，岂能轻易改变？何况长幼有序，自古以来都是如此。"杨坚默然不语，独孤皇后却更加怀恨高颎，恨不得将他立即除掉。

恰巧此时高颎夫人去世，独孤氏觉得这是一个离间杨坚与高颎的机会。她以关心的口吻对杨坚说："高仆射年事已高，需要有人贴身照顾，现高夫人去世，皇上何不帮他再娶一妻呢？"杨坚把独孤氏的意思转告高颎。高颎感于夫妻之间情意深重，不愿再娶，于是含泪谢绝。他对杨坚说："臣已老了，退朝之后，只是坐在书房诵读佛经罢了。我知道皇上关心我的生活，只是我已不想再续娶妻子了。"杨坚见他如此，也就罢了。可是事隔不久，高颎的爱妾生下一个男孩，杨坚知道后还为他高兴，可是独孤氏却借此对杨坚说："皇上还相信高颎吗？当初您要为他娶妻，他不愿娶，说什么夫妻感情深重，其实他心里只有爱妾，当面欺骗您。现在他的谎言已被揭穿，欺君行为已经败露；您怎么还能相信他呢？"从此，杨坚开始疏远高颎。

开皇十八年（公元598年），隋朝廷准备征讨辽东（高丽），高颎多次劝谏，杨坚固执不听，命高颎为元帅府长史，辅佐汉王杨谅远征辽东。没想到隋军远征正好遇上瘟疫流行，士兵多有死亡，最后无功而返。这又给了独孤氏一个中伤高颎的机会，她对杨坚说："高颎当初就不愿意征辽东，陛下强令他去，我早就知道这次肯定会无功而返。"言外之意是高颎故意使这次远征失败的。由于汉王年轻缺乏经验，杨坚把军队的实际指挥权交给了高颎。高颎为了不负重托，常以大局为重而不避嫌疑，不采纳统帅汉王的意见而自作主张，招致汉王杨谅的愤恨。返京后，杨谅就哭着在皇后面前告状："皇儿万幸，险些被高颎杀害。"杨坚听说后，更加对高颎不满。

不久，上柱国王世积以谋反罪被处决。正在对此案进行审查复议的时候，有司禀奏杨坚，说高颎等人曾与王世积通谋，而且消息是从高颎的府中得到的。杨坚闻听此事后惊骇不已。而朝中有些正直的大臣如贺若弼、宇文弼，还有民部，兵部尚书等联名上书，为高颎鸣冤。杨坚看到高颎在朝中有如此大的影响，更加震怒，将这些人全部交给有司法办。高颎最终虽然没有被以谋反罪株连，幸免于死，但被解除了所有职务，只是以齐国公的爵位在家闲居。

○ 讽谏了不该讽谏的人

高颎其人，文韬武略，德才兼备，忠心耿直，一直勤勤恳恳，谦逊大度，又多运奇谋，屡立战功。他在文帝当朝执政20年，朝野钦服。实现隋初天下大治的局面，实在有他倾心竭力的功劳。朝廷大臣及天下百姓都很佩服他，认为他是名副其实的良相。所悲的是，他效忠朝廷，刚直不阿，却最终落在昏君隋炀帝之手，死于非命，实在令人扼腕叹息。

公元604年，隋文帝杨坚驾崩，杨广继位，即隋炀帝。炀帝本来是靠阴谋诡计才当上皇帝的，许多人对他并不买账，他的弟弟汉王杨谅也起兵反对他。杨广知道，要取得众人的拥护，必须有德高望重的人来扶持，于是他就想到了高颎。此时的高颎已过了近5年其乐融融的田无生活，他与杨广本来就有矛盾，然而为了稳定国家的局势，他还是义无反顾地出山，担任了太常寺卿，希望能够帮助新君振兴国家，为天下苍生造福。

然而杨广并不是杨坚，而是一个贪图奢华、冷酷无情的暴君。杨广继位不久，就下诏招募北周、北齐时代能歌善舞的艺人，搜集流散于民间的音乐，准备供自己享用。高颎劝阻道："这些音乐已经荒废很久了，朝廷如果现在收集那些艺人，恐怕那些没有什么见识的人不务正业，放弃正常的生产而专门去玩弄歌舞。"杨广认为高颎是在讽喻自己，满脸的不高兴。

在这之后的时间里，杨广变得越来越沉溺于声色之中，又大兴徭役，修筑长城。高颎对此很是忧虑，对太常寺懿说："北周宣帝因好乐而亡国，前车之鉴为时不远，怎么能再重蹈覆辙呢？"

此突厥王启民可汗来朝朝拜，杨广给予了很高的礼遇。为了显示中原的富庶，他在朝廷陈设了大量的珍宝物品，并以歌舞迎接，盛况空前。启民可汗坐在炀帝身边，看到这一切，极为羡慕。而高颎则认为，炀帝给予启民可汗的礼遇太过分了，并对太府卿何稠说："这个外族人很熟习中原的虚实及山川险要，将来可能是个大祸患。"又对观王杨雄说："近来朝廷搞得不成体统，已没有法度可言了。"有人将他的这些言论禀告了杨广。这时的杨广已完全掌握了政权，需要高颎来撑门面了，又岂能容他对自己胡言乱语。当即下诏，以"诽谤朝政"之罪处死高颎，将他的几个儿子也流放到边远地区。一代名相就这样身亡家败了。

6. 退敌之大勇与保身之大智

○ 单骑退敌的大将风范

唐朝时，在安史之乱被平定后，天下局势其实还远远没有廓清，当此时，曾在安史之乱“一身系天下安危”的郭子仪，理所当然地又要承担起平天下的重任了。因此，在仆固怀恩联合吐蕃和回纥再次发起叛乱时，郭子仪积极主动地备战迎敌。

仆固怀恩是铁勒部人，曾在安史之乱中随郭子仪征讨叛军，立下赫赫战功。后来，仆固怀恩因为受到朝廷的猜忌而叛乱，领兵占领了并州、汾州等地（今山西汾水中游地区），代宗对此十分忧虑，考虑到仆固怀恩手下将士多为郭子仪旧部，便派郭子仪兼任河东副元帅、河中节度使，镇守河中（今山西永济）。仆固怀恩的儿子仆固玚被部将所杀，手下人都归顺了朝廷，仆固怀恩害怕了，扔下母亲逃到灵州，接着招引吐蕃、回纥、党项共数十万人马入侵。朝廷惊恐万状，又急命郭子仪屯兵奉天。代宗问郭子仪有何良策，他胸有成竹地回答说：“没什么大不了的，仆固怀恩本来是我部下的偏将，虽然刚毅勇敢，但不得军心。现在之所以能够作乱，是因为他引诱了一些想回长安的人，劫持他们一起来，这些人也都是我过去的部下，平时我以恩信相待，他们怎么能忍心和我刀兵相见呢？”代宗心稍宽。不久乱军前锋抵达奉天，将士们请求出击，郭子仪说：“敌军深入内地，欲图速战速决，我们不能让敌人阴谋得逞，仆固怀恩的部下平常都感激我对他们的好处，缓和一下，不立即和他们交战，他们就会分崩离析。”于是下令：“谁再鼓噪出战，军法从事！”郭子仪的部队只在营垒中坚守，拒不出战，敌人果然逃走了。

郭子仪回到长安，受到了很高的礼遇，得到很多赏赐，同时被升为尚书令。尚书令是尚书省之首，主管全国的行政事务，因为事权过重，同时因太宗李世民在即位前曾任此职，皇帝一般不授此职给大臣，大臣也不敢接受。郭子仪此前曾推辞过太尉封衔，此次也不例外，照样推脱。代宗不同意，下诏让他尽快到尚书省衙门理事，命文武百官前往庆贺，还令500名骑兵执戟护卫。郭子仪坚决辞让，说："我朝太宗曾任此职，所以好几朝都不设尚书令，哪能为了我一人而坏了国家规矩？自从用兵平叛以来，得到非分赏赐的人很多，直到身兼数职，只顾高升，不知羞耻。国家的规章制度、官吏的作风都日渐败坏，贪功冒进的人多，廉洁谦逊的人少，德薄的高居尊位，功少的获得厚赏，这样的情况数不胜数。我每见到这种情况，都引起无限的忧虑。现在正是皇上建立法规、审核百官的时候，我一定要身体力行，带头改变这种浮薄的风气，或许我的些微举动可以对兴复礼让的风气起一些推动作用。"代宗只好同意，并把郭子仪辞尚书令的事向史官陈述，载入史册。同时赏给郭子仪舞女、侍卫，以示表彰。

永泰元年（公元765年），仆固怀恩再一次联络吐蕃、回纥、党项、羌、浑、奴剌等西北各部族共计30万人马入侵。途中，仆固怀恩患暴病而亡，但他的部将范志诚却领兵大举进攻泾阳（今陕西泾阳），吐蕃兵进逼奉天。代宗急忙下令各道节度使火速派兵勤王，他亲任统帅，令郭子仪屯兵泾阳，白元光率军进屯奉天，并调泽潞节度使李抱玉镇凤翔（今陕西凤翔），渭北节度使李光进移守云阳（今陕西淳化），镇西节度使马燧及河南节度使郝廷玉驻便桥，淮西节度使李忠臣守东渭桥，同华节度使周智光屯同州（今陕西大荔），这几种大军的屯扎以渭水为凭借，形成一条防线。此次代宗应对得当，得力于吐蕃出兵之前郭子仪对形势的判断。那时，郭子仪看出吐蕃对长安的威胁，特派行军司马赵复奏告代宗，建议让这些节度使带兵据守交通要道，代宗就据此作出了部署。

郭子仪赶到泾阳的时候，敌军已完成了对泾阳的包围，而他手下只有1万军队。郭子仪派部将李国臣、高异、魏楚玉、陈回光、朱元琮各挡一面，自己率领两千铁骑在阵中出入往来。回纥兵大吃一惊。

第二天，郭了仪派部将李光瓒前往敌营，痛斥回纥破坏和约、背信弃义。回纥首领药葛罗说："昨天往来阵中的大将是谁？"李光瓒说："是令公郭子仪。"药葛罗诧异地说："郭令公还活着吗？仆固怀恩说唐朝皇帝已死，郭令公也死了，中国无主，所以我们就跟着来了。郭令公现在活着，唐天子也在吗？"李光瓒说："天子非常健康。"回纥明白了，说："仆固怀恩是在欺骗我们啊！"李光瓒接着义正词严地说："过去回纥不远万里来和唐朝一起讨伐大奸大恶的安史父子，帮助唐朝收复两京，与我们同甘苦，共患难，现在你们却抛弃了过去的友谊，去帮助叛臣仆固怀恩，这是多么愚蠢啊！像仆固怀恩这样背叛朝廷、连自己的母亲都抛弃了的人，对回纥又有什么益处呢？现在仆固怀恩已遭天殛，郭令公在此屯守，如果你们愿意讲和，我们双方可以联合打击吐蕃；你们要想较量一番，现在就约定日期，我们在战场上见！”药葛罗仍然有些狐疑，片刻的沉默无语以后，他说：“本来听说令公已经去世，不然的话，我们怎能到这里来。如果现在郭令公真的还活着，我们可以见一见吗？”李光瓒回去以后，将情况如实禀报郭子仪。郭子仪说：“现在敌众我寡，我们很难以力制胜。我大唐对回纥向来不薄，根据当前形势，我们只有加强攻心，方为上策。我亲自去会一会药葛罗，向他们陈明利害，希望他们退兵，争取不动干戈。”部下为郭子仪的安全担心，请他带五百精骑。郭子仪说：“五百骑兵怎能抵挡十万军马？那样反倒会给我惹麻烦。”他的三儿子郭晞连忙说：“回纥心性不准，难于摸透，大人身为国家元帅，不应轻易冒险。”郭子仪说：“目前回纥如果进攻，我们父子都会牺牲，国家前途也不堪设想。现在我去向回纥说明和好的诚意，使双方和睦相处，不仅利国，也有益于个人。假若药葛罗顽固不化，我为国捐躯，死亦无憾。”

郭子仪上马扬鞭，奔向回纥大营。在距离回纥营帐不远的地方，卫士前去通报，说：“郭令公来了。”药葛罗一见郭子仪只带了些随从人员，立即解下铠甲，上前迎接。郭子仪也摘了头盔说：“我和诸位同甘共苦好长时间了，为什么这样不讲情谊呢？回纥过去为大唐立功，朝廷待你们不薄，每年给你们送粮食和金帛。现在为什么自负盟约，入我内地，杀我百姓，夺我财帛呢？你们这样做是弃前功，结后虑，背恩德，助叛逆。希望你们认真考虑，立即悬崖勒马，不要以为我们软弱可欺。”药葛罗后悔地说：“都是我们不对，我们上了仆固怀恩的当，我们决不会和令公作对的，请你放心。”郭子仪紧接着又说：“吐蕃和大唐本来是甥舅关系，现在吐蕃来入侵，这是抛弃自己亲戚的行为。吐蕃掠夺的马牛满山遍野，覆盖了几百里的地方，你们如果反戈一击，攻打吐蕃，好像弯腰拾取一棵小草一样，这是天赐良机，不可失去。这样做既可以得到巨大的物质利益，又能和大唐保持以往的友好关系。岂不两全其美？”药葛罗说：“说得对！”郭子仪当即请大家来一块儿饮酒，送给他们锦彩缎匹，以缔结友谊。席间，郭子仪和药葛罗互相盟誓，互结友好。第二天，药葛罗专门派部将石野那拜谒唐代宗，表示双方和好的决心。

吐蕃对此事起疑，连夜领兵退去。郭子仪派白元光和回纥合兵一处，跟踪追击，大部队在后紧跟，在灵台（今陕西灵台）西原打败了吐蕃的10万军队，斩首5

万级，俘虏1万番兵，把被吐蕃抢走的男女人口、牛羊马匹、骆驼全部夺回。

此一战大获全胜，与回纥联盟，瓦解吐蕃，仆固怀恩勾结纥、吐蕃反叛朝廷的图谋彻底破产。

○ 谨慎避祸的智者手段

郭子仪所以让府门敞开，是因为他深知官场的险恶。正因为他具有很高的政治眼光又有一定的德性修养，善于忍受各种复杂的政治环境，因此即使在自己功勋卓著的日子，也时时做好准备，应付那些藏在暗处却随时可能发生的危险。

郭子仪因平定安史之乱而立下大功，爵封汾阳王，王府建在首都长安的亲仁里。汾阳王府自落成后，每天都是府门大开，任凭人们自由进进出出，而郭子仪不允许其府中的人对此给以干涉。

有一天，郭子仪帐下的一名将官要调到外地任职，来王府辞行。他知道郭子仪府中百无禁忌，就一直走进了内宅。恰巧，他看见郭子仪的夫人和爱女正在梳妆打扮，而王爷郭子仪立在一旁侍奉她们，她们一会儿要王爷递毛巾，一会儿要他去端水，使唤王爷就好像奴仆一样。这位将官当时不敢讥笑郭子仪，回家后，他禁不住讲给他的家人听，于是一传十，十传百，没几天，整个京城的人都把这件事当成笑话来谈论。郭子仪听了倒没有什么，他的几个儿子听了却觉得大丢王爷的面子，他们决定对父亲提出建议。

他们相约一齐来找父亲，要他下令，像别的王府一样，关起大门，不让闲杂人等出入。郭子仪听了哈哈一笑，几个儿子哭着跪下来求他，一个儿子说："父王您功业显赫，普天下的人都尊敬您，可是您自己却不尊重自己，不管什么人，您都让他们随意进入内宅。孩儿们认为，即使商朝的贤相伊尹、汉朝的大将霍光也无法做到您这样。"

郭子仪听了这些话，收敛了笑容，对他的儿子们语重心长地说："我敞开府门，任人进出，不是为了追求浮名虚誉，而是为了自保，为了保全我们全家人的性命。"

儿子们感到十分惊讶，忙问其中的道理。

郭子仪叹了一口气，说道："你们光看到郭家显赫的声势，而没有看到这声势有丧失的危险。我爵封汾阳王，往前走，再没有更大的富贵可求了。月盈而蚀，盛极而衰，这是必然的道理。所以，人们常说要急流勇退。可是眼下朝廷尚要用我，怎肯让我归隐，再说，即使归隐，也找不到一块能够容纳我郭府一千余口人的隐居地呀。可以说，我现在是进不得也退不得。在这种情况下，如果我们紧闭大门，不与外面来往，只要有一个人与我郭家结下仇怨，诬陷我们对朝廷怀有二心，就必然会有专门落井下石、妨害贤能的小人从中添油加醋，制造冤案，那时，我们郭家的九族老小都要死无葬身之地了。”几个儿子听了，都拜倒在地，佩服父亲的思虑之周详。

7. 遭遇“明主”不得不死的李善长

○ 投奔“明主”是其人生之幸

李善长是明朝的开国功臣，在他人生的前40年可说郁郁不得志，自从跟随朱元璋，可谓是英雄找到了用武之地，得以放开手脚施展平生抱负；而朱元璋更是因此得到了一个建功开国不可缺少的有力帮手。

找对地方才能“用武”，李善长深明这一点。而历史也没有辜负于他。投奔朱元璋这个聪明的决策，打开了他人生的局面。

李善长出身于一个书香门第之家，从小博览群书，智谋过人。在诸子百家中，李善长最爱读法家著作，长年精研不辍，颇有心得。青年时期，李善长常在亲朋好友面前预测时局，“策事多中”，成了远近闻名的“术士”。

但李善长又决非一般术士可比，他胸有大志，腹藏韬略，等候时机，投靠明主，欲干一番惊天动地的大事业。

元至正十一年（公元1351年），由于元朝统治的黑暗，各地红巾军纷纷揭竿而起，定远富豪郭子兴也乘时起兵抗元，袭取濠州。擅长预测分析的李善长推断这位同乡难成大器，遂未去投奔。至正十四年（公元1354年）郭子兴与孙德涯等起义将领不和，其麾下的朱元璋率徐达、汤和等24名主力人物离开濠州，往南到定远一带发展。通过此举，李善长一眼就看出出身贫寒、暂居人下的朱元璋有成就大业的气势，绝非等闲之辈，心中顿生归附之意。朱元璋率军进攻滁州，行至途中，李善长率家乡老小前往迎谒。朱元璋得知李善长是颇有声望的乡贤，对他优礼以待。欢声笑语之际，李善长以韩非子的法家思想启迪朱元璋。朱元璋虽读书不多，却通壑明很快对法家的法、术、势产生浓厚兴趣。朱元璋对李善长如获至宝，将他留在身边，执掌书记，负责军中文字事务。

这一年，李善长已40岁，正值不惑之年。他投靠明主朱元璋，兴奋不已，决心从此施展自己的宏伟抱负。

加入红巾军后，战事频繁。每逢战斗，李善长运筹帷幄，表现出惊人的政治和治军才干，逐渐成为朱元璋深为倚重的谋士。

其后，李善长追随朱元璋督军攻打滁州，“为参谋，预机画，主馈饷，甚见亲信”。经战连年，朱元璋羽翼渐丰，常遇春、冯国胜等前来归附的将领越来越多。李善长听其言、观其行，察其材，告诉朱元璋这些人适宜何种职位。李善长在人才甄别方面独具慧眼，不仅使朱元璋满心欢喜，而且使前来归附的豪杰义士各尽其才，各遂其愿。有时，武将之间难免会有龃龉，李善长以三寸不烂之舌从中化解矛盾，使军队指挥系统趋于稳定。

当时，朱元璋累建战功，陆续收复了滁州之外的一些城镇，手下兵强马壮，自成一番气候。功高震主，郭子兴听信流言，怀疑朱元璋谋夺其位，便欲削夺其兵权，私下策动李善长离开朱元璋，前来辅佐自己。李善长坚信实为人中俊杰的朱元璋，“固谢弗往”，仍然不离朱元璋左右。正身遭厄运的朱元璋对此极为感动，愈发倚重李善长。

至正十五年（公元1355年），朱元璋收降巢湖水师后，拥有步、骑、水军各兵种，声威大振。此时，李善长力主朱元璋急速渡江，攻取集庆（今南京），作为平定天下的大本营。这一充满远见卓识的英明决策获得大将徐达等人的支持，胸有远谋、志得天下的朱元璋当即采纳李善长的意见，旋即挥师渡江，拔采石，趋太平，次年二月，一举攻克江南重镇集庆，改集庆路为应天府。大军进城三日，李善长忙于起草布告，军令，严禁士卒扰民。

至正二十四年（公元1364年）正月，朱元璋自立为吴王，此时，李善长官拜右相国，处理政务，“裁决如流”。他深谋远虑，又娴于辞令，许多重要文件都由他负责起草。朱元璋常率大军征讨四方，每次征讨，他都像刘邦信任萧何那样，把留守后方的重担托付给李善长。李善长每次都不辜负朱元璋的希望，他治理后方，从容调度，不仅击败应天府周围敌军的骚扰，而且使“将吏帖服，居民安堵，转调兵饷无乏”。李善长不仅注重政治运作，而且注重货殖理财。他榷淮盐，立茶法，斟酌元制，去其弊端。又恢复制钱法，开铁冶，定渔税，使“国用益饶，而民不困”。

吴元年（公元1367年）九月，李善长论功受赏，被封为宣国公，由右相国改称左相国，居百官之首。熟谙法家之术的李善长积极劝导朱元璋健全法制，朱元璋遂命李善长与刘基等人裁定律令，颁示中外。

至正二十八年（公元1368年）正月，朱元璋在应天府即帝位，国号明。李善长兼太子少师，授银青荣禄大夫、上柱国，录军国重事。此时，已54岁的李善长更加精明干练，经验丰富，朱元璋让他肩负起拟定官制、礼仪的重大使命。举凡追封朱元璋的祖先，册立后妃、太子，分封诸王，爵赏功臣，拟定郊社宗庙礼仪，奏定六部官制，商议官民丧服以及朝贺东宫礼仪，监修《元史》，编撰《祖训录》、《大明集礼》诸书等等，都由李善长全权负责。

李善长恪尽职守，殚精竭虑，日理万机。其间，朱元璋亲临汴梁慰问前线将士，令李营长留守都城，“事无巨细，悉委善长与诸儒臣谋议行之”，“一切听便宜行事”。李善长能者多劳，为朱元璋坐稳江山，架构体制又立下了赫赫功绩。

○ 在“明主”面前不知进退是其人生的不幸

李善长之死，虽有朱元璋有意杀功臣之因素，但更主要的原因还在于他在后半生的人生决策中所犯的一系列错误。这些错误本来都以历史上功高权重的大臣所最容易犯的。作为熟知古今的李善长不会不知道，但他还是有意无意地犯下，这不能不让人为之扼腕感叹。

洪武三年（公元1370年），朱元璋大封功臣。

授予李善长开国辅运推诚守正文臣、特进光禄大夫、左柱国、太师、中书左丞相，封韩国公，岁禄四千石，子孙世袭；予铁券，免二死，子免一死。当时荣封国公者仅有六人，他们是徐达、常茂（常遇春之子）、李文忠、冯胜、邓愈、李善长。朱元璋把李善长置于六公之首，将其“比之萧何，褒称甚至”。

洪武九年（公元1376年），朱元璋又命李善长与曹国公李文忠共同执掌中书省、大都督府、御史台。此时的李善长集行政、军事、监察三大实权于一身，位极人臣，权倾朝野。

一人得道，鸡犬升天。早在洪武七年（公元1374年），朱元璋就提擢李善长之弟李存义为太仆丞，李存义之子李伸、李佑皆为群牧所官。洪武九年（公元1376年）时，朱元璋把大女儿临安公主嫁给李善长之子李祺，李祺身为功臣之子，又是皇帝的长婿，官拜驸马都尉，颇受朱元璋的器重，李善长攀上了这门亲事，“光宠赫奕，时人艳之”。

面对无人可及的功劳和扑面而来的荣耀，一向热衷功名利禄的李善长喜不自禁，不免有些飘飘然，渐渐开始骄横弄权。

朱元璋起兵于淮河，其身边的文武大臣多系同乡。李善长身为淮系集团的首领，在升居相位之后贪恋权力，喜欢拉帮结派、排斥异己，一改过去艰难岁月中注重团结、化解矛盾的作风。随着地位越来越高，李善长也日益变得狭隘、自私、专横，其外表宽和，内多忮刻。参议李饮冰、杨希圣“稍侵善长权，即按其罪奏黜之”。受到朱元璋信任的谋士刘基，因为不屈于淮系集团，而遭到李善长的嫉妒和排挤。早在洪武元年（公元1368年）五月，朱元璋北上汴梁，令李善长、刘基留守应天。李善长的亲信、中书省都事李彬贪污受贿，刘基认为，依法当斩。李善长徇私包庇。刘基派人驰报朱元璋，使李彬最终得以正法。李善长由是对刘基怀恨在心，待朱元璋回朝后，他纠集淮系大臣攻击刘基。刘基感到大祸临头，急忙告归故里。李善长于心不甘，伙同胡惟庸等人排挤刘基的挚友杨宪，怂恿朱元璋将其处死。

李善长富贵之极，却欲壑难填。其后，他又以丞相名义向大将汤和借调300士兵帮他修建豪华宅第。汤和对此不满，告之朱元璋。李善长骄佚日盛，越来越遭到大臣们的非议。不久，凌说、高见贤、夏煜等人联名上书，要求撤换李善长。就在李善长之子李祺迎娶临安公主一个月后，御史大夫汪广洋、陈宁上疏弹劾李善长，指责他“狎宠自恣”。朱元璋为了平息众怒，削去李善长岁禄1800石。

洪武十三年（公元1380年），正当李善长官运亨通、安享富贵之时，遇到了突发的一次大劫难——胡惟庸案事发。

而李善长与胡惟庸关系密切。当初，胡惟庸只是一个小知县，李善长见其能干敏捷，又是同乡，遂在朱元璋面前大加推荐，使胡惟庸擢升太常少卿。洪武四年（公元1371年），胡惟庸由中书省参政一跃而为中书左丞。鉴于胡惟庸已执掌朝政，淮系集团坚不可摧，李善长遂辞去相位。李善长对胡惟庸不仅有提携之恩，而且李、胡两家又有姻亲之戚。其弟李存义之子李佑是胡惟庸的女婿。

洪武十八年（公元1385年），朝中有人举报李善长之弟李存义是“胡党”分子。朱元璋下诏免死，将其贬至崇明。然而，身为其兄的李善长没有进宫谢恩，朱元璋于是衔恨在心。又过了5年——即洪武二十三年（公元1390年），朱元璋大兴刑狱，李善长的亲戚丁斌等人皆获罪。这时已77岁的李善长年老昏聩，竟然数次为丁斌等人说情，惹得朱元璋火冒三丈，连夜提审丁斌。丁斌曾在胡惟庸家做过仆人，他供出李存义是胡惟庸的同谋。朱元璋下令逮捕李存义父子，突击审讯。不曾料想，李氏父子在供词中指认李善长完全知悉胡惟庸谋反的全部底细，却隐匿不报，说“吾老矣。吾死，汝等自为之”。

正当朱元璋为之生气之际，锦衣卫又呈上新的供状，状告李善长，说：“将军蓝玉出塞，至捕鱼儿海，获惟庸通沙漠使者封绩，善长匿不以闻。”又有李善长的家奴卢仲谦等，状告李善长与胡惟庸“通赂遗，交私语”。朱元璋怒发冲冠，下令逮捕李善长，怒斥他身为元勋国戚，“知逆谋不发举，狐疑观望怀两端，大逆不道”，将李善长及其家族70余人迅即斩首。朱元璋亲笔罗列李善长的罪行，写成《昭示奸党三录》，布告天下。

8. 亦民亦官亦僧的智者

○ 燕王的主要谋士

姚广孝自开始成为朱元璋的四子燕王朱棣的谋臣之后，便以劝说朱棣谋取帝位为己任。尤其是在朱元璋驾崩、朱允炆即位之后，姚广孝更是以各种方法和途径，甚至用巫术占卜来“激励”朱棣去夺取帝位。

洪武十五年（1382年）八月，马皇后病逝，明太祖朱元璋命选有道高僧侍奉诸王，为诸王诵经荐福。宗泐此时为左善世，他对老朋友道衍的才学极为钦佩，遂向明廷举荐。明太祖第四子朱棣召见道衍，与之交谈，甚为投契。朱棣于洪武三年（1370年）封为燕王，洪武十三年（1380年）就藩北平。“貌奇伟美髭髯，智勇有大略。”正是道衍暗中寻觅的有为之主。朱棣和道衍都有远大的政治抱负，一拍即合，相见恨晚。朱棣请他出山相助，道衍毫不犹豫，欣然应诺。于是，跟随燕王北上，来到北平。为了交往方便，又可遮人耳目，朱棣请他住持庆寿寺。但他对佛事并不操心，而“出入府中迹甚密，时时屏人语”。很快，姚广孝成了朱棣的重要谋士。

洪武二十五年四月丙子，太子朱标病死，皇储之位成了空缺。这时朱元璋已经65岁了。晚年丧子悲痛是自不待言，重要的是要重新确定谁来做事业的继承人。朱元璋在东角门上对群臣痛哭。翰林学士刘三吾上前劝慰，他从宗法制出发，认为懿文太子之子朱允炆当继承储位，他说：“皇孙世适（同嫡），富于春秋，正位储极，四海系心，皇上无忧矣。”朱元璋采纳了这个建议，在同年九月立朱允炆为皇太孙，这时朱允炆年仅10岁。

消息传到北平，朱棣想当储君的念想成了泡影，闷闷不乐。姚广孝告诉他，塞翁失马，焉知非福，以后的日子还长，不必泄气；眼下最要紧的是借讨伐蒙古残部，壮大军事力量。

这样过了几年，到洪武三十一年（1398年）闰五月，朱元璋驾崩，皇太孙朱允炆继位，下诏改明年为建文元年，是为建文帝。

建文帝身边有两个亲信辅臣，一个是兵部左侍郎齐泰，一个是侍读学士黄子澄。他俩都清楚，最大的危险来自拥兵在外的藩王，所以当务之急是削夺藩王的权势，以巩固中央集权。这一考虑本是正确的，但是建文帝和他的辅臣十分迂阔，缺乏处理现实政治问题的机变和才能，结果在操作中出现了重大失误。

既然要削藩，就得选准目标。诸王中燕王势力最强，所以只要迅速削弱了他，别的藩王也就不制自服了。可是黄子澄却迂腐地认为“图难于其易”，应先剪除别的藩王，最后再动燕王。

这种“打草惊蛇”的办法，使燕王获得了充足的准备时间，使姚广孝觅得了伺机反扑的计策。

燕王也知道建文帝必定要削藩，可是一时之间又拿不定主意，只好靠装病来避免建文帝的猜忌。但是，随着周王、湘王、齐王、桂王、岷王或被削去藩号，或废为庶人，或终身幽禁，或被赐死，燕王“唇亡齿寒”的感觉一天比一天严重，恐惧之下很想举兵反抗，但又下不了这个决心。要知道，建文帝是名正言顺当上皇帝的，自己贸然起兵反抗朝廷，这可是大逆不道的篡位之举，能有多少胜算？

姚广孝敏锐地觉察到燕王的矛盾心情。事已至此，有进无退，退则必然成为建文帝的阶下囚。姚广孝采用了许多计策，极力鼓动燕王立即起兵。

在燕王缺少自信心的情况下，正常的劝说反倒不如巫术迷信来得有效。姚广孝调动了种种奇方异术，千方百计为燕王撑腰打气。

他学过阴阳术数之学，略通占卜。有一次他拿着三枚铜钱，请燕王玩“观音课”的占卜游戏。燕王刚掷出一枚铜钱，姚广孝就假装惊讶跳起来说：“殿下要做皇帝吗？”燕王欲说还休，马上制止说：“不得胡说！”但从燕王的神情中，姚广孝已猜出：燕王想承认，又不敢承认。另有一次，二人在一起玩对对联的游戏，燕王先出上联：“天寒地冻，水无一点不成水（冰）。”姚广孝略加思索，立即对出下联：“世乱民贫，王不出头谁做主。”燕王虽明白姚广孝的语意，但还是沉吟不语。

光靠自己的力量不够，姚广孝又请来“外援”。他召相面先生袁珙来北平。他先在燕王面前渲染袁珙的相术如何灵验，惹起了燕王的好奇心，同意袁珙来为自己相一次。燕王故意穿上卫兵的服装，和其他九个卫兵混在一起在酒馆饮酒，而后召袁珙进来辨识。姚广孝早已把燕王的神态告知了袁珙，袁珙又是察言观色的老手，自然轻而易举地就认出了燕王。他走进酒馆一看，马上就跪在燕王面前，说：“殿下怎么这么不自爱，穿着士兵的服装呢？”燕王给9个卫兵使了个眼色，那9个卫士故意笑话袁珙，说他认错了人。但袁珙就是认准了燕王，长跪不起，口口声声称殿下。燕王见袁珙果然神通广大，便带他回宫密谈。到了宫中，袁珙又仔细端详了燕王一番，说：“殿下龙行虎步，日角插天，怕不是个太平天子吧？”燕王回答：“近日廷臣屡议削藩，区区北平，尚恐难保，还有什么奢望？”袁珙趁势说道：“殿下已年近40了，一过40，胡须长过了肚脐，就能登上皇位。如果不应验，就请挖去我的双眼！”燕王十分高兴，重赏了袁珙，同时严嘱不得对外人泄露此事。

袁珙刚走，姚广孝又请来了另一位朋友金忠。金忠精通《易经》，善于卜筮，在北平以占卜为生，生意兴隆，人称之为神人。燕王以生病为名，召金忠前来占卜。金忠巧施手段，使燕王得了一个“铸印乘轩”的吉卦，并借机发挥道：“这个卦象贵不可言。”暗示燕王有天子之命，要顺应天命，切勿坐失良机。

字也猜了，面也相了，卦也算了，种种迹象都表明燕王有望成功。燕王信心大增，向姚广孝公开表明了心意，决意发难。二人朝夕聚谋，紧锣密鼓地准备起兵。

要起兵就要先练兵。由于此时建文帝已在北平燕王府布置了许多耳目，监视燕王的一举一动。练兵又不是小阵势，如何能掩人耳目？姚广孝便命人在王府后苑建了一个大地下室，上面再盖上房屋，周围一圈是又高又厚的墙垣，墙根下再埋上大大小小的瓮缸。为了不使打造军器、操练士兵的声音外泄，他又让人在后苑养了大群的鹅鸭，用鹅鸭的叫声来遮掩练兵的声音。

但是日子久了，没有不透风的墙，建文帝终于得到了可靠的消息：燕王要起兵谋反。在与齐泰、黄子澄二位辅臣商议之后，建文帝诏令北平都指挥张信逮捕燕王，但由于建文帝情报不灵，事先根本不知道张信与燕王过从甚密，暗中通气。结果，张信不但不去逮捕燕王，反而把建文帝的密令告诉了燕王。

燕王知道箭已在弦，不得不发。立即招来姚广孝、金忠等人，密议举兵。

起兵的檄文，是姚广孝精心撰写的。为了避免犯上作乱的指责，檄文把起兵的目的说成了是“清君侧”，即要除掉奸臣齐泰、黄子澄，而不说是针对建文帝的。

但姚广孝又告诉燕王，一旦起兵，就不要再承认建文年号，而沿用洪武年号，以显示燕王与朱元璋的特殊关系和感情，收揽人心。

一切布置停当后，建文元年（1399年）七月五日，燕王在北平誓师，正式起兵反抗朝廷。

○ 不脱僧衣而得善终

在燕王夺权成功以后，姚广孝作为功高盖世的元勋，处在十分微妙的位置上。姚广孝具有清醒的政治头脑，不能无“狡兔死、良狗烹”之防和功高震主之惧。明太祖朱元璋曾大杀功臣，以巩固皇权。明成祖会不会效法其父，姚广孝不得而知。他不能不未雨绸缪。姚广孝坚持不脱袈裟，其奥妙概于此也。这正表现了他超人的智谋。他继续当和尚，表明对权势的超脱和没有政治野心，使他的权势反而更牢固，又能安度晚年，得以善终。

建文四年（公元1402年）六月，燕王朱棣的“靖难”大军集结于南京城下，建文帝政权大势已去，不久，大将李景隆等开门献城迎接燕王，京城遂陷落。宫中火起，建文帝不知所终。

至此，靖难之役降下了帷幕。燕王朱棣登基称帝，改元“永乐”，是为明成祖。

朱棣当了皇帝，来不及掸去身上的征尘，便开始了双管齐下的行动：一边血腥镇压反对派，一边慷慨地大封功臣。

姚广孝虽未亲临战阵攻城略地，但运筹帷幄之中，取胜于千里之外，功绩堪比汉代的萧何与张良，所以成祖毫不犹豫地把他列为第一功臣。那些浴血奋战的武将，也对姚广孝极为佩服，甘居其后。

既然是第一功臣，自然要大加封赏。但姚广孝坚辞不受，只接受了一个僧录司左善司的僧官。他对成祖说："当年若没有僧录司左善司宗泐的推荐，就没有今天；自己接受这个僧官，权作纪念吧！至于其他正式的官号，也就不必了；自己住惯了禅寺，不愿住在官府里。"

成祖觉得过意不去，要他蓄发还俗，他坚执不肯。成祖所赐予的豪华宅第，他也推辞不要。成祖没有办法，就以他上了年纪需要人照顾为由，送给他两个漂亮的宫女。姚广孝推托不过，便采用"冷冻搁置"的办法，既不赶宫女走，也从不接近她们。日子久了，那两个宫女自感无趣，便又返回了宫中。

姚广孝知道，自己虽助成祖做了件大事，但在正统的士大夫眼里，这是篡逆行为，搞的是阴谋诡计。有一次，他去拜访旧友王宾，王宾竟闭门不见；他去看望自己的同母姐姐，姐姐也不让他进门。这使他很伤心，也受到很大触动。

成祖初入南京时，对建文帝的旧臣大开杀戒，杀了齐泰、黄子澄、铁铉和户部侍郎卓敬、礼部尚书陈迪等多人，其中对文学博士方孝孺的杀戮最为惨毒，诛灭十族。

方孝孺是一代名儒，姚广孝对他很敬慕。早在燕王大举南下时，姚广孝就跪在燕王面前密启道："臣有一事相求。南京有文学博士方孝孺，素有学行。倘若殿下武成入京，请千万不要杀他。若杀了他，天下读书的种子就断绝了。"燕王入京，本欲让方孝孺草拟登基诏书，但方孝孺誓死不从，并当众大骂燕王。燕王恼羞成怒，下令灭其十族。古来最厉害的刑罚就是"诛九族"，是指父族四辈、母族三辈、妻族两辈以内的亲属。燕王连方孝孺的朋友、门生也一并捕来，充为十族，遭牵连诛杀的共有873人。

成祖的暴行，引起御史大夫景清的强烈仇恨。一天，他怀刀入朝，想行刺成祖，结果刀被搜出。成祖大怒，将他剥皮杀死，同时连景氏九族及乡里亲朋故旧也株连被害，村里为墟。这种杀戮辗转牵连，如瓜蔓之蔓延，被人称为"瓜蔓抄"。

姚广孝感到，再听任成祖这样杀戮下去，势必会出大问题。他进朝议事，密劝成祖道："建文帝的铁杆大臣已经诛杀殆尽了，对其他旧臣，要安抚、说服，都可继续任用；再说，建文帝在位只4年，其臣僚绝大多数是明太祖选拔的，成祖继承的是太祖的基业，完全可以顺理成章地任用他们。夺天下容易治天下难，杀人太多，就会失掉民心，甚至会引起动荡，留下隐患。”

成祖闻言醒悟，停止了对建文旧臣的清算和诛杀。为了表示诚意，还有意重用建文旧臣，成立内阁时，让解缙等7人当了内阁大学士。

但姚广孝毕竟是高人一筹的智臣。在功成名就之后，并且皇帝也对他言听计从之时，仍保持着清醒的头脑。他不再以刘秉忠自命，并一再称自己“不是高阳酒徒（郦食其）”，“不入非熊（姜子牙）梦”。他将自己比作“既倦终宵巡瓮下”的老病之猫，并为“谁念前功能保爱”而深感不安。洪武功臣的悲惨下场给他留下印象太深刻了。

姚广孝在成为达官贵人之后，除了继续当和尚，还有一点高明之处，即不蓄私产。他曾因公干至家乡长洲，乃将朝廷所赐金帛财物散予宗族乡人，自己不留积蓄。这与历来巧取豪夺、营殖家产的封建官僚不啻有天壤之别。

暮年的姚广孝虽未任七卿要职，然所任太子少师却是实职，与后来此职不同。“时上狩北京，广孝留辅太子。自是以后，东宫师、傅终明世皆虚衔，于太子辅导之职无与也。”

永乐二年六月，在受官太子少师后两个月，姚广孝又以钦差身份前往苏湖赈济。这是一种特殊荣誉。离别故乡20余年后，他终于衣锦还乡了。这次还乡的兴奋中，也伴随着怅然之感。他的父母均已去世，“垅墓既无，祖业何在？岁时祭扫，曾不可得。”他只好将父母灵位放进了少时出家的妙智庵。

他回京后畜养一只雄鸡，每晨闻鸡而起，壮心未已地度过了一生最后十数个年头。他辅导太子居守京师，并为太孙讲读华盖殿。而他晚年最有成效的工作，则是先后主持了《永乐大典》和《明太祖实录》两部大书的编修。

原主持编修《永乐大典》的解缙并未理解皇帝指令编修这部巨帙的宗旨。永乐二年二月书成上呈，定名《文献大成》。“既而上览其书，更多未备，复命姚广孝等重修。”永乐五年，这部包罗经、史、子、集、百家、天文、地志、阴阳、医、卜、僧、道、技艺之言，多达两万多卷巨帙的类书，在姚广孝主持下完成，定名为《永乐大典》。《永乐大典》共有22937卷，分装成11095册，字数达三亿七千万。大部遗失，现存仅714卷。姚广孝参加纂修《永乐大典》，对我国古代文化事业，做出了不朽的贡献。

永乐九年，77岁的姚广孝再次受任监修官，主持《明太祖实录》的重新编修。

从此直至他去世，大约6年多时间，他兢兢业业地完成了此项工作。这次修成的《明太祖实录》就是今天所见三修本。这是一次真正重修，所用时间和全书内容都大大超过了前两次修纂。但是当永乐十六年（1418年）五月书成，朱棣设宴赏赐有关人员时，为此耗尽余生的姚广孝却已在两月前与世长辞了。

姚广孝以谋略才智成功地保护了自己，终其世深受成祖宠信。成祖往来两都，出塞北征，皆以姚广孝留辅太子，坐镇南京。姚广孝84岁时病重，不能朝见，仍居于庆寿寺。成祖多次亲往探望。

姚广孝大化归天之后，成祖极为哀痛，命礼部和僧录司为他隆重治丧，以僧礼安葬，并停止视朝两天。赐葬于房山县之北，谥为“恭靖”。

9. 专擅欺帝的大将军鳌拜

○ 奉诏辅政，打击异己

清朝大将鳌拜作为“先帝”顺治的“忠臣”，在奉诏辅政之后，却不自觉地发生了转变，弄权成了他的第一要务。

顺治七年（1650年）十二月，39岁的睿亲王多尔衮病死，顺治帝福临以14岁幼龄开始亲政。在顺治帝亲政期间，原来遭受睿亲王多尔衮打击的豪格派得势，鳌拜因屡受多尔衮贬抑，颇得郑亲王济尔哈朗喜爱。多尔衮一死，鳌拜即被晋爵三等侯。顺治八年（1651年），鳌拜被任命为议政大臣，并晋爵一等侯兼一等骑尉。

不久，鳌拜与索尼、遏必隆、苏克萨哈四人被授领侍卫内大臣，参与朝政。这样，以郑亲王济尔哈朗为首的贵族，掌握了朝中大权，鳌拜从此平步青云，成为朝中举足轻重的人物。

顺治十三年（1656年），鳌拜上奏顺治帝说：“请陛下三年进行一次大阅兵，以讲武事。”鳌拜的奏请得到顺治帝的认可，顺治帝遂命大臣、侍卫等在御前较射，以鳌拜为令，统领其事。这一年的十一月，鳌拜在以前征战中所受的伤复发，卧床不起，顺治帝亲临其府第视疾，这使鳌拜觉着荣幸之至。顺治十四年（1657年），深得顺治帝器重的鳌拜，被授以少保，并兼太子太保。很快，又升迁为少傅兼太子太傅，专门教习武进士。

鳌拜与索尼、遏必隆、苏克萨哈四人，对顺治帝忠心耿耿，深得顺治帝与孝庄皇太后的赏识与信任。他们被委任掌握宫廷宿卫的同时，又掌握上三旗实权。他们经常守卫在顺治帝和孝庄皇太后身边，参政议政。太后有事，即通过索尼、遏必隆、鳌拜、苏克萨哈传谕；太后有病，鳌拜、索尼、遏必隆、苏克萨哈四名近侍护卫，昼夜轮流护卫，食息不暇，从而受到顺治帝的嘉奖。

就在鳌拜深受宠信之时，顺治帝于顺治十八年（1661年）正月初七不幸病死，年仅24岁。在他弥留之际，遗诏指定年仅八岁的三儿子爱新觉罗·玄烨为皇太子。正月初九日，玄烨在其祖母孝庄皇太后亲自主持下，即皇帝位，改次年为康熙元年。同时，顺治帝在遗诏中说："特命内大臣索尼（正黄旗）、苏克萨哈（正白旗）、遏必隆（镶黄旗）、鳌拜（镶黄旗）为辅臣。伊等皆勋旧重臣，朕以腹心寄托，其勉矢忠荩，保翊冲主，佐理政务，告示中外，咸使闻知。"

在四大辅臣之中，居于首位的索尼是四朝元老，并深得孝庄皇太后的信任与赏识，鳌拜虽然有大功在身，也不敢与之针锋相对。居于第三位的遏必隆，与鳌拜同属镶黄旗，遇事无什么主见，总是人云亦云，随声附和。鳌拜对其根本不放在心上。居于第二位的苏克萨哈，爵位较低，仅为一等男，但地位仅次于索尼。如果索尼死去，苏克萨哈即有替补其位的可能。这使得鳌拜心存芥蒂，两人遇事总争吵不休，以至于成为仇敌。加之黄旗与白旗之间宿怨较深，鳌拜便利用黄、白旗之间的积怨，在正黄旗、镶黄旗、正白旗之间制造事端，借以打击苏克萨哈。

黄、白旗之间的矛盾由来已久，最早可追溯至清太宗皇太极之时，主要是由于皇太极改旗和圈地所致。皇太极于天命十一年（1626年）九月初一日即汗位，不久便将自己掌握的正白旗、镶白旗改为正黄旗和镶黄旗，分别为左、右翼之首，使其地位日益高升。同时，皇太极又将努尔哈赤留给阿济格、多尔衮、多铎三个幼子的正黄旗、镶黄旗改为正白旗、镶白旗，使其居于左翼之中，地位每况愈下。从此，黄、白两旗之间便产生了矛盾。

顺治初年，清王朝占领北京城的第二天，便下令北京城内的汉人居民一律迁到城外居住，内城由满洲八旗驻防。在顺治元年（1644年）十二月，顺治帝下诏说："我朝建都燕京，期于久远。凡近京各州县民人（指汉人）无主荒田，及明朝国舅皇亲、驸马、公、侯、伯、太监等死于寇乱者，无主田地甚多。着户部概行清查，若本主尚存，或本上已死而子弟存者，量口给予，其余田地尽行分给东来诸王、勋臣、兵丁人等。此非利其地土，良以东来诸王、勋臣、兵丁人等无处安置，故不得不如此区划。然此等地土，若满汉错处，必争夺不止。可令各府州县乡村，满汉分居，各理疆界，以杜异日争端。今年从东来诸王各官兵丁及现在京各部院衙门官员，俱著先拨给田园。其后到者，再酌量照前与之。”这一上谕明确规定了分配田地的办法，近京各府州县由此全面展开了对民间田地的争夺，称之为“圈地”。

在圈地过程中，按照规定，依左、右翼次序分配。但摄政的睿亲王多尔衮凭借自己的便利条件，擅自将本应属于镶黄旗应得的水平府（今河北卢龙）之地给了自己的正白旗，而于保定府（今河北保定）河间府（今河北河间）、涿州（今河北涿县）等处别拨土地给镶黄旗。多尔衮的所作所为，当时在黄旗中引起了不满，但由于当时情势，并未有人提出异议。

鳌拜为了笼络黄旗大臣，孤立、打击苏克萨哈，又旧事重提，立即引起正黄、镶黄两旗大臣的共鸣。加之索尼一向与苏克萨哈不和，鳌拜遂于康熙五年（1666年）正月，指使两黄旗旗民上诉，要求更换圈地，造成八旗纷纷要求重新更换圈地的形势，给孝庄皇太后和康熙帝带来极大困扰。孝庄皇太后只好把两黄旗旗民的上诉让户部处理。

户部尚书、正白旗大臣苏纳海认为不妥，他说：“旗人安业已久，且康熙三年（1664年）已下诏不许再行圈地，请罢议此事。”

苏纳海的阻止，使整拜大为不悦，他竟然假托圣旨让贝子温齐等人私自勘地，并于康熙五年（1666年）三月声称孝庄皇太后和康熙帝支持镶黄旗圈换土地，移回左翼之首。这时鳌拜的行径都是偷偷进行的，其目的是为了造成已迁回左翼之首的事实。鳌拜为达目的，不择手段，将北京东北顺义、密云、怀柔、平谷四县之地立即圈拨给镶黄旗。照这样一来，户部复议苏纳海、鳌拜二人的建议时，所议的已不是镶黄旗是否应该迁回左翼之首，而是如何圈拨土地安置迁回的人口了。

康熙五年（公元166年）秋天，户部尚书苏纳海、侍郎雷虎等人，依照第一种主张率人前往正白旗所占之地进行丈量，为圈换土地作铺垫。但已经在自己的土地上耕种20余年的正白旗旗人坚决反对，怨声载道；镶黄旗旗人则坚持非换不可，这样一来双方相持不下，以至于土地荒芜。消息传至京城，年幼的康熙帝向祖母孝庄皇太后奏报了圈换土地造成良田荒芜之事，要求孝庄皇太后切责鳌拜等人，中止圈换土地。

就在这时，直隶总督朱昌祚、巡抚王登联交章上疏。朱昌祚在上疏中说："臣等履亩圈丈将及一月，而两旗官丁较量肥瘠，相持不决。且旧拨房地垂二十年，今换给新地，未必尽胜于旧，口虽不言，实不无安土重迁之意。至被圈夹空民地，百姓环诉失业，尤有不忍见闻者。若果出自庙谟，臣何敢越职陈奏？但目睹旗民交困之状，不敢不据实上闻。仰祈断自宸衷，即谕停止。"

王登联上疏说："旗民皆不愿圈地。自闻命后，旗地待换，民地待圈，皆抛弃不耕，荒凉极目，亟请停止。"

朱昌祚、王登联二人的奏疏，对鳌拜胆大妄为，随意圈换土地，给老百姓带来的灾难进行了如实奏报，并予以抵制，要求中止其事。同时，户部尚书苏纳海也认为："屯地难于丈量，镶黄旗章京不肯受地，正白旗包衣佐领下人不肯指出地界，宜候明诏中止其事。"并建议撤回有关官员，停止大量换地。

鳌拜闻知直隶总督朱昌祚、巡抚王登联的奏疏，及苏纳海的决定，惊慌失措，他感到自己处心积虑筹划的圈换土地之事随时有被迫中断的可能，那时自己将会一败涂地。于是，鳌拜决心先下手为强。

鳌拜以直隶总督朱昌祚、巡抚王登联及户部尚书苏纳海办事不力，迟误圈换土地为由，将他们三人逮捕，交付刑部审理。他还以朱昌祚、王登联二人上疏之时，曾将奏疏让苏纳海看过为由，诬陷他们结党营私，违背祖制，以激怒孝庄皇太后，置三人于死地。同时，鳌拜还处罚了三名不肯受地的镶黄旗副都统，将他们撤职查办。

朱昌祚、王登联、苏纳海被交付刑部之后，刑部认为律无正条，只对他们鞭一百，籍没家产。年仅13岁的康熙帝接到刑部的奏疏之后，知道朱昌祚、王登联、苏纳海三人本无罪过，只是因阻挠鳌拜进行圈换土地，将鳌拜惹怒而招致祸端。康熙帝觉着事体重大，便亲自出面，特召索尼、苏克萨哈、遏必隆、鳌拜四大辅臣，并赐坐询问案情。鳌拜极言朱昌祚、王登联、苏纳海三人罪大恶极，要求康熙帝对他们处以重罪。索尼、遏必隆二人则随声附和，唯独苏克萨哈沉默不语。因为他明白，自己在四大辅臣中，只占少数，是难以取得胜利的，只好以缄默表示反抗。

康熙帝虽然年仅13岁，但他却是非分明，并没有听信鳌拜等人的话，仍然以刑部所议对朱昌祚、王登联、苏纳海进行处罚，婉拒了鳌拜的请求。但鳌拜的权力欲已极度膨胀，他仰仗自己的权势，竟然矫旨将朱昌祚、王登联、苏纳海三人处以绞刑。并株连已故的苏纳海族人原户部尚书英武尔代，将赠与苏武尔代的官职尽行削去，定罪处罚。鳌拜杀了朱昌祚、王登联、苏纳海三人之后，强行圈换土地。据拨地侍郎巴格统计，在鳌拜强行圈换土地过程中，镶黄旗迁移壮丁共40600名，圈换土地123000垧；正白旗迁移壮丁22361名，圈换土地111850垧。

○ 侵凌皇权，终致败局

当初顺治没有选择宗室亲王担当辅政大任，而是选择了异姓大臣。这也许跟他幼年时期多尔衮专权的经历有关，他不想再出现一位“多尔衮”来操控子孙的天下。不过，权力这个魔杖，能够改变一个人的心理和行为。鳌拜功臣、忠臣的形象开始渐渐变形，他再也不像从前忠心扶持皇太极的儿子福临那样对待福临的儿子玄烨了。结果，康熙初年，虽然没有了多尔衮，但却出现了专权的鳌拜。并且，比起多尔衮来，鳌拜有过之而无不及。

圈换土地事件结束后，鳌拜的权力欲望极度膨胀，企图取得启奏权和批理奏疏大权，使自己超过遏必隆和苏克萨哈，成为仅次于索尼的二号人物，但鳌拜的胆大妄为引起了孝庄皇太后和年幼的康熙帝的高度警惕，对鳌拜开始产生戒备之心，处处小心谨慎。同时，孝庄皇太后和康熙帝也开始对鳌拜严加防范起来。

鳌拜为了实现自己的阴谋，私下培养了一大批党羽，形成了一个集团，随时准备把持朝政。在鳌拜的私党中，其弟穆里玛受命为靖西将军，因镇压农民起义军李来亨有功，被超授一等阿思哈尼哈番（世袭二品爵号），执掌兵权。除此而外，成为鳌拜私党的还有秘书院大学士班布尔善、吏部尚书阿思哈、侍郎泰必图、兵部尚书噶褚哈、工部尚书济世、内秘书院学士吴格塞及鳌拜的子侄等，涉及到朝中的方方面面。由于这些私党的参与，鳌拜的党羽势力日见膨胀，在朝中起着举足轻重的作用。

康熙五年（公元1666年），鳌拜授意自己的党羽吏部尚书阿思哈、侍郎泰必图二人，提议给每省派遣大臣二人，设衙门于总督、巡抚衙门之旁，以稽查、监视总督、巡抚。鳌拜的意图很明显，他不仅要控制朝中大权，还试图将自己的亲信之人派往地方，凌驾于总督、巡抚之上，从而操纵地方大政。此议由于康熙和诸大臣的坚决反对，才不得不作罢。

自从鳌拜挑起事端，重新圈换土地之后，朝内百官惴惴不安，对四大臣辅政产生了恐惧和不安的想法，要求康熙帝亲政的呼声越来越高。

在百官大臣的支持下，辅臣索尼等也于康熙六年（公元1667年）三月奏请康熙帝，要求他亲政。索尼在奏疏中说："世祖章皇帝亦于十岁亲政，今主上年德相符，天下事务，总揽裕如，恳切奏请。"索尼上奏不久，于康熙六年（公元1667年）六月死去。索尼的死，使鳌拜想入非非，他想乘机越过遏必隆和苏克萨哈，成为首席辅臣。

康熙帝见鳌拜更加目中无人，觉着辅政之制已不能发挥它原来的作用，反而对朝廷构成威胁。于是，在康熙六年（公元1667年）七月初三，康熙帝以辅臣屡行陈奏为由，往奏其祖母孝庄皇太后，要求亲政，取得了孝庄皇太后的同意，定于七月初七日举行亲政大典。

鳌拜为了使自己的阴谋得逞，在同意康熙帝亲政的同时，他绞尽脑汁企图主持起草皇帝亲政大赦诏书，借以捞取政治资本。但康熙帝早已看清了鳌拜的用心，对其不置可否，而是让他人密拟赦诏，临期颁行。这使得鳌拜的欲想破灭了，但鳌拜一计未成，又生一计，他以商议启奏应行事宜为名，试图将苏克萨哈拉入自己的阵营，一起把握政权，并且耸人听闻地声称："恐御前有奸恶之人暗害忠良，我等应将太祖、太宗所行事例敷陈。"苏克萨哈已诚心归政于康熙帝，对鳌拜的卑劣行径深恶痛绝，他斥责鳌拜说："教导主子之处，谁有意见各行陈奏，保必共列姓名？"鳌拜见苏克萨哈不听从自己，对其怀恨在心，转而进行陷害。

在康熙帝亲政前夕，鳌拜等人随同康熙帝向孝庄皇太后奏请亲政事宜，鳌拜还假意要求谢政。孝庄皇太后客气地说："帝尚幼冲，如尔等俱谢政，天下事何能独理？缓一二年再奏。"

鳌拜的本意只是试探而已，并非真要归政，见孝庄皇太后一客气，他便乘机说道："主上躬亲万机，臣等仍行佐理事宜。"为自己继续拖延谢政时间、把持朝政找借口。

康熙六年（公元1667年）七月初七，康熙帝举行亲政大典。这一天，14岁的康熙帝身着龙袍，头戴皇冠，御太和殿，躬亲大政，诸王以下文武百官，上表行庆贺之礼，宣诏天下。从此，康熙帝开始执掌政权，成为真正的君主。康熙帝在亲政前后，任用他人密拟赦诏，表明辅政大臣的权势已经今不如昔，但在朝班位次上辅政大臣仍然排在亲王之上，继续掌握批理章疏大权。特别是鳌拜拥有一大批身居高官的私党，就连敬谨亲王兰布、安郡王岳东、镇国公哈尔萨等人，也先后设法谄附鳌拜。尤其在上三旗中，鳌拜已居绝对优势，不仅镶黄旗完全听他指挥，而且使得正黄旗也随声附和，苏克萨哈为首的正白旗则遭受到严重的打击和削弱。这样，鳌拜更加嚣张。当时宫廷宿卫的任务完全由上三旗承担，侍卫以鳌拜势大，对其十分惧怕，甚至盲目崇拜，竟有人进奏时吹捧他为圣人。鳌拜为了扩张自己的势力，竟然在录用官员之时降低要求，笼络人心。鳌拜的专权跋扈，得到了遏必隆的依附。这不仅使康熙帝难以实际亲政，而且也对整个爱新觉罗氏皇族受到了威胁。

对鳌拜一向鄙视的正白旗辅政大臣苏克萨哈，不甘心与之同流合污，但又见其势大，自己势单力薄，便产生退隐之念，在皇帝亲政之后第六天便上奏请求致仕，但同时，他又在自己的奏疏中隐约道出鳌拜把持政局蛮横无理，自己只好隐退。另外，他也试图以自己隐退的行动迫使鳌拜、遏必隆也相应辞取辅政之职，交出权力。但康熙帝对苏克萨哈的困境及其一片苦心一无所知，见他奏请要去守陵，颇为疑惑，便派米斯翰等人前往查问。

鳌拜本来对苏克萨哈以怀怨恨，时常找机会进行陷害，他便借此对苏克萨哈大做文章，矫旨指责苏克萨哈说："兹苏克萨哈奏请守陵，如线余生得以生全。不识有何逼迫之处，在此何以不得生，守陵何以得生？朕所不解。著议政王贝勒大臣会议具奏。"

当时，国史院大学士巴泰极力抵制鳌拜专权。鳌拜为了将苏克萨哈处死，在议政王大臣会议议论苏克萨哈之事以前，把可能持异议的大学士巴泰等人拒之门外，自己完全控制了议政王大臣会议。在议论苏克萨哈的所谓罪行时，鳌拜的私党班布尔善不问青红皂白，给苏克萨哈编造了不欲归政等24项罪状，要求把奸诈欺饰，存蓄异心的苏克萨哈，以大逆罪论处，与其长子内大臣查克旦均处以磔刑，其余六个儿子、一个孙子、两个侄子皆处斩立决。并将苏克萨哈的家产籍没，妻孥皆交付内务府。正白旗旗人前锋统领白尔赫图、侍卫额尔德也处斩立决。

鳌拜将议政王大臣会议议论的结果上奏康熙帝之后，康熙帝这才醒悟，知道鳌拜挟怨构罪，不答应鳌拜的奏请。鳌拜骄纵蛮横，竟然在康熙帝面前攘臂上前，累日强行奏请。最后，康熙帝只好将苏克萨哈的磔刑改为绞刑，其他均按鳌拜的奏请执行。

苏克萨哈一家大小冤死之后，四大辅臣之中仅剩下鳌拜和遏必隆两人，而遏必隆又是个老好人，遇事没有主见，处处依附鳌拜，这就使得鳌拜真正成为一个一人之下万人之上的权臣。

鳌拜矫旨杀死苏克萨哈之后，更加放纵。凡起坐班行，自动列于遏必隆之前，以首辅自居。对于朝中政事必先于私家议定，然后上奏施行。常常把启奏官员带往私门酌商，如果有人自行启奏，事先不同鳌拜商讨，他便嗔怒不已。在康熙帝面前，凡事不按常理进奏，多以过去的疏稿呈上，逼其依允。更过分的是，鳌拜常常当着康熙帝的面，呵叱大臣，拦截章奏。在康熙帝的眼里，鳌拜的作威作福的卑劣行径已经达到了令人无法容忍的地步。

在康熙六年（公元1667年）六月初一，内弘文院侍读熊赐履遵旨条奏四事给康熙帝。他在奏疏里说："我国家章程法度，其间有积重难返者，不闻略加整顿，而急功喜事之人，又从而意为更变，但知趋目前尺寸之利以便其私，而不知无穷之弊已潜倚暗伏于其中。请将国家制度详慎会议，勒成会典，颁示天下。"

鳌拜得知熊赐履的奏疏之后，大为恼怒道："是劾我也！"于是，他时时要求康熙帝以妄言治熊赐履的罪，并且请申禁言官，不许他们上书陈奏。

康熙拒绝道："他自陈国家大事，与尔何干？"但在当时，康熙帝仍希望鳌拜重新改过，克保功名，特意命鳌拜于二等公外加一等公，并以其子那摩佛袭二等公爵位。到了康熙七年（公元1668年），又加鳌拜太师，其子那摩佛为太子少师。康熙帝所希望的感恩悔罪的目的并没有达到预期的效果，鳌拜反而更加骄横，毫无悔过之意，甚至出现公然抗旨的事情。在朝贺新年时，鳌拜竟也身穿黄袍，仅帽结与康熙帝不同。

鳌拜的私党玛尔赛死后，部臣请求赐予谥号，康熙帝不允许，并降旨说："有何显功，不准行。"但鳌拜根本不把康熙帝的旨意当一回事，竟然擅自赐玛尔赛谥号。在鳌拜的怂恿下，其私党大学士班布尔善也敢怠慢康熙帝，奏事时，谕旨稍有不合意之处，便忿然而出。当时，参与议政的蒙古都统俄讷、喇哈达、宜理布等人不肯依附鳌拜，鳌拜便擅自裁止蒙古都统，不许他们再行议政。当喀尔喀蒙克毕什克图之子来归时，康熙帝准备封其为公，但鳌拜的私党班布尔善竟然以为过分，嘱令理番院，说以后蒙古不必照此例优封。

鳌拜及其私党的抗旨专断，使康熙帝彻底明白了他们结党乱政的丑恶面目，对鳌拜原有的一点幻想也破灭了，开始和鳌拜展开斗争。有一次，康熙帝听政之时，得知有一位大臣援引恩诏误赦一人，便问大学士李爵如何处理此事，李爵说："既已误赦，宜听之便。"康熙帝别有深意地说："宥人可听其误，若杀人亦可听其误乎？"暗里表明自己对鳌拜抗旨冤杀苏克萨哈等人的事情，他是不会就此甘休的。

年轻的康熙帝对鳌拜的警告和不满，使朝中的正直大臣感到了希望所在。

康熙七年（公元1668年）九月，已升迁为秘书院侍读学士的熊赐履又一次上奏说："朝政积习未祛，国计隐忧可虑。"并引用宋代理学家程颐"天上治乱系宰相"一语，提醒康熙帝要使朝政有序，必须除掉鳌拜。康熙帝认为时机尚不成熟，为了不让鳌拜发觉，便斥责熊赐履妄行冒奏，以沽虚名。鳌拜便乘机以妄行冒奏之罪，拟将熊赐履降二级调用。康熙帝实际上并没有怪罪熊赐履的意思，其目的是为掩盖鳌拜的耳目，虽然康熙帝处处声称要处罚熊赐履，却始终没有采取行动。实际上，康熙帝已在悄悄部署各项工作，准备铲除鳌拜这个权奸。

康熙帝特意精选了一些少年侍卫、拜唐阿（即执事人），平日里专为扑击之戏，并成立了善扑营。后来在召见鳌拜之时，趁其不备，令善扑营的侍卫拿下了鳌拜。

接着，康熙命议政王大臣等审讯鳌拜。大臣们审实后，宣布鳌拜30条罪状，应处以革职、立斩。当时鳌拜请求觐见康熙，让康熙看他为救康熙祖父皇太极而留下的伤疤。结果，累累伤痕和对上两代皇帝的功绩，终于使他保住了性命。康熙也确实是念及鳌拜资深处久，屡立战功，且无篡弑之迹，遂对他宽大处理，免死禁锢。其党羽或死或革。不久，鳌拜就在禁所死去。

第六编

看待书生之勇与武夫之智的学问

书生手无缚鸡之力，如果就此认为书生软弱可欺那就错了。在中国历史上，既有傲气、又有傲骨，紧要关头能顶得上、立得住的书生不乏其人。武夫的责任是冲锋陷阵，如果就此认为其头脑简单那就错了。在中国历史上，精通兵法、善于以智取胜的将领屡见不鲜。对照书生之勇与武夫之智，你会觉得既有意义又有意思。

1. 书生之勇胜三军

○ 关键时刻担当重任

有个著名而简单的公式是：才能+机遇=成功。积累才能，提高综合素质无疑是成功的基础。而具备才能的人，则还应该学会善于捕捉、把握乃至创造机遇，只会空叹怀才不遇是与成功无缘的。蔺相如就是这样一个善于把握机遇的人。

战国后期，群雄争霸，赵国脱颖而出，成为仅次于秦的强国。为了控制对方，秦赵之间勾心争斗之事不断。

公元前283年，赵惠文王得到一块宝玉，史称“和氏璧”，秦国又打上了这块宝玉的主意。

据《韩非子·和氏璧》记载说，从前有个楚国人，名叫卞和，在荆山（今湖北省南漳县西）得到了一块玉矿石，献给楚厉王，厉王命令玉工检验，玉工说是石头，楚厉王认为卞和欺骗他，对他处以酷刑，砍掉了他的左脚。楚厉王死后，楚武王继位，卞和又去献璧，武王令玉工鉴定，玉工又说是一块石头，武王又砍掉了他的右脚。武王死，楚文王继位，卞和不敢再献，手捧着玉矿石在“荆山”脚下痛哭了整整三天三夜，眼泪淌尽了，流出了鲜血。

赵惠文王听到这个消息，派人去询问他痛哭的缘故，“天下被砍掉脚的人很多啊！你为什么哭得这么悲伤呢？”卞和回答：“我不是因为被砍掉脚悲伤。我悲伤的是：明明是块珍奇的玉，却说它是石头；明明是忠实的人，偏说他是骗子。”赵惠文王闻言，命人将矿石拿到赵国，把玉矿石交给玉工雕琢，果然是一块玉璧，这块璧就称为“和氏璧”。

秦昭襄王得知赵惠文王得到宝玉后，想出一个歪点子，他差使者送信给赵王。信里说，秦国愿意用十五座城做代价，交换赵国的美玉。

赵王看过信，自己拿不定主意，把廉颇和另外许多大臣招来商量对策。如果把和氏璧送给秦国，恐怕秦国不会真用十五座城来交换，赵国就白白地受了欺骗；如果不送给秦国，当时的情况是赵弱秦强，又怕秦国出兵来攻打。

正在大家左右为难之际，宦官头目缪贤凑到文王跟前，细声细气地说："我家里有个门客，叫蔺相如，为人足智多谋，或许他能为大王解决这个难题。"赵惠文王不屑地说："你家里的一个小小食客，难道能比我的文武大臣更有智谋？"

缪贤说："奴才也不是平白无故信任他的，他曾帮奴才度过了一次大难关。"

"你说来听听。"

"有一次，我因为得罪了大王，不敢在本国待下去了，打算偷偷地逃到燕国去。这件事给蔺相如知道了，他就劝我不要去，还问我：'你是怎么认识燕王的？我告诉他说：'我曾经跟随着大王在赵国的边境上会见过燕王。当时燕王曾经私下握住我的手，表示愿意和我交个朋友。因此，我决定到燕国去投靠燕王。'蔺相如说：'当时赵国强大，燕国弱小，你又是赵王得宠的臣子，所以燕王才愿意和你交朋友。现在你是得罪了赵王逃到燕国去的，燕国本来就怕赵国，我看燕王绝不敢收留你，说不定还会把你捆绑起来送还赵国。到那个时候，你的性命就难保了。你不如脱掉衣服，赤身伏在斧子上面，到大王的面前请求处罚，这样才能得到大王的宽恕。'我听了他的话；照着做了，承大王的恩典，果然宽恕了我。"

赵惠文王说："照你说来，蔺相如是个很有智慧的人。那就叫过来让我见见吧。"

蔺相如出身于赵国一个平民家庭，自幼博学精明，做事果敢，但没有人引荐，求仕无门，见缪贤得宠，便寄居在他那里，做了门客，指望有朝一日得见赵王，受到重用。现在，机会终于来了。

见到赵惠文王，蔺相如说："秦国说要拿十五城换和氏璧，这个价码是不低的。如果赵国不答应，那么错在赵国。大王如果把和氏璧派人送去了秦不交出城来，那么错就在秦国了。我愿持璧前往，如果秦国交了城，我就把和氏璧留在秦国；如果其中有诈，也请大王放心，我一定要把和氏璧完好地带回赵国。"

赵惠文王虽然不是很放心，但也没有其他更好的办法，只得派蔺相如前往秦国。

肩负重任的蔺相如携带和氏璧来到秦国。

秦王在章台接见他。蔺相如双手捧宝璧，把它献给秦王。秦王接过璧，左看右看，非常高兴，又依次递给妃嫔、文武大臣和侍从们欣赏。大臣们一起欢呼“万岁”，向秦王表示庆贺。

蔺相如被冷落在堂下，等了多时，也不见秦王提起交割城池的事，知道秦王要想霸占这块和氏璧。便向前对秦王说：“璧上有点瑕疵，让我指给大王看看。”秦王就把璧还给蔺相如。蔺相如接过玉璧，后退几步，靠着宫中的大柱子，“怒发冲冠”，对秦王说：“大王想要得到这块璧，差人送信给赵王，赵王召集满朝文武大臣商量，大家都说：‘秦国贪得无厌，仗着它的强大，想用几句空话，来向赵国骗取和氏璧。’因而商议结果，不打算把璧送来。但我以为一般老百姓交朋友，还都讲信义，不至于互相欺骗，何况堂堂大国的国王呢？而且为了一块璧和强大的秦国伤了和气，那也不好。赵王听了我的话，这才斋戒了5天，在朝廷上亲自把国书交给我，差我把璧送来。这是赵王尊重大王。现在我到了秦国，大王礼节简单，态度又很傲慢，得璧，传给美人，来戏弄我。我看大王无意偿赵王城邑，故臣复取璧。如果大王一定要胁迫我，我情愿把自己的头颅和璧一起在柱子上撞个粉碎。”说着，做出撞柱的样子。

秦王怕摔破和氏璧，连忙表示歉意，叫蔺相如不要误会。然后叫来主管国家版图的官吏，打开地图，把准备换给赵国的十五座城指给蔺相如看。

相如假作有意似的看了看，说：“和氏璧，是天下传颂的宝物，赵王送璧时，斋戒了5天，现在大王接璧应该斋戒5天，举行个隆重的仪式，我才献璧。”秦王考虑这东西终不能强夺，就答应了。然后把相如安置在客栈。

到了客栈，相如就派一个随员，穿着粗布短衣，怀揣璧玉，从小路逃走，把和氏璧送归赵国。

过了5天，秦王在朝廷举行隆重的仪式，想接受宝物。蔺相如对秦王说：“秦国自穆公以来，前后二十几位君主，从没有讲过信义，我也怕受你的欺骗，所以派人把璧送回赵国去了。秦国是强国，赵国是弱国，只要秦王有真意用十五座城池来换和氏璧，就派一个使臣去赵国，赵王不会不答应的。我知道欺骗大王之罪应被诛杀，我情愿下油锅被烹。”

秦王闻言大怒，下令当堂支起大锅，欲将蔺相如烹杀。秦国谋臣上谏道：“现在把蔺相如杀掉，结果璧仍旧得不到，反而损害了秦国和赵国的友谊，倒不如趁这个机会好好招待他，让他回赵国去，以显大王的仁厚。”于是，款待蔺相如，送其回国。

蔺相如回国后，赵王认为他是一位称职的大夫，身为使臣不受诸侯的欺辱，于是封他为上大夫。最后，秦国没有出让城邑给赵国，赵国也始终不给秦国和氏璧。

○ 大臣有勇气，弱国才有尊严

自古弱国无外交。面对强大的秦国，似乎赵国面临的只有屈辱。

但蔺相如却以大无畏的精神，在秦国的土地上又一次赢得了一场外交的胜利。

秦国多次攻打赵国，遭到顽强的抵抗，秦军一时无法进展。

公元前281年，从长远战略考虑，秦昭襄王认为双方相持不下，倒不如先和赵国讲和，腾出力量去攻打楚国。便派使臣到赵国约会赵惠文王在西河外的渑池约会见面，互相修好。赵王害怕强大的秦国，想推辞不去。大将军廉颇和已经升为上大夫的蔺相如向赵王说："秦王来约大王会谈，如果大王不去，那就是表示我们赵国没有力量，显得太胆小了，还是去好。"

见赵王还是犹豫不决，蔺相如便说："臣愿与大王一同前往，保证您安然无恙。"蔺相如当年智勇双全，完璧归赵，在赵王心里留下了深刻的印象，经他这么一劝，也就勉强同意了。临行前，蔺相如又与廉颇商议了行动步骤，廉颇留在国内同辅助太子守国。为了防备意外，让大将李牧带兵5000护送，相国平原君调集数万精兵，在边境接应。一切都准备好了之后，赵王和蔺相如在指定的日期到达渑池。

渑池相见后，秦王有意污辱赵惠文王，他在酒席宴上，对赵王说："我听说你喜欢弹瑟，我这里有瑟，请你弹一支曲子给我听听！"赵王也不便推辞，只好弹了一曲。秦王立即叫身边的御史把这件事情写在简上。秦王命令赵王弹瑟，这在外交礼节上，是对赵国的莫大污辱，传扬出去，赵王将无颜面对诸侯。

在一旁的蔺相如自然不会袖手旁观，他急中生智，上前对秦王说："赵王听说秦王擅长奏秦国的乐器，我献上一个贫缶，请你敲敲贫缶给大家快活快活。"秦王听了立即变了色，"你怎敢提出这个要求？"蔺相如端起贫缶走过去，把它献给秦王："现在我离开大王只有五步，如果大王不答应我的要求，我将与大王拼个你死我活。"

秦昭襄王见蔺相如要拼命，很怕出现什么意外，就接过缶，拿起一根小棒，胡乱地敲了几下。

蔺相如回过头来，招呼赵国的史官，让他写上："某年某月某日，赵王和秦王在渑池相会，秦王给赵王击缶。"

秦国的大臣们说："请用赵国十五座城邑给秦王献寿礼。"蔺相如也说："请秦国献上咸阳城，表达对赵王的敬意。”直到酒宴散席，秦王也没有占上风。加上赵国在边境部署了大批军队来防备秦国，因而秦国不敢轻举妄动。

蔺相如不畏强秦，在关键时刻表现得大智大勇，维护了国家的尊严，立了大功。渑池之会结束后被封为上卿，即宰相。

○ 以开阔的心胸维系将相和的局面

俗话说“功高莫过于救主”。渑池之会的功劳使蔺相如被封上卿。由于出身低微，从政时间又短自然遭到同僚的忌妒，廉颇就是代表。一般人遇此可能针锋相对，组织亲近自己的大臣与对方相争。但蔺相如却采取规避的方法，不计小利。这样做，首先，维护了赵国内部的团结，使秦国没有可乘之机；其次，证明了自己的人品，不是追名逐利之徒；最后终于感动了廉颇负荆请罪，使赵国内部获得空前团结。

渑池之会结束后，由于相如功劳大，被封为上卿，官位比廉颇还高。廉颇说：“我身为赵国的将军，有攻城野战、扩保疆土的大功勋，而蔺相如呢，只不过动动口舌，立了点功，竟然位高于我，而且相如本来出身微贱，太使我难堪了，叫我如何忍受坐在他的下首呢！”因此，扬言道：“我遇见相如，一定要羞辱他。”相如听到这话后，就不肯和廉颇会面了。每当上朝时，常推说有病，不愿和廉颇去争位次的先后。没过多久，相如外出，远远地望见廉颇，相如就掉转车子回避。于是相如的门客就一起讲道：“我们之所以离亲别故地追随在您左右，就是仰慕您出众的节义啊。如今您和廉颇官位相同，廉老先生口出恶言，您竟吓得这样躲躲藏藏的不敢露面，未免过分的胆小了，平庸的人对此尚且感到羞耻，何况位居将相的人呢！我们没有这等涵养，请让我们辞去吧！”蔺相如再三挽留，说：“依诸位看，廉将军比秦王还厉害吗？”众人异口同声地答道：“当然没有秦王厉害。”“秦王如此权威，我尚且敢在大庭广众之下呵责他，羞辱他的群臣。我蔺相如再不中用，难道就怕廉将军吗？但是我想强秦之所以不敢进攻赵国，就是因为有我两人在呀。如今如果我们两个人斗意气，就会如两虎相争斗一样，哪有两全之理。我之所以避着他，无非是重视国家的危难，轻视个人恩怨。”廉颇听说后，就袒露着上身，背捆荆条，由宾客引着，来蔺相如门前请罪。他说：“我是个粗鲁浅薄的人，想不到将军为人如此宽厚。”二人终于结为知交，成为生死与共的朋友。而“将相和”的故事也从此传为千古佳话。

2. 青年将军屡建奇功

○ 勇击匈奴，屡建奇功

汉武帝时期的名将卫青，是一位从马夫成长起来的，善于打仗的杰出将领。

卫青征讨匈奴的一系列战斗所取得的辉煌战果，显示出了他杰出的军事天才和吃苦耐劳、勇敢无畏的品质；应该说，在开始时汉军并不占优势的情况下，之所以能取得这一系列胜利，与卫青的个人品质和本领以及他的正确决策是密不可分的。卫青的鞍马劳顿，为汉室江山的稳定立下了汗马功劳。由于卫青的胜利，汉朝重新控制了河南、河西等地，并在河南地设立朔方郡，使首都长安有了一定的保障。尤其是经过漠北一战，匈奴实力大伤，从此之后，“匈奴远遁，漠南无王庭”，使汉朝解除了被匈奴持续了近一个世纪的威胁状况。

在汉朝初年，不但朝廷统治者深深地受到匈奴贵族的凌辱，而且北部边陲的人民也受到惨重的损失。汉朝虽然一直在商量筹划抗击匈奴的策略，但是形势还不能一下子扭转过来。

汉武帝当政的时候，形势已经发生了根本的变化。西汉经过几十年的苦心经营，出现了一个“天下殷富，财力有余，士马强盛”的繁荣局面。同姓诸侯王的势力基本上被打垮了，中央集权和国家的统一也得到了空前的加强。西汉王朝已经积聚了雄厚的经济、政治、军事实力，改变被动防御的局面，积极反击匈奴的客观条件已经成熟。

汉武帝是个有作为的封建帝王。他认为只有实行武力反击，才能安定天下，巩固自己的统治地位。他即位初年，在表面上虽然继续同匈奴和亲，照样纳送财物，开关互市，内里却加紧准备进行反击。

正当西汉积极备战的时候，匈奴不断攻掠代郡（治所在今河北蔚县东北）、雁门一带，杀掠人民，抢劫财物。

武帝元光二年（公元前133年）夏，西汉派出多兵种的30万大军，由护国将军韩安国为总指挥，分两路设伏，诱歼匈奴。李广、公孙贺率主力隐蔽在马邑（在今山西朔县）附近的山谷中，只等单于兵到，立即发起突然袭击；王恢、李息另率3万人马，急出代郡，插入匈奴后方，断其退路。匈奴军臣单于带领10万人马，直奔马邑。在距马邑百里左右的地方，他识破了汉朝的计谋，立即掉头撤兵。李广、公孙贺行动迟缓，失去战机；王恢、李息闻知单于兵多势众，也没收按原计划截击。“马邑之计”失败以后，西汉同匈奴公开决裂，和亲政策从此告终，双方进入了长期的交战状态。

汉武帝从马邑事件中看到，原有的一些将领老成持重有余，主动进取不足，很难适应战争的需要。他认为，“有非常之功，必待非常之人”，要想取得胜利，必须提拔后起之秀。他一面处死了畏缩不前的王恢，一面开始物色能够担当重任的合适人才。他首先便想到了卫青。在校猎场上，车前马后，卫青的才干，给他留下了深刻的印象。卫青不但是个智勇兼备、堪托重任的将才，而且又是皇亲国戚，忠诚可靠。

武帝元光六年（公元前129年），汉武帝拜卫青为车骑将军。同年，西汉兵分四处路，分头北上。李广由雁门发兵，公孙敖从代郡开拔，公孙贺从云中（在今内蒙古托克托县）出师。第一次领兵出征的卫青，也独当一面，从上谷（在今河北怀来县）出师。四路将领各领1万人马。四将之中，只有卫青是个初出茅庐的新手，其他三人都是久经战阵的老将。这次战争的结果，却出乎人们的意料：李广被俘后死里逃生，公孙敖损失了三分之二人马，公孙贺也是无功而回。唯有首次出征的年轻将领卫青，率部卒万人，打出长城，深入匈奴，直驱龙城（匈奴单于祭天和聚会首领的地方），斩杀700多人，一军独胜，奏凯还朝。

卫青旗开得胜，使汉武帝极为高兴，立即封他为关内侯，嘉奖这位年轻有为的将领。

这次战争以后，匈奴的实力并未削弱。这年冬天，匈奴骑兵又猛攻上谷、渔阳（在今北京密云县西南）一带。第二年，正当秋高马肥时，匈奴骑兵再度大举南下。先是攻破辽西（治所在今辽宁义县西），杀死了辽西太守。紧接着又从辽西打到渔阳，驻守渔阳的汉将韩安国，被杀得大败。匈奴骑兵乘胜西进，势如破竹，锐不可当，很快便突进了雁门。西汉整个北部边郡形势紧张，京师长安震恐，各地告急文书雪片般飞奏朝廷。

在这危难之际，卫青再次受命出征，迎战匈奴。与此同时，汉武帝还指令李息从代郡出兵，攻扰匈奴后路，同卫青一路遥相策应。卫青仔细分析了军情。他认为，匈奴虽奔袭千里，斩将夺城，但是士卒疲惫，汉军则是蓄精养锐，士气高昂。因此，利在速战。他得到出战的命令以后，马上率领3万精骑，挥师北上，风驰电掣般赶到前线。卫青一马当先，冲杀在前。校尉士卒见主将亲冒矢石，也勇气倍增，无不人人争先，拼死冲杀，两军展开了一场惊天动地的激战。匈奴被汉军打得七零八落，丢下数千具尸体，狼狈逃窜。

卫青两次出击的成功，显示出他具有杰出的军事才能，使他在朝廷中的地位日益显贵，超过了当时一些德高望重的宿将。这些胜利也增强了汉朝抗击匈奴的信心和决心。不久，汉武帝便有计划地先后发起了河南、河西、漠北三大战役。

河南战役是西汉有史以来发起的第一次战略性进攻。卫青统辖两个校尉，率领4万铁骑，采取了“迂回侧击”的突击战术，越过云中以后，立即折向西北，绕道匈奴后方，迅速拿下了河南通往北地的隘口高阙（在今内蒙古杭锦后旗），一举切断了驻守河南的匈奴白羊王、楼烦王同单于王庭（约在今呼和浩特市一带）的联系，使他们陷于孤立无援的困境。紧接着，卫青率领自己的骑兵，人不下鞍，马不停蹄地沿着黄河飞兵南下，行军数千里，一路挫敌，到达陇西（在今甘肃临洮），对匈奴的白羊王、楼烦王形成了包围的态势。白羊王、楼烦王见全线崩溃，自身又陷于被围困的境地，为避免全军覆灭，急忙率部西渡黄河，从鸡鹿塞仓惶逃走。

卫青率一支劲旅，孤军深入，转战数千里，一战肃清了河南地的匈奴势力，取得了重大胜利。这一仗，匈奴被杀2300多人，被俘数千人，损失牛羊100多万头，卫青凯旋而归。为了表彰卫青的战功，汉武帝晋封卫青为长平侯，食邑3800户。随同出征的校尉苏建被封为平陵侯，张次公为岸头侯。

匈奴并不甘心失掉肥沃富饶的河南地。武帝元朔三年（公元前126年）夏，匈奴数万骑兵攻入代郡，代郡太守以身殉职。秋天，匈奴骑兵又攻进雁门。第二年，匈奴骑兵分为三路，大举南下。一路攻代郡，一路侵定襄，一路犯上郡。各路都是3万人马。在此期间，匈奴右贤王也多次攻进河南地，袭击朔方城。总计匈奴在这两年内动员的兵力在20万左右，杀掠人民1万多，其侵扰地区的广大及次数的频繁，均是前所未有的。

为了确保朔方郡的安全，武帝元朔五年（公元前124年）春，卫青奉命节制四员将领，统帅10万人马，第四次出征。卫青亲率3万兵马，由高阙出兵，公孙贺、苏建、李沮、李蔡四将军率部从朔方城一齐北上，对右贤王实行两路围剿。此外，李息、张次公也率兵从东北方的右北平（在今辽宁凌源西南）出塞，牵制单于主力对右贤王的增援，同卫青等人的主力部队遥相策应。

当时，右贤王的驻地设在离朔方城、高阙很远的地方。右贤王虽然得报汉军出塞，认为大漠荒凉，路途遥远，汉军不可能深入。夜间，他照常稳坐在毡帐中，一边欣赏歌舞，一边饮酒消遣，喝得酩酊大醉。

卫青摸准了右贤王傲慢轻敌、麻痹大意的弱点，采取了“出其不意，攻其不备”的奇袭战术。他带领部队，人衔枚，马摘铃，一口气急行军六七百里，深夜包围了右贤王。汉兵犹如从天而降，右贤王从睡梦中惊醒，眼前火光烛天，四周杀声震野，匈奴兵将毫无戒备，措手不及。战斗进展极为神速，包围圈越缩越小。右贤王只好抛下将校士卒，在数百名亲兵的簇拥下，向北落荒而逃。卫青当即命令轻骑部队飞马追击。

这次袭击，俘虏匈奴裨王10多人，活捉士兵15000多人，夺得牲畜数10万头。汉武帝得报卫青大获全胜，立即派出使者，带着印绶，赶到边塞，拜卫青为大将军。

河南战役是汉匈战争的一个转折点。此前，匈奴占优势，处于主动地位。此后，匈奴由优势转为劣势，从主动变成被动。相反，西汉则由当初的诱歼、迎战、出击，转变为积极主动的深入穷追。

○ 居功不傲，谦恭无虞

卫青出身十分卑贱，母亲为奴仆，同时自己又是私生子，没有任何地位和名份，因此在他整个少年时期，都处于被欺凌与被侮辱的境况之中。这种经历对他的人生肯定有深远的影响。此时之“卑”，是被迫，也是自觉，这使得他既能忍辱负重，又能刚毅奋发。他因此而养成的有胆有识、吃苦耐劳等优良品质，无疑对他后来的建功立业起到了重大作用。及至立下不朽功勋，位高权重之时，自身的成长经历和人生经验，以及历史上的前车之鉴，又使他把功名权势当成了与己有关又无关的身外之物。

卫青能够在二十几年的时间内，由一个奴仆当上了大司马大将军，固然同他的国舅身份有关，但更主要的还是凭借了他个人的人品、才干和功业。

而在功成名就、位高权重之后，卫青既没有擅权乱政、胡作非为，也没有被谗被毁、身家难保，这在很大程度上与他的个人品质和为官做人智慧有关。其实早在他的征战之中，卫青就表现出了非同一般的韬晦之谋。

卫青不但自身当敌勇敢，身先士卒，冲锋在前，而且号令严明，赏罚公平，治军有方。在公元前124年，卫青出高阙击匈奴有功，汉武帝格外施恩，封其三子为侯。卫青坚辞不受，并说："我待罪军中，全靠皇上神灵，战争取得了胜利，这都是诸将校的功劳。"由于卫青的奏请，随同他出征的十一名将校，才得以封侯赐爵。这里面既有他的姐夫公孙贺、挚友公孙敖，也有李蔡（李广的叔伯兄弟）、李沮、李息、李朔、赵不虞、韩说、豆如意、权孙戎奴等一般僚属。

田仁是卫青的一个侍从，很有胆识，多次跟随卫青从征，立有军功。对于这样一个奴仆，卫青也是有功必赏。他上报朝廷，汉武帝便任命田仁为郎中。

卫青不但不掩他人之功，而且为将清廉不贪。有时候，皇太后赏赐给他的金钱，他也量才均分给部下将吏。

卫青虽然功高一世，位极人臣，却始终忠于朝廷，恪守军人的本分。史称他"以和柔自媚于上"。当然，卫青的自处卑顺，不敢专权，一切以皇帝的意志为转移，是有其历史原因的。比如在汉初，一些裂土受封的侯王，功高震主的将领，大多数招贤养士，培植个人势力，结果都没有好下场。这些人都是卫青的前车之鉴。因此，当苏建劝他效法古时名将，结交宾客，招徕士人，以扩大自己的声望和势力时，卫青马上说："亲待士大夫，选举贤人，罢黜不肖，这些都是皇上的权柄，做臣下的只要奉法遵职就行了，为什么要参与养士呢！"

卫青之所以如此行事，还因为他也有过教训。当年，主父偃初到长安时，曾投在卫青的门下。卫青多次向汉武帝荐举主父偃，皇上根本不予理睬。后来，还是主父偃毛遂自荐，早上投书，傍晚即被召见。主父偃建议汉武帝把豪强富户迁到茂陵，以便朝廷集中控制时，卫青为关东人侠郭解讲情，说郭解家贫，不应在迁徙之列。汉武帝却不软不硬地反驳说："郭解这个贫民，居然有力量让大将军为他求情，这说明他家并不贫家。"郭解终究还是被迁到了茂陵。这使得卫青不能不对自己的政治之途倍加谨慎。

卫青不但在政治上忠于朝廷，就是在一些生活私事上，也完全听命于汉武帝，尽量顺应皇帝的心意。

卫青被拜为大将军以后，平阳公主的丈夫曹寿得了恶疾，回到自己的封国。平阳公主只好独居。她同身边的人商量：长安中的列侯，谁可以做她的丈夫。左右的人都说大将军卫青最合适。公主笑着说："他当年是我的骑奴，常常侍候我出出进进的，你们为什么偏偏说他合适呢？"众人赶忙解释说："公主，话可不能这么说。现在大将军的姐姐是皇后，他的三个儿子又都封了侯，富贵甲于天下，您不能再小看他了。"于是，公主同意了，并通过卫皇后示意皇上，汉武帝亲自发话，卫青便由当年的骑奴变成了主人的丈夫。

公元前123年，卫青出兵归来，汉武帝赏赐给他千金。出得宫门，一个素不相识的人，拦住他的车驾，说是有事禀告。卫青便停下车来，这个人走到车旁，对卫青说："现在王夫人正得皇上宠爱，但她的母家很贫穷。如果您能拿出赏赐的一半，送给王夫人的母家，皇上一定会高兴的。"卫青欣然同意了，派人把五百金送到王夫人母家。汉武帝得知后，极为欢心。

卫青虽然声势赫赫，权倾朝野，为人却谦恭退让，礼贤下士。史书上记功，"青仁，喜士退让"。这使得他在仕途上终身无虞，死后得以陪葬在茂陵之旁。

3. 不肯低头事权贵

○ 不避权贵，秉公执法

董宣是东汉光武帝时期以有骨、敢碰硬而闻名的官员。

董宣身为封建社会一官吏，却能坚持做到秉公执法时时将法堂置于至高地位，难能可贵；作为一官职卑微的洛阳县令，而敢于和皇亲国戚对簿于朝堂之上，这精神尤为后人敬佩。无论是清平盛世，还是乱世，人民都希望有公正廉明的执法者出现，有了像董宣这样的执法者，人民才有安宁和舒坦的生活。也因此，董宣才受到历代人民的赞扬。

汉朝承接战国及秦末动乱不安的时代，影响所及，民多豪滑。那些用大吞小的，跨越邦邑，矫健桀骜的就在乡里称王称霸，州郡守宰辖地辽阔，户口又多。所以做官的得以独断专行，族灭奸宄、先斩后奏。逞其刚烈之气，成其不屈之威。

公孙丹新建住宅，占卜的认为一定会有人死去。于是，公孙丹让儿子杀了过路的行人，把尸体放在屋里，来抵挡他的灾祸。董宣知道了，便把公孙丹子逮捕杀掉。公孙丹宗族和亲信30多人，拿着兵器到董宣官府，喊冤叫屈，董宣认为公孙丹以前曾经投靠过王莽，担心他们跟海贼串通，就全部逮捕起来，囚在县监狱里，派门下书佐水丘岑把他们统统杀死。青州刺史认为他杀得太多，向皇帝上书告发董宣，考查他的罪状，董宣获罪征召到廷尉。董宣在监狱里，早晚讽诵诗文，无忧色。到出狱受刑的时候，官属做了饭菜送他。董宣厉色说："我董宣生平没有吃过别人的东西，何况在死的时候呢？"上车而去。当时一起受刑的九人，第二个就是董宣。光武帝急忙派侍从骑士赶去，只赦免了董宣的死刑，并且命令他回到监狱去。派使者审问董宣多杀无辜的情况，董宣用全部事实回答使者，并说水丘岑是按他的旨意办事，罪不在他。愿意杀掉自己，而使水丘岑活下来。使者把这些情况告诉了光武皇帝，光武皇帝下诏将董宣降为怀县县长，令青州刺史不再查究水丘岑的罪行。水丘岑的官升到司隶校尉。

江夏郡有巨贼夏喜等侵扰郡境。朝廷任命董宣为江夏太守。董宣到了江夏郡边界，发布文书说："朝廷认为本太守能够捉拿奸贼，故接受了这个任务。现在在江夏郡界统率兵马，檄文到达之日，希望你们考虑自己的下场。"夏喜等听了，心里害怕，立即投降解散。外戚阴氏是江夏郡都尉，董宣轻视侮谩他，因此被免职。

后，朝廷特征召董宣为洛阳县长。当时湖阳公主的奴仆白天行凶杀人，因为躲在公主家里，官吏不能去抓他。等到湖阳公主外出时，却用这个杀人的奴仆作陪乘。董宣在厦门亭等候湖阳公主，截住公主的车，拦住公主的马，用刀划地为界，令其行车。大声列举公主的过错，呵叱那个奴仆下车，于是格杀了他。湖阳公主立即还宫告诉了光武皇帝，光武皇帝大怒，召见董宣，想杖死他。董宣叩头说："我请求说一句话再死。"光武皇帝说："想说什么？"董宣说："陛下圣德中兴汉朝，却放纵奴仆杀害良民，将怎样治理天下呢？我不用杖打，请让我自杀吧"。就用头碰撞柱子，血流满面。皇帝命令小黄门扶持着他，让董宣向公主叩头谢罪，董宣不服从，小黄门强迫他叩头，董宣两手据地，始终不肯低头。公主说："文叔当百姓时，隐藏逃犯和犯了死罪的人，官吏也不敢上门捉拿。现在做了天子，你的权威却不能加于一个县长吗？"光武帝笑着说："天子不能同老百姓一样。"便命令这个硬脖子县长出去。赐给董宣30万钱，董宣全给了手下的官吏们。从此，董宣打击豪强，没有不震惊发抖的，京师称他为“卧虎”，唱歌表扬他说：“董宣衙前无冤鼓。”

董宣任洛阳县长5年，74岁死在任上，皇帝下诏派使者到他家里看视，只见用布被盖了尸体，妻子儿女对着哭泣。家中有几斛大麦，一辆破车。光武帝悲伤地说：“董宣做官廉洁，死了才知道啊！”因为董宣曾做过2000石的郡太守，赐给他银印禄绶，用大夫礼安葬他。封他的儿子董并为郎中，后来董并官至齐郡国的相国。

4. 出将入相的吴国柱石

○ 擒杀名将关羽

三国时期，出生于江东世家大族的陆逊，21岁时便被吸收到孙权幕府中任职，后历任东西曹令史、海昌顿田都尉。不久，山越之乱爆发，陆逊奉命领军前往讨伐，所到之处，皆被降服。陆逊初经驱使，便显示出其过人的才干，孙权对他的卓越干才十分赞赏，又晋升他为定威校尉，令其率军驻扎利浦。

赤壁之战以后，三国鼎立的局面形成。在赤壁之战中，吴、蜀两国虽曾一度联合抗曹，但后因荆州之故，时起纷争。吴据长江之险，易守难攻；蜀有山隘之阻，一时难图。因而双方都奈何对方不得，只得在惺惺相惜、矛盾交错中维持并不牢固的联盟关系。公元214年，刘备占领益州，吴蜀联盟曾一度破裂。卧榻之侧，岂容他人酣睡！次年，孙权派吕蒙带兵袭取了荆州的长沙、零陵、桂阳三郡。不久，刘备和孙权又达成了协议，以湘水为界，平分荆州：长沙、江夏和桂阳属孙权，南郡、零陵和武陵归刘备。建安二十二年（公元217年），鲁肃死，接任的吕蒙便千方百计想夺取荆州，无奈关羽防范极严，一时不得下手。

建安二十四年（公元219年），刘备夺取汉中，关羽受命率军出击襄樊，北图宛、洛。关羽兵马一动，吕蒙认为时机已到，扬言病重，赶回建业，会见孙权，密商对策。陆逊追到建业，力劝吕蒙利用关羽骄傲、全力北进的机会，出其不意，袭取荆州。吕蒙再见吴侯时，力荐陆逊接替其职，驻守陆口。于是，陆逊被孙权任命为帐下右都督，替代吕蒙。陆逊一到陆口，便致书关羽，信中写道："以前敬仰您观察对方形势而行动，依据法则指挥大军，轻轻的举动即大获全胜，何等崇高的威风！敌国吃了败仗，我们的同盟有利，听到您胜利的喜讯而击节叫好，想您由此而完成席卷天下的功业，共辅朝廷同振纲纪。最近我这愚笨之人，受命西来此地，非常仰慕您的风采，颇想受到您的有益教诲。"又说："于禁等人为您俘获，远近都对您钦佩赞叹，认为将军您的功勋永世长存，即使是当年晋文公出师濮城，淮阴侯谋取赵国，也未能超过将军的功绩。听说徐晃等以少数骑兵驻扎，窥测您的动向。曹操这个狡猾的敌人，因失败而仇恨不会想到危难，恐怕会暗中增添兵马，以求达到他的野心。虽说他的军队出战过久，但还有一些骁悍之将卒。况且人们在打了胜仗之后，常常会产生轻敌思想，古人根据兵法，军队获胜后倍加警惕，希望将军多方采取措施，以保住自己的全胜。我书生意气粗疏迟钝，颇为惭愧自己力不胜任这职位，十分高兴与将军为邻，钦佩您的威望德行，乐意向您倾诉心中所想，所说的虽不能合乎您的策略，但仍然可以看出我的心情，倘若承蒙您的关注，您会明察其意的。"关羽看过陆逊的信，内容含有谦虚依附的意思，心中十分高兴安定，再加上陆逊年少名簿，名不见经传，关羽更感到无后顾之忧，遂掉以轻心，将荆州大半兵力北调樊城。至此，陆逊见调虎离山计告成，于是联合吕蒙部将偷袭了关羽的根据地江陵。关羽仓皇收兵回救，败走麦城。荆州从此全部归入孙吴版图。蜀国痛失一名大将和荆州，实力大为削弱。

○ 大败刘备的夷陵之战

面对刘备大军压境，东吴政权危在旦夕。陆逊临危受命，担当大都督一职。他针对蜀军连战皆胜，气势如虹的现状，择险驻守，避开与蜀军的决战。这无疑是十分正确的战术安排。

东吴夺取了荆州，使刘备怒火中烧。结义兄弟关羽的惨死，又使得刘备丧失了冷静的判断力。不顾诸葛亮，赵云等人的劝阻，执意要讨伐东吴。不久，张飞因鞭笞士卒，被范疆、张达杀死，后二人投奔东吴。一时间，东吴与蜀汉由盟友转为仇敌。

黄武元年（公元221年）七月，刘备提兵40万东下，先发制人，深入吴境数百里。强敌压境，吴国面临兵燹之灾，求和不成，朝廷上下一筹莫展。陆逊再次被推到了政治和军事漩涡中心。孙权任命陆逊为大都督，授假节权衔，率领朱然、潘璋、宋谦、韩当、徐盛、鲜于丹、孙桓等将5万人前往抵御。临出发前，吴王孙权给陆逊大权："阃之内，孤主之；阃之外，将军制之。"

蜀主刘备从巫峡、建军布阵至夷陵辖界，设置几十处兵营，连绵相接，又令马良用重金、封官赏赐等办法到五陵郡（今湖南学德西）发动五溪蛮等少数民族豪酋参战。零陵一带少数民族不堪东吴西陵峡口，命令孙桓领少数民族兵力屯驻夷道，切断零、桂一带少数民族和蜀军的联系，阴遏刘备东下。这一布置颇为得当，使参与蜀方的少数民族兵力大减，刘备先声夺人的声势被阻遏。次年二月，刘备进至夷陵，命大将吴班等百般挑战。陆逊坚守不出，亦不为部下求战的呼声所动，以逸待劳，避开蜀军锋芒，力避与蜀军交战。刘备计穷，亲自指挥主力改攻夷道，屯兵猇亭。夷道被封，孙桓求援。陆逊不理睬，置若罔闻，因为夷道不过是为牵制刘备防其东下而设置的一条次要防线。

此时，双方已相持七八月之久。夷陵过不去，夷道久攻不下。刘备气势衰竭，只得在巫峡至夷陵700里间扎营50座，兵力由此分散。再加上蜀军久屯坚城之下，师老兵疲，士气日渐低沉。这时，陆逊认为反击良机已到，便令吴将率兵先攻蜀军营，刺探虚实，继而根据风向和地势大胆采取火攻，连破刘备40余营。刘备大败，退回白帝，不久羞愤而死。吴军大胜，部将纷纷要求追击直捣白帝城，生擒刘备，挥师进西川。孙权欣闻前方捷报，也颇有跃跃欲试之念。陆逊考虑到曹魏不会坐视，于是见好就收，毅然回师。果然，不出陆逊所料，在陆逊回师之际，曹丕三路大军已扑向江陵。陆逊率军赶回才化险为夷。夷陵之战，陆逊功不可没，被孙权封为国将军、江陵侯，领荆州收。此后，蜀汉被封于夔门之内，吴蜀的疆界大体上固定下来。

○ 沉着应对，斗智襄阳

黄武七年（公元228年），孙权命令鄱阳太守周鲂诳骗魏大司马曹休，曹休果然中计，率军入皖。孙权召见陆逊，授予黄钺，封为大都督，令他率军抗击曹休。曹休觉察中计，恼羞大怒。陆逊于是亲率中军，命朱桓、全琮为左、右翼，三路并进，大败10万曹师，毙俘曹兵万余人，缴获牛、马、骡、驴车上万辆。曹休败还，不久因背上长毒疮死去。陆逊回师经过武昌，孙权命令左右用帝王专用的伞盖为陆逊遮覆出入殿门，并将自己用的其他珍品赐陆逊。这种殊荣，在当时是无人可比的。

黄龙元年（公元229年），孙权称帝，都建业（今南京）。这一年，陆逊被任命为上大将军、右都护。

陆逊不仅有力拔山兮气盖世的楚霸王之勇，更有神机妙算的孔明之智。嘉禾五年（公元236年），孙权北征，派陆逊同诸葛谨率军攻打襄阳。陆逊派遣亲信韩扁向孙权送交报告，韩扁在沔中遭遇敌人被擒获。诸葛谨正待要赶往襄阳，得知此事后十分担心，立即给陆逊写信说："圣上已返回，敌人捉去韩扁，清楚了我们的底细。而且江水干涸，应当迅速撤走。"陆逊没有答复，而是像平常一样催促部下种植芜菁和豆类，与将军们下棋、猜谜、做游戏。诸葛瑾不解，心想："陆逊多才善谋，这其中必有道理。"为了摸清陆逊葫芦里装的是何种锦囊妙计，诸葛瑾亲往襄阳吴军中会见陆逊。陆逊解释道："为避免我方兵将心神不安，我应当以自己的镇定稳住将士的情绪。现在显示撤退的迹象，敌人当然会认为我们恐惧，一来进逼，我们就必败。"诸葛瑾听后恍然大悟，对陆逊更是言听计从。两人商定：诸葛瑾引出船队，陆逊舒缓地整顿队伍，有意识地摆出一派威不可侵的气势，向船队走去。敌人不明就里，更不敢轻举妄动。这样，陆逊的军队一路顺畅地到了白围，并故意放出风声说是驻军行猎，暗中却派遣将军周峻、张梁等袭击江夏郡的新常、安陆、石阳。吴军抵达石阳城时，正好碰上赶集的日子，石阳城中军民毫无防备。吴军迅速攻占石阳城，战后清点，斩杀、生俘总计1000余人。

陆逊一生经历大小战役无数，全凭有勇有谋克敌制胜。

5. 明朝开国第一大将的用兵谋略

○ 展招江南，巩固根基

徐达是明王朝开国的第一大将。

放牛娃出身的徐达似乎是个天生的军事家。为了巩固江南根据地，徐达从实际出发设立军事警戒，防止同为红巾军的张士诚，陈友谅等部的偷袭。首先，建立好军事防线可以确保根据地的安全，使根据地的经济发展得到保障；其次，让妄想袭击的红巾军因徐达早有准备而有所顾虑；最后，即便发生战事，已有的防线也可更好的抵御对方攻击。

坚持稳妥的方针，确保万无一失是成就功业的必备素质。

元顺帝至正十五年（公元1355年）三月，身为郭子兴女婿的朱元璋因郭子兴病故而执掌军权。

为了谋求更大的发展空间，朱元璋令徐达率军渡江，攻占集庆。将集庆路易名为应天府，打算以此为老巢，与盘踞大都（今北京）的元朝政府相抗衡。当时，应天府的东面有义军张士城部，西面有义军徐寿辉、陈友谅部，南面有为数不多、战斗力不强的元朝官军和地主武装，北面有红巾军韩林儿、刘福通部。东、西、北都是势力颇大的抗元义军，恰似一只大鼎把元军主力挡在门外。针对这种乱世争雄的格局，徐达等人一致认为，当务之急是集中优势兵力扫除东南一线的元军力量，建立和巩固江南根据地。同时，向东、西两面设置军事警戒，防止同为义军的张士诚、徐寿辉两部的偷袭。为什么要这样做呢？因为元末各路起义军只是名义上号称红巾军，实际上互不统属，各自为战，矛盾重重。朱元璋要想在应天站稳脚跟，就必须筑起东、西两道战略防线，以抵挡张士诚、徐寿辉、陈友谅可能发动的军事进攻，方保万无一失。这是建立江南根据地所要完成的首要任务。巡视手下战将，朱元璋毫不犹豫地任命徐达为大将，让他肩负起展拓江南、构筑防线的重担。

东南的镇江是徐达首先要攻占的军事重镇。为了严肃军纪，颇有心计的徐达与朱元璋合谋搞了一个“苦肉计”。出师前夕的一天，朱元璋当着诸位将领的面，指责徐达治军不严，下令将他捆绑，推出辕门斩首。谋士李善长急忙求情，众将领“扑通”一声跪倒在地，请求朱元璋免徐达一死。朱元璋见状，心中暗喜，马上下令释放徐达，命其立功赎罪，同时告诫诸将：“城下之日，不许扰民，否则军法从事”众将应诺。于是，朱元璋军军纪严整，由徐达率领一举攻克镇江，改镇江路为江淮府。大军进城时，徐达领兵自仁和门入，“号令明肃，城中安然”。此战攻坚取胜，为以后攻略城池、北伐灭元树立了良好的攻坚榜样。拿下镇江后，徐达被朱元璋授予淮兴翼统军元帅。

占据常州的张士诚意识到朱元璋羽翼渐丰，锐气逼人，遂率领水师叛将陈保二部进攻镇江。陈保二原为镇江守将，徐达攻克镇江时，其率部投诚，未久复叛。其惯用黄布包头，又称“黄包军”。徐达率军在龙潭大战张士诚，击败陈保二的“黄包军”，并乘胜围攻常州。张士诚没有料到徐达如此厉害，遂派遣得力将领前来救援。徐达在常州城外设下两支伏兵，挑选一员虎将王均用打头阵。等敌人援军赶到，徐达下令擂响战鼓，王均用出阵迎敌，枪挑敌军前锋。徐达见状，挥师掩杀过去，敌军慌忙后退，进入埋伏圈，被打得大败。徐达身先士卒，力擒敌军张、汤二将，随即进围常州，于次年将其攻克。朱元璋称赞徐达的军事指挥才能，把他擢升枢密院佥事。

至正十七年（公元1357年），徐达一鼓作气，克宁国，征宜兴，下常熟，擒获张士诚的胞弟张士德。至正十八年十月，徐达派兵封锁太湖，督师攻取宜兴。至此，一条北起江阴、下沿太湖、南到长兴的东部防线胜利筑成。

东部防线甫就，徐达又马不停蹄赶赴西部战场。元顺帝至正十八年（公元1358年），徐寿辉的二员大将陈友谅、赵普胜在枞阳建立水寨，兵占池州，对应天府构成威胁。次年四月，徐达率师与院判俞通海水师合兵大败赵普胜，克复池州。正在经营浙东的朱元璋听到捷报，立即提拔徐达为奉国上将军、同知枢密院事。

八月，徐达率军进攻安庆，遭到赵普胜的顽强抵抗。赵普胜勇猛善战，徐达一时难以将其制服。后来朱元璋巧用反间计，使赵普胜成为陈友谅刀下之鬼。赵普胜一死，徐达马上率军进逼枞阳水寨，于至正二十年（公元1360年）四月将其拿下，然后挥师进攻安庆。陈友谅知道安庆历来为兵家必争之地，遂亲率大军回援。徐达与常遇春联手抗敌，在池州南面的九华山大败陈友谅军，斩首万余，生擒3000人。生性嗜杀的常遇春建议徐达杀掉这些俘虏，说：“此劲旅也，不杀为后患。”徐达摇头不许，认为既为俘虏，则非顽敌。如果连俘虏都杀，就会使敌军与我决战到底。应该请示朱元璋，再行处理。常遇春却瞒着徐达，夜坑俘虏千余人。朱元璋对常遇春的行为大为不满，称赞徐达有勇有谋，是难得的将才。

徐达在东、西战场往来驰骋，屡建战功，不久，其势力扩展至苏、浙、皖、赣，不仅确保了应天府的安全，而且为朱元璋屯粮练兵，实现战略转移，最终铲除陈友谅、张士诚奠定了基础。

○ 兵围平江，剿灭士诚

在攻打张士诚的过程中，面对平江敌军精锐之师，徐达用围而不打，使其自困的方法取得胜利。首先，面对精锐之敌，盲目攻击即便获胜也会给自身付出巨大代价。即是古人常说“伤人一千，自损八百”。其次，将敌军围在平江城内，可以用饥饿作为最好的武器来打击对方。当对方缺粮后，民心大乱，军失斗志即可以最小的代价取胜。最后，虽然张士诚顽强抵抗，但也难逃失败的命运。

至正二十三年（公元1363年），朱元璋在鄱阳湖之战中大获全胜，消灭了陈友谅势力。

之后，张士诚理所当然地成为朱元璋军事打击的下一个目标。朱元璋罗列张士诚不忠不孝的八大罪状，传檄征讨，命徐达率军剿灭张士诚军。

张士诚的军事势力绵延长江南北，可分为江南的浙西和江北的淮东两大区域。至正二十五年（公元1365年）秋，徐达首先向淮东地区张士诚守军发起攻势。在连下泰州、兴化后，徐达率军进围高邮。这时，徐达突然接到张士诚进攻江南宜兴的消息，他命大将冯胜率部继续围攻高邮，自己率领一支部队迅速渡江，击溃了围攻宜兴的敌军。至正二十六年三月，徐达再度率军北上，一举占领高邮，生擒敌军1000余人。紧接着，徐达与常遇春合攻淮安，在马骡港大破张士诚军。淮安守将梅思祖大开城门，投降徐达，献出所辖四个州。徐达乘势攻破安丰，擒获元将忻都，获船舶无数。元军见安丰易手，出兵徐州。徐达策马迎战，大败元军，俘斩数万人。至此，张士诚在江北的军事据点全部化为乌有。

淮东地区落入朱元璋之手后，他马上召集最高级军事会议，商议征讨张士诚事宜。右相国李善长认为张士诚仍然很有实力，不宜匆忙出兵。众人见相国如此意见，都闭口不言。朱元璋见徐达低头沉思，便问他有何感想。徐达拱手起身，认为李善长过于保守，说："张士诚腐败而残暴，不得人心。大将李伯升之流是贪财好色之徒，根本不是对手。掌握实权的三个参军黄敬天、叶德新、蔡彦文，只会纸上谈兵。我凭借您的威德，统率大军进剿，浙西地区可以马上得手！"朱元璋大喜，命徐达为大将军，常遇春为副将军，率骑兵和水师总计20万人出征。

至正二十六年（公元1366年）八月，徐达师出太湖，向湖州猛扑过去。湖州守将张天骐兵分三路迎战徐达，徐达也兵分三路相接，另遣精兵断其退路。徐达大败张天骐，生擒其将吏200余人，然后兵临城下，把湖州围个水泄不通。张士诚闻讯，派遣大将吕珍等人领兵6万前来解围，在距湖州40里处安营扎寨。徐达派遣常遇春等将领在城东的姑嫂桥筑起10座营垒，切断吕珍与湖州的联系。张士诚见湖州告急，遂亲率精兵驰援，在皂林（今浙江桐乡北八里）被徐达打得大败。张士诚落荒而逃，徐达遂攻占湖州东面水陆各寨。吕珍、朱暹、五太子等人望风而降，徐达将其绑缚湖州城下示众，张天骐在绝望中打开城门投降。

拿下湖州后，徐达率军直下吴江州，从太湖进围张士诚的老巢平江。平江敌军是精锐之师，不宜速决，徐达决定围而不打，令其自困。徐达屯兵葑门，另遣大将常遇春屯兵虎丘，大将华云龙屯兵胥门，大将汤和屯兵阊门，大将张温屯兵西门，大将康茂才屯兵北门，大将耿炳文屯兵城东北，大将仇成屯兵城西南，大将何文辉屯兵城西北。另在四周筑起高台，俯瞰城中动静，让神箭手在高台上射杀敌军。“台上又置巨炮，所击辄糜碎。城中大震。”在围困平江的过程中，徐达屡次派遣使者到应天请示朱元璋。朱元璋对徐达恪守君臣之道的行为深表满意，说：“将军谋勇绝伦，故能遏乱略，削群雄。今事必禀命，此将军之忠，吾甚嘉之。然将在外，君不御。军中缓急，将军其便宜行之，吾不中制。”

至正二十七年（公元1367年）九月，平江城中出现断粮现象，一只老鼠竟然价值百钱。徐达闻报，认为时机成熟，遂令诸将发起总攻。徐达率领士卒首先攻破葑门，进逼平江城下。张士诚令唐杰、周仁在外城抵抗，自己督师城内。徐达先以火炮轰击，然后强行攻城。唐杰、周仁等人渐渐支撑不住，纷纷投降。在进城之前，徐达与常遇春约定：“师入，我营其左，公营其右。”并且传令三军：“掠民财者死，毁民居者死，离营二十里者死。”徐达指挥军队潮水般冲进城里，与张士诚的残余部队展开激烈的厮杀。张士诚挥剑督师，顽强抵抗，终于抵挡不住徐达的猛烈攻势，自己也被生擒。攻占平江后，城中军民20余万人向徐达投诚。由于徐达治军严谨，平江百姓的生活秩序安然如故。

徐达擒获张士诚，使朱元璋占据了长江中下游广大地区。朱元璋亲临应天府戟门，迎接凯旋之师，封徐达为信国公。张士诚被押送应天后，朱元璋亲自劝降。张士诚宁死不屈，仰天长啸：“天日照尔不照我。”朱元璋下令用弓弦将其缢死，具棺埋葬。

○ 战略包围，攻克大都

为了取得胜利，徐达吸取了刘福通红巾军孤军北上的教训，采用稳扎稳打的方法，除屏障剪羽翼、据门槛逐步占领大都周边地区，使大都处在明军的战略包围之中。然后，又仔细的分析时局，让朱元璋下令进攻大都。最终一举攻克。破城之后严明军纪，吏民安居，市不易肆，王者风范，仁义之师。

消灭了陈友谅，张士诚后，朱元璋拥有富庶的江南地区，兵精粮足。他命徐达为征虏大将军，常遇春为副将军，率步骑25万人，挥师北伐。

徐达与常遇春诸将制定了详尽的作战方案：先取山东，除去大都的屏障，进而挥师河南，剪掉大都的羽翼，再占领潼关，据有大都的门槛，最后夺取大都。至正二十七年（公元1367年）十月，徐达率军进攻山东，连克沂州、峄州、莒州、密州、海州。接着，徐达派遣大将韩政率军扼守黄河，继遣大将张兴祖，率军进取东平、济宁，自己率领大军攻克益都，尽扫潍、胶诸州县；十二月，元将朵儿打开济南城门投降。徐达乘胜攻取登州、莱州，山东诸地悉定。

山东捷报频传，使朱元璋心花怒放。至正二十八年（公元1368年）正月，朱元璋在应天府即帝位，国号明，年号洪武。他任命徐达为右丞相，又册立皇太子，以徐达兼太子少傅。这一年，徐达才36岁。

明王朝的建立，使北伐大军士气大增。二月，徐达挥师入河南，连下永城、归德、许州、汴梁诸地。紧接着，徐达率军自虎牢关进逼洛阳，与元将脱因帖木儿在洛水北岸杀得天昏地暗，元军惨败而逃，梁王阿鲁温打开洛阳城门投降。徐达又略定嵩，陕、陈、汝诸州，马踏潼关，西至华州，元将李思齐、张思道等人弃城而逃。徐达率军胜利完成了预定的攻占山东、河南、潼关的作战任务，使元朝大都处在明军的战略包围之中。

洪武元年（公元1368年）五月，朱元璋亲临汴梁犒劳北伐将士，特召徐达入帏帐，设宴以示慰问。酒过三巡，徐达以战略家的眼光剖析时局，建议朱元璋下令进攻大都："大军平齐、鲁，扫河、洛，王保保（指元将扩廓帖木儿）逡巡观望；潼关既克，思齐辈狼狈西奔。元声援已绝，今乘势直捣元都，可不战有也。"朱元璋点头称许。徐达又问："元都克，而其主北走，将穷追之乎？"朱元璋回答："元运衰矣，行自渐灭，不烦穷兵。出塞之后，固守封疆，防其侵轶可也。"徐达顿首受命，遂与诸将会师河阴，派遣裨将分兵进攻黄河以北的各战略要地，连下卫辉、彰德，广平诸地。

是年闰七月，徐达在临清会合诸将，派遣傅友德开辟陆路以通步骑，又命顾时疏浚河道以通舟师，然后引兵北上。当时，常遇春已经攻克德州，徐达与他合兵攻长芦（今河北沧州）、扼直沽（今天津），水陆并进。随即大败元军于河西务，又趁大雾弥漫，一举攻克通州（今北京通县）。大都为之震动，元顺帝于闰七月二十七日深夜，带着后妃、太子仓皇逃出建德门，直奔上都开平（今内蒙古多伦西北）而去。

八月初二，徐达兵临齐化门，命将士填壕登城，攻入大都。元朝监国淮王帖木儿不花、左丞相庆童等少数留守大臣拒不投降，被徐达斩首。其他元朝大臣和官兵，凡愿归降者，徐达均予以宽大处理，同时禁止将士滥杀、扰民，受到大都百姓的普遍欢迎。拿下大都后，徐达高瞻远瞩，办事果决，号令严明，充分显出他既善于征战又长于治国的杰出才干。史载，徐达“封府库，籍图书宝物，令指挥张胜以兵千人守宫殿门，使宦者护视诸宫人、妃、主，禁士卒毋所侵暴。吏民安居，市不易肆”。

徐达攻占大都，给元朝162年的统治画上句号。

○ 持重有谋，功高不骄

明太祖朱元璋大肆杀戮功臣在历史上是有名的，而徐达虽声名显赫却逃过此劫。这与他功高不骄，恪守君臣之道有很大的关系。

自从追随朱元璋参加红巾军起义，徐达置生死于度外，冲锋陷阵，征战四方。对徐达来说，每年开春即奉命领兵，挂帅出征，直至岁末深冬时节才班师回朝，似乎是家常便饭。

徐达功高盖世，却不骄不躁，谦逊谨慎，严于律己。在军中，徐达一方面严格要求，军令如山，“诸将奉持凛凛”；另一方面，他又关心、体贴手下将士，“善拊循，与下同甘苦，士无不感恩效死，以故所向克捷”。在朝中，徐达从不摆将军的架子，在朱元璋面前“恭谨如不能言”。每次奉诏班师，手握重兵的徐达立即上交帅印，毫无贪权篡位之心。班师回朝后，朱元璋必设宴为徐达接风洗尘。开怀畅饮之际，朱元璋暂时放下皇帝的架势，以“布衣兄弟”称呼徐达，追怀儿时牛背上的友谊。每当此时，徐达并不因之而骄狂起来。相反，他对朱元璋“愈恭慎”。欢宴之后，徐达也不前呼后拥，招摇过市，而是“单车就舍，延礼儒生，谈议终日，雍雍如也”，俨然一位气度祥和的谦谦君子。

有一次，朱元璋对徐达说：“徐兄功高盖世，却没有一座好房子，我把一座旧宅送给你。”所谓旧宅，是指朱元璋称吴王时的官邸。徐达坚决不要。过了几天，朱元璋带着徐达来到这座官邸。他把徐达用酒灌醉，盖上被子，命人抬进卧室。徐达酒醒，慌忙跑下台阶，俯伏在地，大呼死罪。朱元璋躲在旁边偷窥，心中大喜，一是因为由此可见徐达没有称王夺位之心，二是因为徐达果然功高不骄。朱元璋随即下令在这座官邸旁另修一处住宅，赐名“大功坊”，送给徐达。朱元璋常在人前夸奖徐达“受命而出，成功而旋，不矜不伐，妇女无所爱，财宝无所取，中正无疵，昭明乎日月，大将军一人而已”。徐达高风亮节，形如圣人。

6. 坚持清廉正气更需要勇气

○ 布衣生活，铁腕能吏

在一片歪风邪气当中，坚持正气需要极大的勇气，这种勇气丝毫不亚于战场上的冲锋陷阵。明朝有名的清官海瑞就是一生都坚持正气到底的人。

海瑞爱民有嘉，刚烈无度，面对吏治腐败的时局，海瑞独保持清正廉洁本色，无所畏惧，丝毫不与歪风邪气相妥协，同时施以强烈手腕，严厉打击不正之风。

海瑞一生刚强，人称刚峰先生，我们可以看出他的打击手腕之强烈。他在打击豪强时，极力折损豪强，安抚贫穷羸弱。为他这一爱民的精神，同时也为他在打击豪强时体现的刚烈大度性格，我们深感欣慰。但作为执法者，一旦带着强烈爱憎的感情色彩，就如同事先划定好“阶级成分”一样，必然会失之公允，乃至出现偏差冤屈。这就使别有用心之人寻到了可乘之机，使他仕途分外坎坷，几度罢官。

早在海瑞担任教谕之前，社会上便存在一股不正之风：那些做教谕的人，往往以教人者自居，表面上标榜清高，背地里却想方设法从学生身上索取钱物和酒食。对此，海瑞常常嗤之以鼻。他上任后，凡是学生送礼一概谢绝，并以教约的形式明确规定：不许学生以任何方式向先生进送礼金礼物。同时，也废除了逢年过节请先生吃酒的陋俗。

海瑞担任知县时，知县的薪俸虽然并不高，但“外快”极丰，单是公开附在田赋上的各项常例就超过薪俸的好几倍。这些收入，在当时已成为合理又合法的惯例。但海瑞则认为：这不是朝廷的明文规定，而是一些“土政策”，是地方官额外加给老百姓的负担。于是，也下令废除了它，自己只领朝廷的薪水。

按照明朝的规矩，知县每3年要进京述职一次。那些县太爷每次进京，无不携带大量的金银绸缎、土特产品，以便送给各衙门的有关官员。为此，民间流传着这么一句话："朝见年就是京官们的收租年！"至于知县进京的往返旅费、所带礼金礼物及在京期间的一切开销，则全都摊派到老百姓身上。照惯例，每个里每年摊派1两白银。淳安县当时有80个里，1年是80两，3年是240两；外加朝见年特别摊派每人2钱，全县160两，两者相加，共计白银400两。而海瑞在淳安总共上京2次，只用了路费48两，还不够一般知县进京花费的零头。

其间，也有人劝他为自己的前程而不要过分逆潮流，该送礼时也送点礼。他勃然大怒，反驳道："天下的官吏不行贿，莫非就都不升迁么？天下的官员都行贿，就都不会降职么？我怎么能为升官而葬送自己的人格呢？充军、死罪都甘心忍受，行贿这种小偷的行径却是干不得的！"

在个人生活上，海瑞一向十分简朴。他平时穿的，是布衣布袍；吃的，是粗米素菜。他还让家人在衙门中的空地上种菜，让他们上山砍柴。有一次，他的家人从市上买了两斤羊肉，竟成了全县的头号新闻。原来这是他为老母亲过生日准备的。

后来，海瑞升为钦差大臣而巡抚应天十府，地位十分显赫。那时，巡抚出巡都鼓乐前导，旌旗官牌，三班六役，前呼后拥。而海瑞每次出巡，却一律不用鼓乐，也不让地方官出城迎送，更不许专门为他新建或翻修住房。他所住的房间，连笔墨纸砚、床帐铺盖，都是原有什么用什么，不准为他换新的。他还特地颁发了一个《督抚宪约》，通令各地依照遵行，不准违反。其中规定：巡抚到各府、州、县视察，地方官不得大摆宴席接风、话别，最多只能上鸡、鱼、肉三样荤菜和一小瓶酒以示招待，再不许多加。每顿饭的花销，最多不得超过3钱银子。其中包括柴火、蜡烛之类的用项。

海瑞做官之时，正是奸相严嵩当权之际。据史料载，严嵩利用自己手中的权力，贪污受贿，卖官鬻爵，大肆牟取私利，生活十分腐化。他府中用金银打造的人物有的竟高达二三尺，甚至便器都是金银铸成的。"上梁不正下梁歪"，官场上讲排场、摆阔气、拉关系、走后门、大捞一把的现象十分严重。海瑞对此深恶痛绝，并从自身做起，竭力抵制这股歪风。

宗宪的儿子经过淳安，恼恨驿吏，将他倒吊起来。海瑞说："以往胡公巡视部属，命令途经处不要铺张供给。现在他的行装华丽，必定不是胡公的儿子。"就把从袋中发现的几千两银子，缴进府库，他飞马报告宗宪，宗宪没有罪责他。都御史鄢懋卿巡视路过，海瑞的供给很简便，抗争说小镇不能容纳车马。懋卿非常恼恨。然而素闻海瑞的声名，只好收敛威风离去，但吩咐巡盐御史袁淳给海瑞和慈溪知县霍与瑕治罪。霍与瑕，是尚书霍韬的儿子，也耿直不谄媚懋卿。当时海瑞已经升任嘉兴通判，却被贬为兴国州判官。很久以后，陆光祖为户部文选郎，才提拔海瑞任户部主事。

隆庆二年（公元1568年）夏天，海瑞以右佥都御史身份巡抚应天的十府，下属官吏害怕他的威严，有劣迹的人大都自动免职。有势力的人家用朱丹漆门，听说海瑞来了，又漆成黑色。监理纺织营造的人，被减去众多随从。海瑞锐意革故鼎新，奏请疏浚吴淞、白茆，让河水畅流入海，百姓因此受益。他一贯痛恨大户兼并土地，极力折损豪强，安抚贫穷羸弱。贫民的田地被富户兼并，一概替他们夺回，徐阶罢免相位居住乡里，海瑞一样查问其家里的情况而不宽免。他的命令雷霆万钧，有司惶恐奉行，有势力的豪强为了躲避，逃往其他郡。奸民往往乘机告发，所以大姓人家时常有遭诬告蒙冤屈的。他又裁减邮传冗费，士大夫离开了该地一律不提供饮食，因此怨言很多。给事中舒化批评海瑞迂腐不通晓政体，应该把他置于南京的清闲之地，穆宗仍然优待海瑞下诏奖励。不久给事中戴凤翔弹劾海瑞庇护奸民，鱼肉官吏，沽名钓誉扰乱政事，于是调他督职南京粮储。海瑞抚慰吴地刚半年，百姓听说他将离去，哭声载道，绘像在家中祭祀。

○ 备棺上书，浩气长存

海瑞身处在明朝朝纲废弛，社会不稳之时，作为一个正直有气魄的官僚，忧国忧民之心时时困扰在他的心头，时刻在寻找振兴国家的良方，他将矛头直指皇帝，痛陈皇帝的失政，言辞尖锐、毫不隐讳。他面对官员腐败，归咎于对贪官刑罚轻了，批驳“待士有礼”的托词，提倡太祖时的酷刑。透过这些似乎带有偏激色彩的言论，我们看到的是海瑞那一颗时刻为国为民忧虑的心。海瑞作为一个名播千古的清官，永远值得后人怀念。

当时世宗在位已久，不理朝政，深居西苑，专心致意于斋戒。督抚大吏争相呈献吉祥符瑞，礼官动辄上表祝贺。朝廷大臣自从杨最、杨爵被治罪以后，没有敢非议当时政务的。嘉靖四十五年（1566年）二月，海瑞单独上书。

其中，一针见血地指出：陛下相信方士的话，连皇子裕王、景王也不得相见，这是没有父子情义；以猜疑诽谤杀害和羞辱臣下，是没有君臣情义；安乐在西苑而不返回皇宫，是没有夫妇情义。还强调说：“天下之人，不敢直言陛下已经很久了。古代人君有过失，依靠群臣百官进言补救，而陛下只知道烧香行礼，根本不听百官的谏言，这是大错而特错的。目前，没有一个人愿为陛下说句真心话。奉承谄媚也太过分了！不过，这些人内心惭愧空虚，虽然当前顺从，背后也有议论，这多么近似欺君之罪！”他奉劝嘉靖翻然悔悟，赶快上殿视朝，尽快洗刷多年积累的错误。

在奏文中，尖锐批评世宗“三意玄修”、“侈兴土木”、“二十余年不理朝政”使“天下吏贪将弱，民不聊生，水旱靡时，盗贼滋炽”。奏文言辞激烈。

世宗接到奏章，非常恼怒，扔到地上，环视左右的人喊：“赶快抓住他，不要让他逃跑了。”宦官黄锦在旁边说：“这个人素有痴名。听说他上奏章的时候，自知触犯皇上该死，就买了一副棺材，告别妻儿，在朝廷等候治罪，童仆也都逃散，没有人留下，他不会逃离。”世宗沉默不语，过会儿又取过奏章阅读，一天读了几遍，被它感动而叹息，将奏疏留在中宫几个月。曾说：“此人可以与比干相配，但是我不是商纣。”最终将海瑞投入大牢。

世宗去世，海瑞获释，官复旧职。但因受高拱、张居正的排斥一直到72岁才复出，被授予旧职。

第二年正月，朝廷招他任南京右佥都御史，又改任南京吏部右侍郎。海瑞曾向神宗上书陈述衰老将死，愿比附古人尸谏的大义，大略讲：“陛下励精图治，但政治还不理想，原因是贪婪官吏的刑罚轻了。大臣们不能谈论缘由，反而借助待士有礼的说法，对此赞不绝口掩饰其过失。待士有礼，但是百姓又有什么罪刑呢？”于是他列举太祖剥皮囊草的刑罚以及洪武三十年（公元1397年）的定律贪污80贯处绞刑的例证，称现在应该用这些刑罚惩治贪官。其他方面时政的谋划，话语非常切实。唯独劝皇帝施行酷刑，当时舆论认为不妥。御史祚弹劾他。神宗虽然认为海瑞的言语过分，但明了他的忠诚，撤了这个御史的职。

神宗屡次打算召用海瑞，执政的人暗中阻拦，于是任命他为南京右都御史。南京各官向来苟且懒惰，海瑞身体力行矫正此风。有位御史偶尔演戏取乐，海瑞打算遵循太祖法令杖责他。百司惶恐，都患其苦。提学御史房寰担心被纠察和揭发，准备先行发难，给事中钟宇淳也鼓动，房寰再次上书对海瑞丑化诋毁。海瑞也多次上书请求退休，神宗安抚挽留，不同意他辞职。万历十五年（公元1587年），海瑞死在职任上。

一生被打压却愈打愈刚，海瑞的勇气旷古难寻。